新世纪高等学校教材

学前教育专业系列教材

学前教育科研设计与统计分析

XUEQIAN JIAOYU KEYAN SHEJI YU TONGJI FENXI

邹晓燕　杨闰荣　孙丽华　张　鑫　编　著

北京师范大学出版集团
BEIJING NORMAL UNIVERSITY PUBLISHING GROUP
北京师范大学出版社

图书在版编目(CIP)数据

学前教育科研设计与统计分析/邹晓燕等编著. —北京：北京师范大学出版社，2018.1
ISBN 978-7-303-22574-3

Ⅰ.①学… Ⅱ.①邹… Ⅲ.①学前教育-教育研究-教育统计-教材 Ⅳ.①G61

中国版本图书馆 CIP 数据核字(2017)第 155014 号

营 销 中 心 电 话　010-58802181　58805532
北师大出版社职业教育与教师教育分社网　http://zjfs.bnup.com
电 子 信 箱　zhijiao@bnupg.com

出版发行：北京师范大学出版社　www.bnup.com
　　　　　北京新街口外大街 19 号
　　　　　邮政编码：100875
印　　刷：北京玺诚印务有限公司
经　　销：全国新华书店
开　　本：730 mm×980 mm　1/16
印　　张：18.5
字　　数：325 千字
版　　次：2018 年 1 月第 1 版
印　　次：2018 年 1 月第 1 次印刷
定　　价：39.00 元

策划编辑：罗佩珍　　　　　责任编辑：董洪伟　孟　浩
美术编辑：焦　丽　　　　　装帧设计：天泽润
责任校对：陈　民　　　　　责任印制：陈　涛

前　言

　　科学之所以成为科学，需要具备两个必要条件。其一，在该领域内，产生了大家比较普遍认可的定律或理论。而这些构成了本学科重要的理论基础。其二，在研究这门学问时，人们普遍遵循一些约定俗成的模式与框架，即形成了较为固定的研究范式。

　　范式这一概念最早出现于 1962 年，美国科学哲学家托马斯·库恩（Thomas S. Kuhn）在其《科学革命的结构》一书中，首次提出了"范式"（paradigm）这一概念。但他在这本书中对范式的解释并不完全相同，约有二十余种的用法。后来，在一篇名为"对范式的再思考"的文章中，托马斯·库恩区别了两种基本用法，并将两种用法命名为"综合的"用法和"局部的"用法。而在《科学革命的结构》的后记中，托马斯·库恩进一步明确了"综合性"和"局部性"这两种用法："一方面，它代表着一个特定共同体的成员所共有的信念、价值、技术等构成的整体。另一方面，它指谓着那个整体的一种元素，即具体的谜题解答；把它们当作模型和范例。"①而且他认为，"范式的第二种意义是更深层的一种"②。

　　而托马斯·库恩对范式的最简洁的概括是"一个范式就是一个公认的模型或模式"③。

　　关于范式的价值，在托马斯·库恩的《科学革命的结构》一书中，也有零散的论述。

---

　　①　[美]托马斯·库恩：《科学革命的结构》，175 页，北京，北京大学出版社，2012。

　　②　[美]托马斯·库恩：《科学革命的结构》，175 页，北京，北京大学出版社，2012。

　　③　[美]托马斯·库恩：《科学革命的结构》，24 页，北京，北京大学出版社，2012。

其一，范式具有模仿性，"范式还通过直接模仿以指导研究"①。有时候，托马斯·库恩用"范例"一词来替换"范式"，足以说明范式的模仿性特点。

其二，范式具有交流价值，"是什么共同因素决定了共同体内部专业交流不成问题，专业见解一致的特点呢？是'一种范式'或'一组范式'。"②托马斯·库恩还做了进一步的说明，"他们通常以简短的论文的方式出现，只写给专业同事们读，这些人被认为都具有共同模式的知识，唯有他们能够写出论文，也才能读懂为他们写的论文。"③

其三，范式是科学领域成熟的标志。多年来这一点对判定一个学科是否成熟产生了广泛影响，"取得了一个范式，取得了范式所容许的那类更深奥的研究，是任何一个科学领域在发展中达到成熟的标志"④。

从上述内容我们可以对范式做出一个简单的理解，即一般意义上，也是我们现在通常所说的范式是指某个学科领域的学术规范。

教育科学作为一门比较成熟的学科，也已经形成了初步的研究范式。目前教育科学的研究范式主要有两种，一是科学主义研究范式，将自然科学的量化研究方法，如观察法、实验法和调查法等，应用于教育科学研究；二是人文主义研究范式，注重整体和定性的信息，注重对现象及其规律的解释。

国际上特别是西方教育学界，由于受实证主义价值观的影响，普遍比较重视实证研究范式，并取得了较为丰富的研究成果。但我国教育学界长期以来存在着注重人文主义研究范式、相对忽视实证主义研究范式的现象。而"由于缺乏实证研究，我国教育研究低水平重复现象严重，应对重大教育理论和现实问题的能力不强。"⑤

为了解决这一问题，2015年10月，"全国首届教育实证研究论坛：推进教育研究范式转型"研讨会在华东师范大学举行。2017年1月，又召开了"全国教育实证研究联席会议"，会上一致通过了"加强教育实证研究，促进研究范式转型的华东师大行动宣言"，宣言高度强调了实证研究的重要性。

学前教育作为教育学的一个分支，在研究范式方面也存在同样的问题。

---

① ［美］托马斯·库恩：《科学革命的结构》，49页，北京，北京大学出版社，2012。
② ［美］托马斯·库恩：《科学革命的结构》，18页，北京，北京大学出版社，2012。
③ ［美］托马斯·库恩：《科学革命的结构》，21页，北京，北京大学出版社，2012。
④ ［美］托马斯·库恩：《科学革命的结构》，12页，北京，北京大学出版社，2012。
⑤ 靳海燕：《中国教育研究应转向实证研究范式》，载《光明日报》，2017-03-02。

这直接影响了学前教育研究的水平。因此，加强从事学前教育研究这个共同体对于研究范式的重视，强调学术规范性，形成大家共同认可的交流平台，促进学前教育学科的成熟，是当前的一项重要任务。

本书主要侧重于学前教育研究中常用的实证研究方法的介绍，如观察法、自然实验法、调查法、案例法等，并对各种方法的概念、特征、应用程序、适用条件及注意问题等，进行了较为详尽的阐述，以期对读者有一定的启发。

本书有以下两个突出特点。

其一，将科研方法与统计方法相结合。

实证研究范式的重要特点之一就是量化统计的参与。以往的科研方法和统计方法往往是分割的，人们在分别学了科研方法和统计方法之后，却不能很好地将两者结合，进行科研设计时想不到设计统计方法，而对哪种方法运用什么统计也是模糊的，不知所措。本书进行了大胆尝试，根据几种主要的实证研究范式分别介绍其统计方法的详细步骤，使科研方法与统计方法有机结合。

其二，操作性。

在本书写作过程中，操作性是我们高度重视的问题。

科研设计部分是在本人十余年教学积累的基础上，对三年课堂教学录音不断修改、逐渐完善而形成的，并且学生的学习效果已经证实了教学内容的实效性。这部分的内容突出了理论与实际的结合，特别是有丰富的研究案例，而这些案例大多是本人多年实证研究的成果，便于读者理解，甚至可以通过自学来学习。特别是对研究过程及具体研究方法的讲解，摒弃了一般科研方法书籍的空洞和抽象，非常详细、具体，具有可操作性。

统计分析部分的作者本科毕业于重点大学的力学专业，后又攻读了发展心理学的硕士和博士，具有深厚的数理统计基础和心理学基础，也做过多年的心理学实证研究。毕业后在大学主讲教育统计学。这次按照不同的研究方法来介绍其统计学知识也是一次大胆的尝试。

本书的问世可谓经历了一个漫长的孕育、成长过程。除了我十余年的教学积累和三年的课堂教学录音外，从本书的构思到完成经历了五年的时间。记得2012年年初，我和杨闰荣谈了我的想法及统计分析部分的编写要求之后，她去了加拿大访学，在访学期间，她开始构思，查找资料，并开始撰写统计分析部分，到 2012 年年底初稿完成。后又经历了四次修改。但为了谨慎起见，我们并未急于出版，而是将书稿放置、沉淀了两年。再进行新的一轮修改，形成了比较成熟的一版。后来我们又吸纳孙丽华和张鑫加入了我们的团队。

　　具体参与本书编写的有：邹晓燕（辽宁师范大学），第 1～5 章；孙丽华（辽宁师范大学），第 6～8 章；张鑫（辽宁师范大学），第 9 章；杨闰荣（大连大学），第 10～12 章。

　　在本书的编写过程中，孙丽华除撰写三种方法以外，对书稿的体例及我的口语内容进行了进一步细致的修改；张鑫除撰写一章内容以外，对书稿的体例和文字编辑校对方面做了很多细致的工作；在此一并感谢！也感谢王燕鸽、张龙宇、彭瑾等研究生在本书的体例修改、校对中的认真工作。

　　最后还要特别感谢北京师范大学出版社的张丽娟、罗佩珍和孟浩三位编辑在本书出版过程中给予的大力支持和辛勤工作！

　　虽然本书经过了长时间的修改，但目前我们明显感觉到的不足仍有许多，期待在未来不断完善。也敬请广大同行和读者提出宝贵的批评和建议，我们将不胜感激！

邹晓燕

2017 年 4 月于大连

目　录

第一部分　学前教育科研设计

第二部分　学前教育统计分析

学前教育科研设计

学前教育科学研究方法是一门专门研究学前教育科学研究活动规律，阐释学前教育科学研究活动的方式和程序的科学。 它也是学前教育的一门重要分支学科。 学习和掌握学前教育科学研究方法的知识对于从事学前教育相关工作的研究者以及幼儿园一线教师有着重要的意义。

第一章 学前教育科学研究概述

学习目标

1. 了解科学的概念及特征。
2. 了解科学研究的概念及特征。
3. 了解科学研究的发展趋势。
4. 了解学前教育科学研究的特殊性。
5. 了解学前教育科学研究的内容。
6. 掌握学前教育科学研究的意义。

导 读

近年来，幼儿教师的科学研究能力已成为衡量幼儿教师专业化发展的重要标准。要想成为一名优秀的幼儿教师，需要具备一定的科学研究能力。而要增强自身的科学研究能力，需要先对科学研究的相关理论有一定的了解。本章将介绍学前教育科学研究的一般理论知识，以期为教师科学研究能力的发展奠定较为坚实的理论基础。

第一节　科学与科学研究

一、科学的概念、特征及分类

虽然我们在日常生活中经常接触到"科学"这个词，但是人们对于"科学"这个概念的理解，似乎又各不相同。

(一)科学的概念

在课堂上，学生对科学的理解也不尽相同。有的学生说："科学是客观真理。""什么是客观真理？"进一步的回答是"不以人的意志为转移的客观规律。"也就是说把科学等同于规律，这个规律是客观的，可以概括为"科学就是客观规律"。有的学生认为，科学就是客观事实，这里强调的是客观存在的事物。有的学生提出"科学是能够被实验反复证明的结论"，对这种理解的解释是，科学是结论，而且特别强调的是可以反复被证明的结论。还有学生说："科学能够推动人类社会的进步"，这种说法强调的是科学的价值，而不是科学概念……在经过讨论之后，学生总结出"科学是反映规律的学说"，这个概括似乎有些接近科学的真正概念了。

那么，应该怎样理解科学的概念呢？

其实，我们可以从科学这个词的字面意义找到答案。科学这个词包含了"科"和"学"。所谓"科"指的是"科目"或者"门类"；所谓"学"通常来讲就是"学问"。把它们结合起来可以这样归纳：科学是"各门各类的学问"。换言之，科学是由很多门类的学问构成的一个庞大的学问体系。

前文中学生对科学的理解各有其合理性，但又不准确。第一种说法强调的是"客观规律"，客观规律是科学研究的核心内容，科学就是关于客观世界中存在的方方面面的规律的学问体系。所以，"客观规律"应该是科学概念的核心，但这个概念的不准确之处在于零散的客观规律还不能构成一门科学，科学应该是成体系的系统的学问；第二种说法强调的是"客观事实"，这应该是科学规律的一个基础，也就是说，科学是对客观事实的反映，没有客观事实就没有科学，因为客观规律的总结必须依据客观事实，在探究客观事实的基础上才能完成。但只有客观事实而没有规律的总结也不是科学。第三种说法强调的是可以被验证的结论，这种理解实际上是缩小了科学的外延，是一种完全从自然科学的角度提出的概念，但事实上客观世界不只是自然世界，还有人类世界，人类世界的复杂性决定了很多规律可能不具备可验证性的特点。至于"结论"一词，也不太准确，因为作为一门科学，不但要呈现结论，还要有科学的事实和过程，也就是说，科学要让人们从科学的事实和科学研究的过程来理解结论是从何而来的。反过来说，没有任何一门科学仅仅是通过呈现结论就可以称为科学的。第四种说法是最接近的一种，强调"科学是反映规律的学说"，但这种说法也不够完善。

那么，到底什么是科学呢？

概括来讲，科学是反映客观世界各种现象的本质和规律的知识体系。所谓本质指的是事物的内部联系，是事物的比较深刻的、一贯的和稳定的方面；而规律强调的是事物发展过程中的必然趋势，规律是反复起作用的。

(二)科学的特征

1. 科学的对象是客观事物或现象

从科学的概念可以看出，科学的对象是客观世界中存在的各种事物或现象，而那些本质和规律是依存于这些客观存在的，是以其为前提的。进一步说，没有空洞无物的本质和规律，都是关于某些客观实在的本质和规律。

2. 科学的内容是客观事物或现象的本质和规律

科学的内容主要包含三个方面。首先，必不可少的是各种客观事物或现象，通过介绍或者陈述各种客观存在的事物或现象，让人们了解这些客观实在；其次，要能够对各种事物或现象做出合理的解释，就是要揭示各种事物或现象的本质；最后，更重要的是要发现事物的发展趋势或走向，有一定的预见性，从而对后人和未来的工作提供一定的参考和借鉴。

3. 科学是理论的体系

科学最重要的特征体现在"知识体系"上。也就是说，如果没有完整的知识体系就不能称为科学。例如，作为某个领域的科学家，他所掌握的某个领域的知识都是非常系统的、全面而深入的，不同于非专业人士头脑中的零零散散的关于某个方面的知识。所谓成体系的科学就应该包含关于某种事物或现象的方方面面的内容，而且这些内容都应该是一个有机联系的整体。

4. 每门科学都有其基础理论

任何一门科学都有构成其科学基础的重要理论，这些基础理论可以解释某门科学中的基本问题，如物理学的三大定律、儿童心理学中关于儿童发展的一些基本理论等。这些基本理论对于一些具体问题的理解和学习都具有指导作用。

5. 每门科学都有其基本研究方法

每门科学都有其主要的或者独特的研究方法，这些研究方法都是最适合本门科学的研究方法。例如，"田野研究"(field study)是最适合社会学和人类学的研究方法；科学心理学中人们最推崇的是实验法，只有经过实验证明的才是可靠的。对科学方法的高度重视有时甚至成为学术界判断某个学科是否可以成为"科学"的一个重要标志。

(三)科学的分类

既然科学包括各门各类的学问，那么科学就有不同的分类。不同的分类标准就会产生不同的类别。我们主要从宏观的角度对科学进行分类，即将科学分为自然科学与人文科学。对于分类的理解直接影响到学前教育领域的研究方法。例如，在课堂上谈到对科学概念的理解时，有的学生谈到"科学是可验证的"，这实际上就是从自然科学的角度来界定科学的概念，而如果从社会科学的角度来说就不会涉及可验证的问题。因为不同类型的科学有自己的标准。例如，心理学长期以来被视为自然科学的范畴，所以"可验证性"是其非常重要的一个标准。而人文科学研究的对象是人，不可能等同于自然现象，因为人受很多方面因素的影响，有自然属性也有社会属性，要比自然现象复杂得多。如果按照自然科学的标准来研究人，强调所有人的心理和行为都是一样的，即强调可验证性的话，就是把人的心理简单化了。

那么，教育科学到底属于人文科学还是自然科学呢？问题的关键主要在于研究的对象，教育科学的研究对象是人，人既具有自然属性也有社会属性，自然属性应该属于自然科学的范畴，而社会属性应该属于人文科学的范畴。因此，教育科学应该是跨两个学科之间的一个边缘学科，而由于人的社会属性是人的本质特征，教育科学更偏向于人文科学的范畴。

二、科学研究的概念及特征

(一)科学研究的概念

科学研究是对客观事物或现象的本质和规律的探索和总结。

科学研究的最基本特征是探索，是对客观事物或现象的本质和规律的探索，但是简单的探索是不够的。简单的探索最多只能说是实践，因为没有进行深入的思考，没有上升到理论的高度。所以任何研究在探索后都要对事物的本质进行归纳，并总结出事物发展的规律。如果只是探索而没有总结，就不是真正意义上的科学研究。

皮亚杰(Piaget)是一位在国际儿童心理与教育领域最著名的心理学家，在学前教育领域也有着非常重要的影响。皮亚杰最早的关于儿童心理的思想源于他在法国比奈—西蒙实验室的工作。在那工作期间他做了著名的液体守恒实验，提出学前儿童思维发展的特点是从表面现象看问题，没有获得守恒概念。皮亚杰通过对其女儿的观察发现2岁前幼儿解决问题的主要方式是尝试错误，即解决问题的过程就是尝试—犯错误—再尝试—再犯错误，直至找到解决问题的方法。皮亚杰做了很多关于幼儿的实验，在多个实验的基础上，提出了儿童思维发展的阶段理论，其中0～2岁是感知运动阶段，解决问题的方式是"尝试错误"；2～7岁是前运算阶段，这个阶段的最重要特征有两个，一个是前面提到的守恒，另一个是自我中心。而幼儿思维发展具有自我中心性这一观点的提出也是源于他的"三山实验"。

皮亚杰对儿童心理发展规律的总结就是通过对现象的观察及具体的实验归纳而来的，而皮亚杰孩子的这些表现可能也被很多家长无意中看到过，但却只有皮亚杰从中发现了本质和规律，可见其伟大之处。上述这些例子也进一步说明，科学研究的最主要特征是探索和总结，特别是总结，总结使我们可以抓住事物的本质，得出规律。

(二)科学研究的特征

根据科学研究的概念可以将科学研究的特征概括为如下三个方面。

1. 客观性

客观性是科学研究的基本特征，科学研究应该反映客观实在的内容，真实地反映研究对象的情况。如果一个研究失去了客观性，同时也就失去了真实性，那么这个研究就没有任何价值。

在研究中，影响客观性的因素主要有主、客观两个方面。首先，主观方面是研究者本人。在现实生活中，有些研究者为了某种目的，如急需发表论文，就采取弄虚作假、编造数据等方式进行研究，这种研究缺少客观性，因为真实是客观性的最重要表现。另外，有些研究者在做一个研究时，没有进行认真的探索就做出一些主观的推断，并得出结论，这种研究的主观性是与客观性相对立的。其次，客观方面是研究设计的系统性误差。这种系统性误差表现在以下几个方面：其一，选择的研究对象不具有代表性，从一个不具有代表性的群体中得出结论，然后将结论推广到和这些人有差异的人群中去。例如，要研究"母亲对孩子的影响"，如果选择的研究对象大多是单亲母亲，那么就可能存在着单亲家庭对孩子的影响，而不只是母亲对孩子的影响；其二，由于研究设计缺乏缜密的思考，给研究对象带来了干扰或影响，使他们的反应与其真实反应之间有很大的差距。例如，将孩子带到陌生环境进行研究，致使孩子产生了恐惧和好奇的反应，那么他们的行为表现就不是真实正常的表现，由此得出的结论也不是客观的。

在实际研究中，客观性既需要研究者有较高的研究素养，也需要研究者具备较深的理论水平、研究设计与实施能力。

2. 系统性

系统性是科学研究的核心，也是专业人士与非专业人士的本质区别。系统性可以从以下两个方面来理解。

首先，从研究的整体性的角度来看，科学研究应该是对某个领域某个问题进行的全面而深入的研究。例如，关于儿童自主性的研究包括自主性的概念，儿童自主性的结构、发展特点、影响因素及如何教育等方方面面的深入研究。

其次，系统性更多地体现在对某个具体研究的设计方面。系统性要求研究者从研究的选题，到研究对象、材料的选择，再到研究程序的设计都要进行深入的思考和计划。同时，在研究的实施过程中，也要注意避免研究过程的随意性所带来的问题，特别是要认真考虑可能影响研究结果的各种因素，避免干扰因素影响研究结果，进而影响研究的真实性和准确性。

3. 创新性

创新性是科学研究的价值体现。所谓创新性是指研究能够在某个领域取得突破。创新性主要体现在以下几个方面。其一，某个领域的研究处于空白状态，即还没有人做过这一领域的研究；其二，对于某个方面的问题，研究的人很少，研究很薄弱；其三，对于某个问题大家意见不一，存在争议，研究结果出现了明显的不同；其四，关于验证性研究的问题，在心理学领域体现得更为明显。比如，皮亚杰的守恒实验在许多国家都进行过验证性研究，这些研究也可以说是具有创新性的。

影响创新性的因素主要有三个方面。其一，来源于社会需要。因为任何研究都需要为社会发展服务，所以这样的研究才更具有生命力。20 世纪 80 年代末至 90 年代初，笔者对未来社会人才的标准进行了较为深入的研究①。结果发现，适应能力是未来人才的一个最基本素质，而适应能力的基础和重要方面是独立性。因此，在当时这个领域几乎无人研究的情况下，笔者将独立性作为主要研究领域是具有创新性的。其二，来源于对文献资料的梳理。特别是对某个领域研究趋势的把握，需要研究者查阅大量的国内外文献资料，才能对某个领域的研究现状及其发展趋势有总体的把握。从这个领域研究所存在的问题及未来发展趋势，找到研究的切入点，那么研究就具有了创新性。其三，一线工作者对自己实际工作中的某个具体问题的研究。一线教育工作者通过对某个方面的研究不但可以总结出一些规律，还可以解决教育中的一些具体问题，这也是具有创新性的。

第二节　科学研究的发展趋势

研究方法的背后是对儿童的看法、对儿童价值的体现。通俗来讲，价值观就是一个人最看重的是什么。一个人最看重的、认为最有意义的就是其对价值的认可，就是这个人的价值观。

关于价值观的变化，笔者列举两个事例。20 世纪 80 年代一个心理学家来北京师范大学做一个研究，呈现几个词让小学生排序，这几个词分别是勇

---

① 邹晓燕：《论创造性人才的独立性人格特征》，载《中国教育学刊》，2000(5)。

敢、金钱、健康，检测小学生最看重的是哪个词，认为哪个最重要就放在最前面。在当时的环境下小学生把"勇敢"排在最前面，而现在如果再进行测试，这一实验的结果可能有所不同。还有一个心理咨询案例，笔者的受咨询对象是一个九年级男孩，在小学期间该男孩从二年级跳到四年级，目前一直喜欢玩电脑，学习成绩较好，但人际交往方面有障碍。这位男孩追求独特，想要与众不同，而忽略好坏的标准。比如，他认为黑客非常厉害。教师评价他怪异时，他不以为意，反说道："怪异是怪异，那要谁看了。"持有这种价值取向的孩子处理事情时，不考虑道德标准，追求特殊和世人关注的目光。因此，价值观非常重要。在一个人的成长中，价值观若发生偏离，这个人的心理、行为都会受到影响，价值观会体现在人发展的方方面面。

教育者教育行为的背后反映的是教育价值观，其核心是教育目标、教育途径与方法。东西方教育价值观的差异是巨大的。从教育目标上看，西方重视个人的动手能力，解决问题的能力，东方重视基础知识；从教育途径与方法上看，西方重视的是儿童的动手操作能力，让儿童亲自去尝试、体验、操作，东方更重视灌输，单向传递。所以，西方的教育更有利于发展学生的创造力，东方的教育更有利于帮助学生奠定较为扎实的基础知识。

瑞士心理学家皮亚杰的理论重视动作活动的能力。在其理论中，守恒是一个非常重要的概念，守恒是不管物质的外部形式怎么变但本质不变，还有一种解释：透过现象看到本质。皮亚杰的实验有数目守恒、液体守恒。例如，最初问儿童两堆石子哪个多，得到的答案是不知道。那要如何让儿童得到这两堆石子其实一样多的概念呢？这需要把石子一对一划开，最后得到的结果是一一对应，这个时候该儿童才会告知这两堆石子是一样多的。那儿童怎样获得"这两堆石子一样多"这个概念？这属于数学经验，儿童是通过一一对应的动作获得这个经验，所以皮亚杰认为促进儿童自身发展最重要的是儿童自身的活动，对于这个认知西方的教育思想是一致的。美国著名教育家杜威的教育思想强调"做中学"，通过活动来学习。而在中国却不是完全一样的，有的教室前面都是讲台，后面一排排的座位，讲台会适当地高于教室的书桌，这代表一种权威，而学生仅仅需要倾听。所以，教育价值观背后体现着儿童观——对儿童的真正认识。

另外，价值观和文化有着很大的联系。文化有很多种概念，但笔者一直倾向于下述概念，"文化是价值观和社会习俗，思维方式属于价值观，衣食住行属于社会习俗，价值观是文化的核心"。任何研究方法的背后都渗透着潜在的价值观，也就是说研究者认为什么是最重要的。从研究方法的发展趋势可以看到价值观的变化。

一、两种研究范式的结合

研究范式是价值观的体现。西方的传统价值观是实证主义的，他们相对比较重视实证研究方法，并且取得了较为丰富的研究成果。

而东方，特别是我国受思辨主义的影响，偏重于人文主义的研究取向，轻视实证研究。所以，在教育学领域的学术论文中若没有较多的实证研究成果，就阻碍了教育科学的发展。

目前这种状况已经得到了改善。比如，西方对质性研究的重视，很多质性研究中结合了定性研究；对访谈结果进行量化处理。而我国教育学界近两年开始重视实证研究范式，提倡采用调查研究等实证研究范式，这些都是实证研究范式与人文研究范式相结合的具体体现。

二、多种研究方法的综合运用

目前多种研究方法综合运用的趋势是最显著的。就定量和定性、质化和量化来说，它们有一定的联系，但又有区别。

(一)定性研究和定量研究

定性研究主要是由熟悉情况和业务的专家根据个人的直觉、经验，凭研究对象过去和现在的延续状况及最新的信息资料，对研究对象的性质、特点、发展变化规律做出判断的一种方法。专家进行研究判断，提出初步意见，然后进行综合，以此作为预测未来状况和发展趋势的主要依据。定量研究是指运用现代数学方法对有关的数据资料进行加工处理，统计数据，建立反映有关变量之间规律性联系的各类预测模型，并用数学模型计算出研究对象的各项指标及其数值的一种方法。

20 世纪 80 年代，笔者做硕士毕业论文时经常用的是定性和定量研究方法。笔者当时主要采用的是自然实验法，但导师陈帼眉教授认为应该适当辅之以个案研究。这两种方法的同时运用，使笔者了解了幼儿坚持性发展的年龄特点和个别差异，同时也了解了影响幼儿坚持性发展的重要家庭影响因素。

笔者的硕士论文是关于 4～6 岁幼儿坚持性的研究[①]，那为什么研究坚持性呢？有很大因素是因为所处的时代背景，很多学术研究都和时代有很大的联系。20 世纪 80 年代，中国科大少年班是非常有名的，13 岁或 14 岁的儿童就上大学了，当时世人称这些儿童为天才。那时很多人都认为科大少年班的儿童学习非常优秀，发展状况非常好，所以有很多学者对科大少年班的儿童进行研究，笔者的导师也参与了研究，陈帼眉教授主要研究这些儿童的坚持性。从这些儿童的心理测查来说，这些儿童的智商稍高一些，但这不是成为"天才"最主要的原因，最主要的原因是意志品质。意志品质主要包括自觉性、果断性、自控性、坚持性。

笔者本科毕业所做的论文是关于坚持性的研究，当时需要做三个实验。笔者的硕士毕业论文还是做的坚持性，主要是对本科时做实验的儿童进行追踪调查。笔者研究的是关于个性特征的坚持性，也就是说从 4～6 岁儿童的个性品质来讲坚持性的变化是大还是小，要看同一个儿童在同一群体中的位置变没变。笔者的坚持性实验是从儿童 4 岁时开始做的，选取 30 个 4 岁的儿童作为研究对象，并对这 30 个研究对象的坚持性进行评分，分数的高低不尽相同，然后排序。当这些研究对象 6 岁时再重新进行评分并排序。看这30 个儿童的分数稳不稳定，需要做相关系数分析，如果这两组数据联系非常密切且一一对应，那就说明稳定。当时笔者的导师认为该研究要用定量和定性相结合的方法。研究中所指的定量就是非常清楚地用统计数据来说明问题，定性是从中发现一些规律性的内容。定量也有规律性的内容，但定性通常是通过质性的个案研究去总结出一些规律。该研究结论从两套数据即可得出，个性特征的坚持性在 4～6 岁是达到基本的稳定状态。幼儿的坚持性达到一个定型，这对于低幼儿童特别重要，中国有句俗语"三岁看大，七岁看老"，这样看来是具备一定合理性的。该研究中的定性研究是做了 4～5 个儿童的个案，访谈时跟家长了解该幼儿从出生到幼儿园期间的坚持性的早期经验。早期经验在儿童心理发展中具有非常重要的作用，在心理学的各大流派

---

① 邹晓燕：《4～6 岁幼儿坚持性发展个别差异的相对稳定性》，硕士学位论文，北京师范大学，1987。

中最重视早期经验的是精神分析学派。例如，在做精神分析心理治疗时，该学派的学者都要了解儿童的早期经验，发现心理疾病都是起源于学前期。

笔者的个案研究发现儿童两岁前的经历对儿童的影响非常大。在做实验时一个研究对象（小女孩）的坚持性特别差，测量坚持性的指标是完成任务量。例如，拿很多全是数字的纸让研究对象（小女孩）把"2"这个数字挑出来。那应该怎样清楚地给研究对象交代任务呢？有的儿童认识"2"，有的儿童不认识，不认识就成为一个干扰变量，因此针对这个问题笔者要求研究对象把这里的小鸭子找到。还有一个就是找五角星，要求研究对象把这里的星星挑出来。最后统计分数时的一个指标是要看儿童完成任务的总量以及儿童的错误率。另一个指标是分心次数，注意力好的儿童不声不响地一直在找，在该实验中，研究对象坚持最长的时间是一小时，而且错误率很小，在实验过程中不说话也不抬头，这种坚持性很好。而有些儿童的错误率很高，坚持性最差的儿童总会和研究者说话，这类儿童就属于边玩边干活，该类儿童的坚持性就很差。笔者遇到一个小女孩就是这种情况，她两岁前由姨妈抚养，姨妈在对她的教育中没有树立相关的规矩，且她上幼儿园时比其他孩子小，教师对她没有要求，别的孩子都在上课，她可以随心所欲地进行自我活动，想干什么就干什么，这种习惯对她影响特别大。早期儿童处于没有规矩的生活对儿童发展的影响是非常大的，蒙台梭利的理论中论述的秩序敏感期，是2～4岁这个年龄段。什么是秩序敏感期？儿童的东西放在哪个地方都是有规定的，如果儿童早期处于无人约束的状态，长大以后这种纪律约束意识就会比较差。虽然在笔者的个案研究中发现两岁前的经历非常重要，但这个阶段在整个教育中往往是被忽视的。目前这种状况有所改变，社会上出现了越来越多的早教机构，这是一个好现象，但存在着很多早教观念的误区。

有这样一个典型的案例，家长说自己的孩子聪明，三岁就会看报纸了。笔者认为家长这样望子成龙，实际上并不好。笔者在做心理咨询时第一次谈话通常都是和家长谈，因为儿童出现问题时家长或多或少都存在个性问题或者家庭关系失调。针对这个家长，笔者是这样回应的："过于重视孩子的学习，反而忽略了孩子发展的其他重要的方面。孩子没有规则意识，孤立独行、甚至把怪异当成好事，且没有人际交往能力，在学校属于'边缘群体'，这是不正常的。现在迷恋网络，即使将来想从事计算机行业，也需要在社会中与人交流，不能宅在家里。因为他的思维方式是以自我为中心，不能顾虑到他人的感受。他不是不与人交流，而是谈起电脑方面的事情会没完没了。其母亲对他进行教导，他也不以为然。从学习方式来讲，与人交流是一个很好的学习方法，把学到的知识讲述给他人会更加增进对知识的理解。但是要以对方爱听为前提，这个孩子不顾他人感受，见人就讲……"所以对于儿童发展的早期，中国的家庭教育很重要，家长太重视智力学习，家长的教育观念、教育价值观有些偏差，对儿童的教育肯定会出现问题。家长只有在孩子进入青春期后才会发现问题。这样的孩子早期一般都学习好，但是进入青春期以后会产生一些变化，还会出现一系列社会适应方面的问题。所以对于早期教育的价值，全社会都需要关注，要真正认识早期儿童发展的重要内容，采取正确的教育方式，以避免对儿童发展的负面影响。

（二）量化研究和质化研究

20世纪90年代初以后，出现了另外两个并列的概念——量化研究、质化研究。量化研究是指确定事物某方面量的规定性的科学研究，就是将问题与现象用数量来表示，进而去分析、考验、解释，从而获得意义的研究方法和过程。质化研究是指通过挖掘问题、理解事物现象、分析人类的行为与观点以及回答提问来获取敏锐的洞察力。这两种概念之间有联系也有区别，量化的概念基本上和定量是一致的，用数据和量化的指标来说明问题。但是质化和定性是不完全相同的，质化概念的提出和"组织"这个词有一定的联系。组织一般是指三个人以上的群体。组织和文化又有联系，质化研究的前提是不同的组织可能会产生不同的文化。所以构建组织的前提是要有不同的文化。质化研究反对的是一致性，强调的是特殊性，也就是说一个特定的组织是有其特殊性的。例如，西方的普通心理学的研究对象是中产阶级白人的大学二年级的学生，从这个特殊群体推广到所有人，在这里这个特殊性又包含普遍性。但是质化研究反对这种研究范式，认为不同文化组织的特征是不同的。前几年心理学领域开始出现一种思潮[①]——多元文化论运动。现在这个社会被称为后现代社会，原来的社会被称为现代社会。原来社会的特征是工业化，后现代社会的特征是信息化、多元化，多元化是后现代的特征，也

---

① 思潮相对来说不是主流，整个西方的主流有一个特征，思潮会掀起一种现象，是一种思想。

就是各种各样的文化。

思维方式对人的影响是非常大的，思维方式是指一个人的思考方式。过去的思考方式存在一种普遍性的问题，认为不管是什么民族，人的心理都没有什么区别。但是后现代思潮出现以后，人们思考问题的模式是多元的和相对的，人们开始从多种角度思考问题。例如，在 20 世纪 70 年代，如果有一个人穿着奇装异服，人们会觉得不能接受。而现代社会对这种现象比较宽容，只要不影响别人，没有危害社会就没关系，所以这是一种多元社会的思维方式。相对性就是说这个方法有一个结果，另一个方法也有一个结果，没有绝对的这个方法就是好的，而另一个方法就是不好的，那要看当事人喜欢什么，这就是思维方式的变化。这种思维方式的变化体现了后现代社会的特征，正是基于这种变化，人们开始理解不同文化、不同组织。

由于组织不同、文化背景不同的人们可能会出现差异，这个时候质的研究出现了很大的变化。笔者的研究针对某一个特定的组织，强调的是特殊性，反对寻求普遍性，从这一点上来讲质化研究和定性研究是不同的。定性研究强调寻找普遍规律，而质化研究更强调特殊性。对于质化研究，不管一个组织怎么特殊，但还是存在一定的普遍性，只是具备的普遍性不一定全面。研究一个特定组织的特定文化氛围下人们的心理发生发展规律，这种规律可能有特殊的适用范围，但其中蕴含的心理特点也可以得到普遍的推广。

笔者也曾经试用质化研究的方法，但最终还是逃脱不了要写规定性内容的倾向，所以做了一段之后成了定性研究。例如，有一个研究是在温州做的，从 1998 年开始每年去温州做课题，课题的主要研究领域是自主性，在温州的幼儿园里做了 8 年的自主性试验。在六七年以后，也就是两轮试验结束后，对实验班的教师做了一个访谈，主要是拟了 15 个题目，问这些实验班的教师，谈了两个上午，访谈时间大致是 600 分钟。当时的录音设备不好，只能使用小录音机、磁带，且温州方言是世界上最难懂的方言。笔者去温州多年，但对温州方言依旧是混沌状态，温州的面积很大，笔者曾经到访过温州市、瑞安市、苍南县等地，每个市（县）隔一条江、隔一条河，方言就不一样。尽管录音记录中受访者说普通话，但听他们讲普通话也比较困难，所以这 600 分钟的录音一点一点地听，最终笔者完成了资料的整理，资料大概有七八万字。这种研究从模式上就被称为质化研究模式，因为这是一个特定的组织。笔者对实验班和实验幼儿园的教师都非常了解，这些教师对儿童自主性培养有一定的了解，在对儿童培养的过程中有很多经验和教训，只有这些教师才能清楚地讲述。所以这些教师是受益于该幼儿园特定背景下自主性的培养，从形式上来看属于质化研究，但笔者将这些教师的言语从形式上质化了。在那个时代没有统计软件，不能将这些教师的每一句都截取并写下来进行分类。当时找到一个统计软件，让笔者的学生用这个软件重新做一遍，基本上没有什么大的差异，然后进行分类，分类之后总结。所以笔者认为质化研究方法也不一定就不用定性，不用总结规律。这是在温州做的研究，实际上还是到定性上去了。质化研究就是不总结规律，就是一个特殊的集体和结论，所以个人觉得还可以从定性来做研究。

现在的研究趋向是研究方法的综合运用，就是说做一个研究的时候能用几种研究方法是最好的，不仅仅局限于一种，任何一种研究方法都有自己的局限性，所以一般来说要多元化。笔者的研究更多地偏向于心理学这个专业，所以定量的、实验的、实证的内容很多。例如，现在研究生写论文大多都是要用实证的方式。对于这样做出来的研究，读者容易看、容易理解、容易相信。当然也有些实证研究可能只是一个现象、一个结果，对它背后的内容可能不清楚，这就还需要进行调查、访谈。其实在学前教育整个研究中运用最多的科研方法也就是实证研究方法。

有些方法是必要的。例如，笔者运用最多的一个方法就是实验法，当然这个实验不是传统意义上的实验室实验，而是在自然环境中的现场实验。还有一个运用较多的科研方法是调查法，调查法包括问卷和访谈，最常用的是观察法，很多研究内容都要用到观察。多种方法的结合是一种趋势，多种方法结合要求两种科研方法结合运用或者调查方法中的问卷和访谈同时运用，这是研究方法的发展趋势。

第三节　学前教育科学研究

一、学前教育科学研究的特殊性

学前教育科学研究与科学研究的不同之处在于学前教育科学研究的研究

对象是 6 岁以下的儿童，因为研究对象年龄的特殊，所以学前教育科学研究具有特殊性。

学前阶段儿童心理发展的年龄特征，具体包括三个方面：一是儿童认识活动的具体形象性，儿童对事物的认识还停留在具体事物的形象上。二是儿童心理活动和行为的无意性，儿童心理和行为受自身情绪、外界环境的影响。三是儿童开始形成最初的个性倾向。

学前儿童特殊的心理特点导致了学前教育科学研究的难度相对比较大，特别是关于学前儿童心理的研究。原因在于儿童年龄小，思维、语言及动作的发展水平都比较低。所以在进行研究设计时，一方面要特别考虑是否适合儿童的发展水平。另一方面，由于儿童的心理水平较低，如果研究设计得当，更能真实反映其心理发展的实际状态。

二、学前教育科学研究的内容

从宏观来看，学前教育科学研究的内容包括学前儿童心理研究和学前儿童教育研究两个方面。

（一）学前儿童心理研究

学前儿童心理研究是要研究学前儿童心理发展的特点及其影响因素。以儿童自主性研究为例，3～5 岁儿童自主性的研究包括研究儿童自主性发展的特点和影响儿童自主性发展的因素。自主性包括自我依靠、自我控制和自我主张[1]。自我依靠实验是给幼儿一个积木盒，积木盒上有不同形状的孔，再给幼儿相应的积木让他放进去，观察幼儿对在场对象的依赖程度，是总想依靠别人，还是自我完成；自我控制实验是让幼儿按照一定的要求，到一定时间就不能再玩玩具，观察幼儿能不能主动地离开玩具场地，并帮助收拾玩具等；自我主张实验是给幼儿两张纸，一张纸上画有一条线，另一张纸上画有三条线，三条线中的一条跟另外一张纸上的线一样长，让幼儿回答哪条线是与第一张纸上的线一样长，并给予干扰，观察幼儿是否能坚持自己的观点。最后得出结论：在幼儿阶段，儿童在这三个方面表现出来

---

① 邹晓燕、杨丽珠：《3～5 岁儿童独立性结构的验证性因素分析》，载《心理科学》，2005(1)。

的特点是随着年龄的增长，3～5 岁儿童自主性的稳定性越来越强，其中自我依靠和自我控制已经达到很高的稳定水平，而自我主张也出现了比较明显的稳定的特征①。影响儿童自主性的因素可以从儿童自身、家庭和幼儿园方面进行分析。

(二)学前儿童教育研究

学前儿童教育研究的一方面是对教师的研究，包括教师的教育理念、教育方式，还有一些具体的问题，如教师的工作年限、提问方式、人格特征。以前更多研究消极心理学的内容，如教师的职业压力、职业倦怠，近年来在心理学中出现了新的研究领域——积极心理学，它研究积极人格和幸福感。

学前儿童教育研究的另一方面是对幼儿园课程的研究，目前幼儿园课程分为五大领域，分别是健康、语言、科学、社会、艺术。同时还包括潜在课程，如幼儿园环境创设等。幼儿园的教育方式以及幼儿园的教育途径也是我们应该研究的领域。幼儿园的教育方式有教育活动、区域活动以及日常生活。教育活动的目的是要教会知识和技能等；区域活动的目的是巩固、练习；日常生活的目的主要是练习，形成习惯。幼儿园的教育途径主要是家、园、社区共同合作②。著名的心理学家尤里·布朗芬布伦纳(Urie Bronfenbrenner)，提出儿童发展生态学理论③，他认为一个儿童受到微观环境(家庭、幼儿园、父母的工作环境等)、中观环境、宏观环境(社会的政治、经济、宗教等)的影响，对儿童影响最大的是微观环境。而中观环境在儿童的发展中也起着非常重要的作用。中观环境是各微观环境之间的相互作用，对于幼儿园的儿童来说，微观环境之间的相互作用主要就是家庭和幼儿园之间的相互作用。

---

① Yang Lizhu, Zou Xiaoyan, "A Study of the Cross-Situational Stability of three-to-five-year-old Children's Independence," *International Journal of Early Years Education*, 2005(2).

② 邹晓燕：《未来中国幼儿园教育发展方向评析》，载《辽宁师范大学学报(社会科学版)》，2014(2)。

③ 邹晓燕：《学前儿童社会性发展与教育》，79 页，北京，北京师范大学出版社，2015。

（三）学前教育科学研究内容的主题分类

根据《学前教育研究》（2006 年 1 月至 2016 年 10 月）及《幼儿教育（科学版）》（2009 年 1 月至 2016 年 8 月）的不完全统计，笔者对研究内容的主题做了大致分类，如表 1-1 所示。

表 1-1　学前教育科学研究内容的主题分类

研究主题	具体问题
课程与教学	区域活动
	环境创设
	游戏
	语言领域
	艺术领域
	科学领域
	社会领域
	健康领域
	高瞻课程
	课程资源的开发与利用
	信息化的课程与教学
	混龄教育
管理	园长
	教育公平
教师	教师的专业发展
	教师的培养
儿童	幼小衔接
	社会性发展
	儿童问题行为
	评价
	情绪

续表

研究主题	具体问题
家庭教育与家园合作	家庭教育
	家园合作
新文件	《3—6 岁儿童学习与发展指南》
	《幼儿园教育指导纲要(试行)》
	《幼儿园教师专业标准(试行)》
农村	教师专业化
	留守儿童、流动儿童
	乡土文化
比较	跨文化
	跨学科

通过了解研究内容的主题我们可以有效地选取研究问题，找到适合自己的研究方向。

三、学前教育科学研究的意义

学前教育科学研究对学前教育理论和实践都有着非常重要的意义。

(一)理论意义

学前教育科学本身就是一个完整系统的理论体系，而学前教育科学的研究就是形成这个体系的具体方法。

科学要随着时代的发展而发展。学前教育科学既要继承传统的科学研究成果，同时还要不断创新，丰富和完善学前教育科学理论，从而更好地为学前教育提供科学的理论依据，指导学前教育实践。

科学研究的价值就在于此。例如，2016 年我国出台了《中国学生发展核心素养》总体框架。在三大核心素养中，自主发展就是促进儿童自主性的发展。而要真正有效地促进儿童自主性的发展，就需要一些基础理论，如中小学生自主性的发展特点、影响因素及教育等。而从教育的衔接上，幼儿阶段是基础教育的基础，是儿童自主性发展的奠基阶段。因此，需要从小培养幼儿的自主性，前提是要充分了解幼儿自主性的发展特点。这些都需要基础理论研究来完成。

(二)实践意义

学前教育科学研究是一门应用性很强的实践学科，其最重要的价值在于实践指导意义。目前学前教育界在科学研究方法方面普遍存在欠缺，由此导致其研究成果的认可性普遍较低，特别是很多其他学科研究者认为，学前教育研究不是真正意义上的科学研究，而是局限于低层次的经验总结。

时代对学前教育教师提出了更高的要求，即成为专家型和学者型教师。因为学前儿童心理与教育的特殊性要求教师要不断研究儿童，既要了解儿童心理的年龄特点，又要研究不同儿童的特殊性，而这种特殊形式是千差万别的。这就要求教师既要做好日常的工作，又要时时关注所有孩子的发展变化。所以，科学研究对教师的日常教育具有非常重要的意义。

学前教育科学研究还可以有效地促进教师的专业成长。笔者经常和幼儿园教师提到"教育科学研究是教师专业成长的最佳途径"，这是笔者利用多年幼儿园教育科学研究指导经验总结出来的规律。从 20 世纪 90 年代开始，笔者经常到幼儿园指导教育科学研究，至今已带出一批教育科学研究骨干，有些已经成为非常优秀的幼儿园教师。从他们的成长中，笔者越来越深刻地感受到教育科学研究在教师专业成长中的价值。幼儿园的办学质量对幼儿园来说是非常关键的。在评价幼儿园教育质量时，最重要的因素就是教师专业化水平。而教师通过自身的教育科学研究，在专业知识和专业能力方面都可以得到很好的发展。因为在这个过程中，教师通过查阅文献资料就可以扩展某个领域的专业知识，通过研究的实践环节就可以丰富对儿童的了解及教育的策略，通过研究报告的撰写就可以总结发现教育规律。

本章小·结

科学是反映客观世界各种现象的本质和规律的知识体系。科学的对象是客观事物或现象，内容是客观事物或现象的本质和规律。科学是理论的体系，每门科学都有其基础理论和基本研究方法。从宏观角度来看，科学可大致分为自然科学与人文科学。科学研究是对客观事物或现象的本质和规律的探索和总结。科学研究具有客观性、系统性和创新性。近年来，科学研究呈现出两种研究范式相结合和多种研究方法综合运用的趋势。

学前教育科学研究因研究对象的年龄较小，所以其研究具有特殊性。学前教育科学研究从内容上大致可分为学前儿童心理研究和学前儿童教育研究。学前教育科学研究具有重要的理论意义和实践意义。

关键术语

科学；客观规律；客观事实；本质；田野研究；科学研究；守恒；尝试错误；感知运动阶段；前运算阶段；自我中心；系统性；创新性；思维方式

思考题

1. 什么是科学？它的重要特征主要体现在哪些方面？

2. 什么是科学研究？它的最基本特征是什么？

3. 皮亚杰的液体守恒实验的内容及结论是什么？

4. 皮亚杰将儿童思维发展分为哪几个重要阶段？

5. 学前教育科学研究与科学研究相比有何特殊性？

6. 学前教育科学研究的内容应该包括哪些？

7. 学前教育科学研究有哪些重要意义？

8. 结合书中知识及自身理解，说说近年来我国科学研究的发展趋势是什么。

建议的活动

1. 查阅近年来在我国学前教育界较有影响力的相关杂志，如《学前教育研究》《幼儿教育》《早期教育》等，从这些杂志中总结出我国近年来学前教育界关注和探究的热点问题。

2. 结合书中内容，谈谈什么是科学研究，并结合自己的认识，举例说明科学研究的主要特征。

拓展阅读

1. 黄光扬：《教育测量与评价》，上海，华东师范大学出版社，2012。该书系统地介绍了国内外教育测量与评价的学科发展情况，并阐述了教育测量与评价的类型与功能、教育测量与评价的质量特征、编制教育测验的一般原理与方法、制定教育评价表的一般方法和步骤等内容。

2. 陶保平：《学前教育科研方法》，上海，华东师范大学出版社，2006。该书对学前教育研究方法进行了细致描述和介绍，书中详细阐述了各种研究方法的特点、过程和步骤，并引用了大量的例子来进一步说明这些研究方法。本书可以作为幼儿园教师从事教育科研的重要参考资料。

3. 金晓群：《幼儿教师实现自我发展的四个关键期》，北京，北京教育出版社，2008。该书作者自 1998 年开始作为邹晓燕在温州四个实验幼儿园的联系人，在撰写论文和科研课题方面，接受邹晓燕的指导。经过大约 8 年的时间，成为研究型和专家型教师。成立了金晓群名师工作室。曾任温州市第八幼儿园园长，现在温州市教育教学研究院工作。她的这本专著对自身的专业成长进行了分析，会对年轻教师有所借鉴。

第二章　学前教育科学研究的过程

学习目标

1. 了解选题的标准及主要来源。
2. 了解文献综述的价值及作用。
3. 掌握文献综述的具体写作环节及对应要求。
4. 了解研究对象与被试的区别以及选择研究对象时须注意的问题。
5. 了解开题报告的价值。
6. 掌握开题报告的结构及每个部分具体的写作要求。
7. 了解研究报告的形式及具体写作内容。
8. 了解论文与文献综述的区别。
9. 了解用"关键词法"写论文的具体步骤。

导　读

　　某院校学前教育系的学生在学习"学前教育科学研究的过程"时议论纷纷。有的学生认为："进行教育科学研究，主要应注重过程，结果不重要"；有的学生认为："进行教育科学研究，过程有没有都行，最主要是会写论文"。面对学生的争论，教师没有直接回答，而是让学生先阅读了科学研究过程的知识，再来探讨自己的观点合不合理。

　　本章将对学前教育科学研究的过程做出系统而全面的介绍。学前教育科学研究的过程主要包括选题、文献综述、研究设计、开题报告、研究报告和论文撰写六个步骤。一般来说，这六个步骤按照一定顺序逐层推进，从而形成一个完整的科学研究过程。

第一节　选　题

选题是科学研究的第一步，也是关键的一步，做研究最难的就是选题。

一、选题的标准

选题不仅要有创新性而且要具备可行性，选完题目后我们能不能做也是很重要的。同时还要有预见性、前瞻性。在选题大小方面不能太大，如果选题太大会无从下手，选题也不能太小，太小会没有研究内容。

二、选题的来源

选题主要来自两个方面，一个是理论，另一个是实践。从理论中选题就是看资料。选题一般都是从文献综述中来选，写完文献综述之后找到目前研究的现状和以后的发展方向，然后再选。所以第一个选题应该稍大一些，如儿童某方面的发展及影响因素等这一类型的研究。

题目选定之后，接着就是查资料。现在查找资料有很多途径，可以通过图书馆或者网络查找，目前最普遍的途径是上网查资料。笔者在 1986 年做硕士论文的时候，是到北京图书馆查资料，当时没有网络，也没有电子书库。现在查阅资料已经非常便捷，输入关键词，相关的研究就都被检索出来了。例如，选"儿童攻击性行为的发展与矫正"这样一个题目进行研究，那么查资料的时候怎样应用电子方式检索呢？

首先搜索关键词，关键词应该是一个词，所以第一个检索的应该是攻击性。然后进行二级检索的时候，也就是说在初次检索的结果内再次进行检索，在结果内检索的这个词是儿童。一般经过这样两级检索就可以查出需要的资料了。资料查出来之后就要看资料，一般来说从近到远，先看近五年的资料，如果近五年的资料不够多的话就再向前查，如果在查资料时发现其中有需要注意的早期资料再往前看。从年代来说的话，如果近五年的资料有上百篇，可以通过摘要来分类，要把资料进行整理归类，然后根据资料列出提纲，大概了解哪些资料写哪些部分，再根据部分的顺序进行初步的资料整理，之后就要开始写文献综述了。

第二节　文献综述

文献综述不是把各种知识进行简单的罗列，而是在前人的基础上进行归类总结，所以要采取述评结合的方式。

一、文献综述的价值及作用

文献综述的价值是能使研究者站在别人的肩膀上。文献综述就是研究者看了相关研究领域的所有研究报告，知道目前研究进行到什么程度，还存在哪些问题，知道前面的路怎么走。所以说文献综述是科学研究的基础。从问题提出部分来说，一篇报告的问题提出部分最能体现研究者对研究综述的了解情况，是对文献综述的高度概括。

还有一个方面也能体现研究综述的水平，就是研究方法。因为研究方法客观、科学，所以在阅读文献时，要知道目前研究这个问题都有哪些方法，大家最常用的方法、最好的方法是什么。

另外就是讨论部分也能体现研究综述的水平。研究结果分析之后是讨论，讨论这部分最能体现研究者的理论水平，也是反映其对整个领域把握的程度。因为在讨论中首先要讨论研究者的研究结果与已有研究结果的异同。例如，讨论研究者的研究结果在与已有研究结果在哪些方面是一致的，可能还有一些结果与以往的结果是不同的，这就是研究的独特性。

再有一个很直观的体现就是参考文献。它能反映出研究者对这个领域的了解情况，以及对这个领域最新动态的了解。所以一般来说参考文献部分一般要10~15篇，参考文献的年代越近越好。

二、文献综述的写作环节

(一)摘　要

摘要是文献综述呈现的具体内容,它与提要类似。提要只是介绍了有哪些概念,运用了哪些方法,但是不介绍具体的概念和方法。所以对于论文和研究报告来说,二者是有严格区别的。但是当文献综述的观点很多很杂,无法用一个观点概括时,可以用提要的形式。

(二)关键词

关键词的主要作用是检索,它就是题目中最关键的、最有特殊意义的词。关键词包括两个方面:一个是对象、另一个是内容。一般来说,3~5个关键词比较合适。对于关键词,一是从题目中找,二是找它的同位概念。例如,笔者研究的是儿童自主性,研究对象是儿童,自主性是内容,与自主性同位的概念是独立性。如果题目中只有两个关键词,就在文章中找一个与文章关系密切的词,还可以从它的上位概念中找。例如,研究儿童的合作行为,这里只有两个关键词:儿童和合作行为,研究者可以找出合作行为的上位概念就是亲社会性。

(三)正　文

1. 基本概念

正文要从基本概念开始,而且要开门见山地写。基本概念也包括两个部分:一部分是对象,另一部分是内容。一般是先从内容开始描述基本概念的含义及意义。一般每个基本概念在许多文章中都有不同的界定,作为研究者要选择一个自己认为最经典、最合理的概念。对基本概念的定义进行详细解释后,下一步是论述基本概念的价值意义,即基本概念本身的作用,基本概念本身是什么,它的重要性体现在哪些方面。概念和意义是任何文章开篇都要直接写的,要让读者一看就知道该研究的内容。接下来要论述关于这方面研究的特殊意义。也就是说第一段写内容的概念及其意义,第二段写对象的特殊意义。例如,幼儿同伴关系的研究综述,第一段写同伴关系的概念及其意义,第二段写幼儿同伴关系的特殊意义。

2. 关于相关研究领域的文献综述

（1）关于该研究领域的起始研究

该研究领域从什么时候开始，是怎么样一步一步发展的。关于起始研究的介绍必须是比较详细的，要介绍研究的年代背景、研究的原因、研究所采用的方法、研究对象，还要介绍研究结论。例如，笔者在做自主性的研究时必然会提到杰尔姆·卡根（Jerome Kagan），一位哈佛大学的教授。他 20 世纪 60 年代的时候在《儿童发展》杂志上曾经发表过一篇"关于儿童的被动性和依赖性的追踪研究"①的文章，该研究是从儿童四五岁开始的追踪研究，一直到二十几岁再进行研究，整个研究进行了大概十几年。该研究得出结论：儿童的被动性和依赖性有着相对的稳定性，即一个儿童在四五岁的时候被动性和依赖性很强，到二十多岁时仍然相对比较强。此外，该研究还发现个体的被动性和依赖性方面存在性别差异，相对来说，女性的被动性和依赖性的稳定性比较高；而男性相对会有一定的变化，一个小男孩本来在四五岁的时候被动性和依赖性很强，到二十几岁时可能会变得很独立很主动。这是因为在美国人的价值观中有一个很重要的标准是自我依靠，如果一个男孩进入成人社会之后他还非常依赖别人的话，社会就无法接纳他，为此他必须变得独立主动；对女性的要求相对来说会比较弱一些，所以女性的被动性和依赖性的变化会小一些。在杰尔姆·卡根的研究中，儿童的自主性比较稳定的这个研究发现是一个经典研究。

（2）关于该研究领域的发展脉络

一般来说，脉络有纵横的、理论与实证的，可以分成不同的方面，也可以说是用不同的方式来介绍研究发展的脉络。纵横的是什么意思呢？横的是分段，纵的是线索。所以，一种论述方法是按阶段来介绍。例如，笔者曾经写了一篇综述点评，题目为《维果茨基对西方发展教育心理学的影响述评》，发表在《全球教育展望》杂志上，在那篇文章中先把维果茨基对整个西方的影响分成几个阶段，从 20 世纪 60 年代到 20 世纪 90 年代末。20 世纪 60 年代开始翻译维果茨基的书；20 世纪 70 年代人们开始做一些验证性的研究，研究维果茨基的一些理论；到了 20 世纪 80 年代末和 90 年代初从整体上研究

---

① Jerome Kagan & Howard A. Moss, "The Stability of Passive and Dependent Behavior from Childhood through Adulthood,"*Child Development*，1960(31).

维果茨基，研究他的时代背景、生平、整个理论。另一种论述方法是按照线索来介绍。例如，在关于自主性的研究中，西方有两大线索，一个是衣阿华大学的科汉斯卡(Kochanska)，她研究顺从的个性特点；另一个是马里兰大学的基伦(Killen)，研究儿童教育领域的自主性。此外，也可以分为理论与实证的。例如，关于某方面的理论研究有哪些，该研究领域的各个理论学派有哪些理论，然后实证的方面、实际的方面有哪些……总而言之，不管按什么方式来论述，最后要让读者在头脑中有一个整体的印象，即这个研究是从什么时候开始后来又是怎么样发展的。

（3）目前研究的不足及未来研究

这部分要论述的是该领域的研究还存在哪些问题，前文的一系列内容最终都要归结到这部分，而且这个部分才是最重要的。因为研究的必要性就与这部分的论述有关，别人研究过的和已经研究的很好的就没有必要再研究，除非新的研究比过去的更好。要找到研究薄弱的环节，并以此作为切入点。

最后还应该论述一下未来研究。这个部分要注意的是强调研究。例如，对儿童攻击性行为的研究综述，不是研究未来加强对幼儿攻击性行为的干预，教师应该怎么做，家长应该怎么做，而是应该写未来的研究，即研究儿童攻击性行为的特点，不是具体的操作。

（四）注释和参考文献

写论文的时候通常需要有注释和参考文献两个部分。注释是指文章所引用的话、引用的部分。参考文献是研究者所看过的、对研究有启发的、但是没有直接引用作者的文献。参考文献部分没有引用的无须提及。需要注意的是，当引用一段话、一句话时，要立刻加注释。写文章要加尾注（目前也有用脚注的），写书要用脚注。注释或参考文献使用期刊和书时有不同的格式和顺序要求，期刊的格式为：作者、文章（一般写文献综述都要用文章）、原载的杂志（不要用复印资料或是转载的，原载就是最初发表这篇文章的杂志）、刊号（就是哪年哪期，还有属卷也要写上）、页码（这篇文章的哪页，或者在这篇文章中从多少页到多少页）。书的格式为：作者、书名、出版社所在地、出版社、版次（版次就是哪年版的）、页码。

第三节　研究设计

研究设计（research design）是指一种收集、测量、分析和解释资料的构造性方法，它的目的是对所研究的问题或课题提出最好的解决方法。[①] 研究设计的首要环节是确定研究课题。如儿童的亲社会性，儿童亲社会行为是很大的方面，要做研究的时候不能做儿童亲社会行为。文献综述是一个大的课题范围，研究报告就是要做一个小的研究，研究报告的题目应该小题大做。又如家庭环境与儿童心理健康，文献综述完成后要找到研究的切入点，即未来研究的发展趋势，未来应该研究什么问题。确定题目的时候要小题大做，一个小题目看着才会饱满、比较丰富，做的研究才能有理有据，论述得非常清楚。

研究设计的另一个重要环节是确定研究方法。研究方法也被称为研究的技术路线。文献综述只是铺垫，真正体现科研实力的是这个部分。技术路线体现的是研究的可行性、能不能做好，恰当的技术路线能让人看了感觉很详实、很缜密。研究的核心特征是系统性，影响研究系统性的主要因素之一就是研究路线。研究路线要非常细致，操作性要非常强。就是说设计一个研究方案，把这个研究方案拿给别人，别人就可以照着做。所以要做好研究设计，需要很深的理论功底，研究设计的每个方面都包含着研究者对理论的理解。例如，儿童心理的研究很难，因为儿童不会受成人的控制，儿童可能无法理解成人的语言，需要让儿童完成的任务，儿童可能也完成得不尽人意，所以整个儿童心理研究的设计，包括怎样才能让儿童明白指导语，这都是无关变量。所以做儿童心理研究，要了解儿童的心理特点，了解儿童不同年龄段的心理特点。总之，在做任何研究时，背后都要有理论知识的支撑。

研究设计的基本内容包括以下几个方面。

[①] ［美］E. R. 克鲁斯克等：《公共政策词典》，124 页，上海，上海远东出版社，1992。

一、研究对象

(一)研究对象与被试的区别

被试存在于研究对象中，而研究对象不仅仅是被试。被试是特定条件下的专有名词。研究对象比被试的范围要广。被试是一个做实验研究的专用术语，做实证研究、实验研究一般用被试。如果做的不是实验而是问卷就不能用被试，应该用调查对象或者研究对象。所以在一般情况下，被试都被统称为研究对象。

(二)选择研究对象时应该注意的问题

最重要的是要考虑代表性的问题。例如，在做一个实验时，将来要把这个实验结果推广到一般的群体中，这个结果能不能推广就涉及代表性问题。在美国普通心理学的很多经典结论中，研究的实验对象很多是美国中产阶级白人家庭背景的大学二年级学生，一般的普通心理学的研究对象都是这样一个背景。所以说这个结论能不能推广到所有人，要看研究对象是否具有代表性。研究中非常重要的是研究对象要有代表性。例如，关于"母亲人格与5岁儿童自主性的相关研究"①，主要研究母亲人格与儿童自主性之间的联系，或者母亲人格对儿童自主性发展的影响。选择母亲人格的研究对象时，应该选择哪些母亲才具有代表性？才能说明研究者的研究？选择的母亲要具有多层次，因为研究要得出一般性结论就要考虑各种家庭的因素。例如，单亲家庭就是一个干扰变量，单亲会影响母亲人格。所以这个研究的被试选择很重要。另外，在选择上还有没有其他条件？这个研究有一个理论假设，就是母亲人格对儿童自主性是有影响的。需要特别注意的是那些不和孩子在一起的母亲，不和孩子在一起就看不出他们之间的关系。所以应该界定为不是单亲的孩子，还应该要求是母亲带孩子而不是爷爷奶奶或其他人带。这里最核心的问题就是选取的研究对象，要仔细考虑这个对象的选择是否能代表这个区域。再如，选取儿童的时候还要注意，应该是男女比例相同的。因为这个研

---

① 侯林、邹晓燕：《母亲人格与5岁儿童自主性的相关研究》，载《学前教育研究》，2009(10)。

究假设中男女本身存在性别差异，所以一般要求研究对象的比例是一半对一半的。可以把研究对象列一个表，一般包括以下内容：对象有哪些特点、哪些人物、怎么选取、男女比例。如果是问卷的话，应该是各个区域分别选取多少个，不同年龄层次的有多少，越详细越好。

二、研究材料和工具

材料用于实验法中，工具用于调查法中。如果两个同时出现就说明这个研究既运用了调查法也运用了实验法。如果只运用实验法，标题就写研究材料；只运用调查法，标题就写研究工具。

三、研究过程

研究过程就是研究步骤，是指实验、调查的程序。这里要写做研究的整个过程，要具有操作性。具体的操作步骤要一目了然（具体参见研究方法部分）。

四、编　码

(一)编码的定义

编码过去又称为行为指标。1985 年笔者读研究生的时候，笔者的导师就经常强调心理学研究中最重要的就是行为指标，它都有什么标准，用哪几个标准来衡量，现在称为编码系统。这个衡量就是要看最后是不是分高就是好的、分低就是差的，这样就知道这个编码合不合适。编码系统其实就是表现，表现应该有个操作定义。例如，给学生期末成绩，第一个表现是上课迟不迟到。有可能所有人都不迟到，那这个编码就不用了，因为没有区分度。下一个看在上课过程中注意的集中程度，上课过程中有学生睡着了，那么上课专注听课的学生就给高分，上课睡觉的学生就给零分，这是一个表现。还有一个表现是根据答卷情况给的分数。编码系统实际就是对表现的归类，这个表现给多少分，另一个表现给多少分，最后给一个总分。

(二)编码的制定

在实验法和调查法中都需要有编码。因为做研究最重要的是要有区分度，编码通俗来讲就是要给一个评分。做实验也好，做问卷也好，最后要给每个个体一个恰当的评分，而且这个分数要恰到好处。例如，研究对象的考试成绩应该是一个什么状况？应该怎么排名？如果说是正态分布，正态分布是在 30 个大样本以上的实验中才可以呈现出来，达不到正态分布的话给他们的成绩应该是有差别的，也就是说这里要有一个区分度。

那么所谓恰当的评分应该是什么样的？什么是恰当的？例如，他学习确实非常好，可能从过程到结果都有一个评价，最后给的分数是最高的，大家都觉得他确实应该得这个分数，这就称为行为指标。这里恰当不恰当要看编码标准合不合适。例如，现在学生的成绩由两部分组成，一部分是态度方面，如写作业、交作业、上课的发言等，另一部分是最后交的作业和考试。如果因为一个学生的满勤就给他最高成绩，而他上课不怎么认真听讲，作业也乱七八糟的，那么这个最高分就是不合理的，给的分就是不恰当的。当所有学生的分数都出来后（因为都是自己做的实验，每个学生做实验的过程都有印象，都是看到的），看一看最高分的一两个是不是在实验的过程中表现最好的，最低分的这两个是不是实验过程中表现最差的。如果发现这个高分的学生在实验的过程中表现最好，低分表现最差，那就说明这个编码系统评分是合理的。

五、统计方法

(一)统计方法的定义

统计方法是指以收集数据、分析数据和由数据得出结论的一系列方法。选择适宜的统计方法是研究的重要步骤。统计方法可以帮助进行数据统计和分析，原始数据如果没有整理和分析，就只是一堆资料，而有价值的信息往往蕴含其中，所以研究离不开统计方法的选定。

(二)统计方法的选择

一般统计方法的确定应在研究设计时就应考虑清楚。

统计方法是研究做完之后应该用什么方法统计。因为不同的统计方法可能要求不同的实验条件、不同的实验环境，怎么做实验和统计都是有关系的，统计样本、次数、平均数都是与前面的内容有关系的。所以在前面做实验设计的时候就要想到统计方法，用什么样的统计方法比较合适。例如，问卷用 SPSS 做因素分析，选择探索性因素分析还是验证性因素分析。做探索分析的时候，是指在不知道问卷的理论建构，不知道包括哪几个方面的情况下进行的。例如，自主性的理论建构包括自我依靠、自我主张、自我控制。如果刚开始不知道自主性包括这几个方面的话，就要用探索性因素分析的方法（就是用 SPSS 做一般的探索性因素分析）。如果这个研究的理论建构非常清楚，就要用验证性因素分析。所以统计方法是根据研究目的、研究内容来选择的。例如，研究母亲人格与儿童自主性的统计方法分为两部分，一部分是关于问卷的统计方法怎么样、用什么，另一部分是用相关系数。在研究方法的统计部分要提前想清楚用什么统计方法，并应该非常详细地说明。例如，SPSS 不是一种方法而是一个统计软件包，具体用了什么样的方法研究者应该非常清楚。再如，研究者在做教育心理实验的时候做一个前测和后测，前测和后测在统计上应该用什么方法？这个实验班原来是什么样的，实验中又给它加了哪些新的教学方法，最后要看新的教学方法有没有明显的作用，这就要用差异检验 t 检验。总之，在设计整个研究过程中统计方法必须是一开始就要明确的，不能做完研究再考虑用什么统计方法，那样就容易出现纰漏，有可能研究的过程和研究的方法是不适合的。

第四节　开题报告

开题报告是文献综述和研究设计的简单结合。在做开题报告之前，研究者都会想开题报告的作用是什么，一般来说做课题都要有开题，开题究竟有什么样的价值呢？开题报告的结构是怎样的？

一、开题报告的价值

开题报告要论证选题的重要性与可行性，这就是开题报告的价值所在。重要性体现在研究在理论与实践上都是有重要意义的，可行性体现在研究是科学的、合理的，资料与实验基地、调查的对象与时间都是可以为研究提供便利的。开题报告一般都是由专家参与的，教师提出的意见是为了使整个研究更严谨、更科学、更细致。如果教师在开题报告时就提出问题，而且教师提的问题越多，研究中出现的问题就越少，避免了之后在研究中走弯路，这样就可以避免在实验或者调查做完后才发现错误，所以开题报告非常重要。

二、开题报告的结构

开题报告是以文献综述和研究设计为依据的。

(一)问题的提出

问题的提出是基于文献综述的，根据文献综述的格式，问题的提出包括以下几个部分。

一是基本概念的含义及意义。要明确研究的关键内容是什么，研究的意义所在。例如，研究的内容是同伴关系，那么关键词就是同伴关系，第一部分就要介绍同伴关系及其意义。

二是基本概念的特殊意义。例如，研究的内容是幼儿同伴关系，那么它的特殊意义部分就可以写研究的对象——幼儿。

三是目前研究的主要成果及趋势。关于本研究的主要进展，以及未来的发展趋势问题。

四是本研究的目的及意义。这部分要注意的是"本研究"一词，这部分要关注的是自己的研究，而不是他人的研究。

由此看出，开题报告的结构与文献综述的结构是相同的。但是开题报告的内容是很少的，要对文献综述的内容进行筛选，是对文献综述的提炼。如果采用实验法进行研究，最后一部分应该是本研究的目的、假设及意义。如果是调查研究的话，就是本研究的目的及意义。需要强调的是，做研究要注重系统性。

(二)研究方法

研究方法在文献综述部分已经提及，那么写好研究方法的标准是什么呢？其中最为重要的一条标准是操作性要非常强，操作步骤能够非常清晰明确地展示出来。

(三)时间安排

时间安排主要是每个步骤的具体安排，是指哪个时间段具体做什么，要清楚地说明研究是从什么时候开始，到什么时候结束，哪个阶段在哪个时间完成的，要让读者清楚每个阶段都做了什么工作。

(四)可行性分析

问题提出部分体现了研究的重要性和必要性，研究方法部分体现的是研究的可行性，让读者清楚地知道研究是系统的、可以进行的。可行性分析主要包括时间保证、资料的来源、被试是否给予配合、人员的支持等。例如，辽宁师范大学图书馆有丰富的外文资料，有充分的时间进行实验操作；要在幼儿园和家庭中进行实验，幼儿园和家长的配合就是支持实验的一个重要因素；关于问卷研究的经费，是由某人出资赞助的，经费问题得以解决，这些都属于可行性分析部分。

(五)开题报告的内容及格式

开题报告是论文的基础，不同学校对开题报告的格式要求略有不同，但大体上相差不多。下面以某师范大学本科生的开题报告格式为例，阐述开题报告的内容。

1. 本课题的意义及国内外研究概况

这部分相当于文献综述。具体包括概念及其意义、国内外研究的现状、本研究存在的问题及未来发展趋势、本研究的目的和意义。

2. 研究的目标、内容和拟解决的关键问题

这部分需要注意的是要把目标和内容区分开，其中包括如何写目标和如何写内容两部分。一般来说，目标是宏观的，即最终要达到的目的，就是最终要研究问题的规律性。例如，要了解儿童某方面的发展特点、现状或建议等，这是宏观方面的，不需要展开论述；内容则指通过某些方式具体地解决问题，是研究者在研究中具体要做哪些事情。拟解决的关键问题是研究所要解决的关键问题，只有把关键问题解决了才能做好研究。例如，在规则意识问题研究中，最关键问题是要制作一套让幼儿能够理解家庭规则、社会规则及幼儿园规则的图片，做出符合儿童认知能力的图片就是拟解决的关键问题。再如，在师幼关系的研究中，如何判断师幼关系的类型就是拟解决的关键问题。在气质类型的研究中，气质类型的判断标准就是拟解决的关键问题。概括来讲，一个研究的关键就是拟解决的关键问题，只有把拟解决的关键问题弄清楚，才能把研究做好。

3. 研究方法（技术路线）

研究方法是开题报告中最关键的部分，也是判定研究课题是否可行的关键。不论题目多新颖、想法多好，如果研究方法选择不当就不能做好研究。进一步来说，研究方法就不能帮助研究者达到研究目的。

总的来说，判定研究方法是否合适的根本标准就是看研究方法能否很好地达到研究目的。

在方法选用得当的前提下，研究方法部分要具有操作性。所谓操作性就是要清楚地交代具体的研究步骤。这种操作性可以帮助研究者清楚知道自己是如何做这个研究，以避免做研究过程中的盲目性。而现实中很多研究者存在的一个普遍问题就是盲目性。所以，开题报告的操作性是在题目确定之后可以知道下一步要做什么，可以有目的、有计划地实施研究过程。操作性还有一个价值，就是让阅读开题报告的人身临其境地了解研究过程。

4. 可行性分析

这部分要分析研究的方法是否可行，包括分析实验材料、人员的安排、经费的支持、场地的提供等方面。

5. 研究计划及预期进展

这部分是要交代每段时间的具体事项，每段时间都需要做哪些工作，要把研究计划与预期进展结合起来。

第五节 研究报告

研究报告是最重要的环节，是把研究过程及结果详细地呈现出来，进而形成规律性的内容，以便于他人借鉴以及对研究结果的推广；把研究呈现出来是为了让他人了解过程和结果，能够说服他人。研究报告不同于经验总结和论文，经验总结是属于什么性质的？就是怎么做的就怎么写。经验总结是最容易撰写的，经验总结的推广性比较小，很难上升到理论水平，只是作者的感想。一般来说，它不是一个非常正规的研究。

研究报告就是通过一个严密的细化设计来实施，最后利用一些数据分析得出一些结论。所以研究报告最重要的特征是通过实证（实验研究也称实证）或调查等方式，然后利用一些数据统计分析来进行说明，得出一些科学结论。研究报告的规范性很强，有固定的格式要求。

一、研究报告的形式

(一)标　题

首先应该有标题。一篇文章的标题最多在 24～25 个字。标题是一个名词组，一般来说不能是动词组，应该是关于什么的研究而不是研究什么的。不管什么样的文章标题，尽量用名词组，而不应该用动词组，有很多人用动词组或用问句来写标题，这样不符合标题的规范。

(二)作　者

标题下面是作者。主要介绍作者的基本信息。

(三)摘　要

论文的摘要和研究报告的摘要是一样的。研究报告摘要的固定格式包括以下几个方面：首先是研究对象，要确定是年龄多大的儿童；其次是研究方法，进行了什么样的研究。也就是说先让读者知道研究者研究的是怎样的一群人，采取的方法是什么，然后通过研究之后得出结论。另外，有些研究报告可以再写一些教育建议，如果一个研究要对实践有一些帮助和价值，研究报告通常都会给出一些教育建议。摘要是非常简洁且概括的，通过摘要的阅读，就可以达到了解文章中心含义的效果。这是研究报告特有的摘要形式。

(四)关键词

关键词的选取包括两个方面：一个是内容，另一个是对象。一般包括三到五个词，一个对象一个内容还不够，还要有一个内容的同位语。如果没有同位概念还要加上位概念，即最主要的上位概念，或者相关的概念。

二、研究报告的整体结构

(一)问题的提出

1. 核心概念及其意义

这部分可以在文献综述的第一部分内容基础上，进行概括而提炼出来。

2. 研究的发展概况

主要介绍与研究相关的一些研究热点和现状问题。一般来说，研究的问题是比较热点的问题，从研究价值来说这个问题比较重要，是在前人研究的基础上进行研究的。例如，关于母亲人格与儿童自主性的相关研究，先阐述与目前研究有关的现状，然后才是研究的不足。虽然有研究家庭的因素了，但是缺少母亲人格与儿童自主性之间的关系，而这正是研究的切入点。

3. 研究的目的及意义

（1）研究目的

研究的目的，一般来说是宏观的描述。例如，就母亲人格与五岁儿童自主性的相关研究来说，研究的目的应该写"本研究旨在探讨母亲人格与儿童自主性之间的关系"，这个关系应该用语言陈述而不应该用相关，相关是一种统计说法，这里应该用正常语言描述。实证研究时应该写本研究假设，研究假设不能太多，一到三个都可以，一般两个。如果是调查研究的话就不需要假设。

（2）研究意义

研究意义就是这个研究完成之后的价值。例如，五岁儿童自主性和母亲人格的相关研究，开篇写的概念是自主性。一般要区分主概念和辅概念，因变量是主概念，自变量是辅概念，一般要从主概念写起。这个研究开篇要讲自主性在人的发展中的意义，可以分为两个方面：一是理论价值。可以写这个领域目前的研究现状，现在没有关于儿童自主性与母亲人格方面的研究，研究者可以从理论上丰富自主性的研究。二是实际应用价值。例如，上面的研究可以为家庭教育提供指导，什么样的母亲人格有利于儿童发展，怎样调整母亲人格等。

(二)研究方法

研究方法部分包括五个方面。一是本研究主要采用什么研究方法。二是研究对象。三是研究工具和材料。如果调查和实验两种方法同时运用的话，标题为研究工具和材料；如果只是实验性的研究，应该写研究材料；如果只是调查问卷的研究，就写研究工具。四是研究过程。研究过程包括具体实施的步骤，实验和调查研究都用这个方法。写研究过程的标准是别人看了你的研究过程之后，能够达到知道这个研究从头到尾是怎样做的效果。如果是实证研究（严格意义上的实证研究，不是泛指的实证研究），那么下一部分应该是编码和评分系统。编码也被称为行为指标，行为指标就是论述什么样的一个表现。编码和评分系统是连续的，编码最重要的是给研究对象评分，编码之后是分数，一般用表格形式来呈现。表格包括两部分，行为指标和赋分。要达到让读者了解什么表现得多少分的目的，这也是在实验过程中的很重要的一个依据。研究者可以通过观看实验录像进行观察并赋分。考察编码是否符合实际情况是看实验中表现最好的被试是否获得最高分，最差的是否获得最低分。如果基本符合就说明编码是合理的。编码可以在实验之前设计完成，在实验过程中也可以添加或修改，要做到每个研究对象都囊括在编码系统之内，每个人在编码的高低分之间都能找到相应的位置。更确切地说，编码应该能够囊括研究对象的所有行为表现。如果不是实证研究而是调查问卷，调查问卷本身就有自己的评分系统，就不需要用编码和评分系统。五是统计方法，就是要说明这个研究用了什么统计方法。一般常用的统计方法有平均数、差异检验、相关系数，还有难度较大的方差分析、因素分析等。

(三)结果分析

结果分析是针对结果的统计数据进行分析，是对得出的结论进行总结。例如，3~5岁幼儿某方面的性别差异显著，结论的表达是按照统计学的说法。统计学的说法包括差异显著、相关显著，得出的结论也是统计学能证明的结论，其中差异检验包括显著和不显著两种结果，相关分析探讨的是相关性研究。

目前很多人在写结果分析的时候，采用模糊标题。模糊标题就是关于什么和什么的关系，这种标题对研究对象之间的关系没有清楚的界定。笔者不提倡采用这种方式，要说明这种关系是什么，运用的语言不是叙述性的语言，而是用统计数据来说明的，也就是说这个标题要用统计学的语言来说明。

结果分析的结论一般包括三个方面。第一，引用研究得出的数据结果，如方差分析的统计结果，研究者一般用 SPSS 软件进行统计分析，包括相关分析和差异检验；第二，标题的结果，这是针对相应的标题进行的结果分析；第三，代入数据进行说明。要把具体数据列出来。比如，研究采用 t 检验的统计方法，就要把 P 值是多少，P 值是大于还是小于 0.05 等都要列出来。

(四)讨　论

讨论部分集中体现作者的理论水平，是针对结果分析阐述的，是说明结果是否科学，是否合理的。讨论部分要上升到理论高度，让读者理解结果是科学的、客观的、可靠的，而且要针对每一个结果进行讨论。

讨论的格式如下：一是本研究的结果，不同的结果要分开写，结果有共性的可以合在一起写；二是本研究与已有研究结果的异同，主要是与现有国内和国外研究结果的异同，在比较的基础上对已有研究结果进行关注；三是分析结果的原因，把原因上升到理论高度，包括把心理学、教育学的理论作为依据，说明结果是科学的，是有据可循的。第四部分是体现研究理论水平的关键，要从理论上分析研究结果的科学性和合理性。例如，母亲人格与儿童自主性的相关研究就是论证为什么母亲人格会影响儿童的自主性，这里主要是从理论上论证为什么的问题。在理论上要阐述母亲人格会有什么样的表现，在教育中间接地通过教养方式起作用，这种人格的母亲可能会采取什么样的教养方式，在与孩子接触中她会怎样讲话、怎样办事，这都会影响到孩子的将来。这里要论证的是可信度，讲的道理要让读者感觉可信，所以这里可能要引入一些经典的研究结论或者经典的理论。

讨论中还要写一些教育建议，也可以采用将教育建议与讨论并列的格式。因为研究者做任何研究，不管是心理研究、还是教育研究，都必须是对实际有用的，所以这个研究肯定要有教育建议。

另外，每个研究报告应该包括本研究的不足和进一步的研究方向。因为任何一个研究都不是十全十美的，都会或多或少地存在一些问题。所以在研究做完之后，要对下一步应该做什么进行思考。

(五)结　论

结论部分是总结规律性的内容，结论要简短，对研究进行概括总结。在写结论的时候，我们应该注意文章中的结论应与文章开始的摘要及结果分析的标题保持一致，其中的假设可以与结果不完全相同，因为假设是预先设定的，实验过程中不一定完全一致。其他部分要相同，保持一致性。研究结论不是必需的，有时也可以省略，因为这些结论在摘要里面也有所体现。

(六)注释和参考文献

在正式写论文时，正文后要加入参考文献和附录。参考文献在文章中用插入尾注表示。参考文献分为两类，一类是书，另一类是杂志。参考文献中书的格式为：作者名、书名、出版社所在地、出版社、版次（如 1998 年版）、页码；参考文献中杂志的格式为：作者、文章名、刊名、年卷期、页码（这篇文章的页码）。附录呈现的是问卷、图片、量表等。

第六节　论文撰写

科学研究最后呈现的结果主要有两种方式，一种是研究报告，即将研究成果用数据分析的形式呈现出来。另一种是论文。这里讲的论文是以纯文字论述的研究结果的呈现方式。相对于研究报告而言，论文中没有任何实证的研究方法和数据呈现。

这里讲的论文和一般意义上的论述文概念类似，是一种完全建立在逻辑思维基础上的、不进行实际调查研究的一种研究结果的呈现方式，主要是围绕一个论点，运用一些论据进行论证，以说明某个规律。

论文的撰写必须符合规范，其核心是逻辑。写论文最容易出现两个问题，一个是论文的逻辑，另一个是文章的重点。

一、论文与文献综述的区别

首先必须明确，论文不是文献综述。也就是说，论文与文献综述之间是有区别的。近几年各高校都明确指出，本科论文不能是文献综述。文献综述是介绍以往相关研究成果，并进行评述，包括很多宏观的内容。而论文是围绕一个论点，用论据进行论证的。论文首先要有观点，这个观点就体现在标题上。论文最重要的是阐述清楚观点，要围绕观点说服别人。

论文与文献综述又是有联系的。论文的标题或观点往往来自文献综述，是受到文献综述中一些资料的启发而产生的，而且论文中的很多论据也来自文献综述。

二、关键词法

为了解决逻辑性和重点把握这两个问题，笔者提出了"关键词法"。

用关键词法写出来的论文逻辑清晰、线索清晰，写论文时不会出现混乱的情况，并且重点突出。

关键词法的具体步骤如下。

(一)分解题目

这个方法的关键就是把论文题目分解成多个词。比如，论文题目为"小学教师素质结构培养策略"，这个题目包括小学、教师、素质、结构、培养、策略。专有名词有时也可以合并。比如，素质结构和培养策略都可以作为一个专有名词。刚开始的时候先单独划分出来，需要的时候再合并。

(二)找出内容关键词和对象关键词

以"小学教师素质结构培养策略"这个题目的关键词为例。

关键词分为两个方面，一个是对象方面，另一个是内容方面。在这个题目中，对象的关键词是小学教师，内容的关键词是素质结构培养策略。

(三)确定关键词的引入顺序

学术论文往往采用开门见山的形式。因此，开篇第一个关键词的确定就非常重要。

如果以上述这个题目为题写论文，开篇关键词可以是对象关键词，也可以是内容关键词，两者均可。

那么对于上述这个题目，是从素质这个内容关键词入手还是从教师这个对象关键词入手呢。素质是教师的素质，素质是依附于教师的，所以首先要从教师这个对象的关键词入手，第一段要写教师的意义及价值；第二个引入的关键词是小学教师，第二段写的内容是小学教师的特殊价值；第三个关键词是素质，作为一名小学教师来说，要具备一定的素质才能当好教师，第三段应该写素质的概念；第四个关键词是结构，第四段介绍素质结构的研究方面；第五个关键词是培养，小学教师的素质结构不是与生俱来的，是需要系统培养的，第五段介绍小学教师的素质培养；第六个关键词是策略，第六段介绍培养小学教师素质的方法与策略。

如果以内容关键词开头，关键词的引入顺序为：素质的概念及意义、教师素质对学生发展的价值、小学教师素质的特殊价值、小学教师素质结构的研究、小学教师素质的培养策略。

在确定了论文结构之后就不会出现逻辑混乱的现象，因为论文的内容前后衔接很紧密，逻辑性很强，环环相扣。

确定论文结构之后就要找论文的重点。一般来说，论文的重点是一到两个。例如，这篇文章的重点是策略，如果把这个题目加"的"的话，应该是小学教师素质结构培养的策略，所以重点落在了策略上，策略是需要介绍的最核心内容，也就是说，看完这篇文章能知道一个优秀小学教师素质结构是如何培养出来的；论文的次重点是素质，因为培养策略要建立在对素质了解的基础上。因此，这篇文章着重强调的应该是怎么培养，即放在策略上，而不是介绍小学教师的素质结构具体是什么。

本章小结

学前教育科学研究的过程主要包括选题、文献综述、研究设计、开题报告、研究报告和论文撰写六个主要步骤。选题是科学研究的首要环节，一般可从查阅资料或实践中选定研究题目，随后应查阅相关资料，并将所查资料汇总写成文献综述。明确研究设计，具体包括明确研究对象，选定研究材料和工具，设计研究过程，确定研究方法等。将文献综述和研究设计进行整合，写出开题报告。研究报告是把研究过程及结果呈现出来，以便于他人借鉴以及对研究结果的推广。论文可用"关键词法"来撰写，具体流程是分解题目；找出内容关键词和对象关键词；确定关键词的引入顺序。

关键术语

选题；摘要；注释；参考文献；研究方法；研究对象；被试；行为指标；编码系统；开题报告；关键词；研究报告；关键词法

思考题

1. 选题的主要来源是什么？

2. 文献综述有什么重要作用？

3. 文献综述包括哪些内容？

4. 研究对象与被试有什么区别？

5. 选择研究对象时应注意哪些问题？

6. 开题报告的重要价值是什么？

7. 问题的提出主要包括哪些部分？

8. 研究报告包括哪些内容？

9. 论文和文献综述有什么区别？

10. 用"关键词法"写论文的具体步骤是什么？

建议的活动

1. 根据自己的理论知识或工作实践，选定一个具有创新性的题目，并尝试写一篇文献综述。

2. 通过本章的学习，能够说出文献综述和开题报告在写作时的异同。

拓展阅读

1. 周希冰等：《学前教育科学研究》，北京，高等教育出版社，2006。该书以学前教育科学研究的原理为基本框架，针对学前教育科学研究的自身规律和幼儿园教师的实际需要，将理论与实践相结合，介绍了国内外关于学前教育研究新的发展趋势，适合学前专业学生及幼儿教师阅读。

2. 张燕、邢利娅：《学前教育科学研究方法》，北京，北京师范大学出版社，2007。该书向我们系统地介绍了学前教育科学研究中常用的方法：资料研究法、观察法、调查法、教育实验法、研究法及行动研究法等。书中方法与案例相结合，内容翔实易懂，是学前教育学生掌握科学研究方法时的重要参考资料。

3. 邹晓燕、曲可佳：《学前儿童自主性的发展与促进》，合肥，安徽教育出版社，2015。该书是由研究报告组成的。这些研究采用了观察法、实验法及问卷法；注重学术规范。通过仔细阅读这本书，能更好地理解科学研究的过程，学会撰写研究报告。

第三章 观察法

学习目标

1. 了解观察法的含义及特征。
2. 了解观察法的类型。
3. 掌握观察法的适用条件。
4. 了解观察法的应用程序。
5. 了解运用观察法时的注意事项。

导读

　　观察是人们认识世界、获取知识的一个重要途径，也是科学研究的重要方法。一切科学实验，科学的新发现、新规律，都是建立在周密、精确、系统的观察基础之上的。居里夫人的女儿曾把观察誉为"学者的第一美德"，巴甫洛夫一直把"观察、观察、再观察"作为座右铭，并告诫学生"不学会观察，你就永远当不了科学家"。学生的学习也离不开观察，各科教学中只有运用观察，才能使学生对学习对象获得鲜明、生动、具体的感性认识，积累丰富的感性经验，通过抽象概括达到理性认识。

第一节 概 述

在学前教育研究中，观察法是运用最多、最普遍的一种研究方法。该方法适用于观察儿童心理，同时也适用于研究教师行为。观察法在儿童研究中应用最为普遍，其原因为儿童对于自己是不加任何掩饰的。例如，成人在公共场所，对于自己的行为会加以控制，并企图掩饰公众视为不良的行为举动，在非自然情境中得到的观察记录是不太具有可信度的；并且不具有差异性，成人会掩饰自己与其他人的差异。例如，课堂上一个班级的所有学生都处于非常安静、认真听课状态。那么，该任课教师对于该班学生的差异性能了解多少呢？答案是该教师完全不能了解该班学生的差异性。但儿童却能不加掩饰，并展示自己的真实表现。因此，观察法对儿童研究是适用的。

观察法是其他多种研究方法的基础。目前，教育研究常用的教育叙事研究方法、"学习故事"评价方法和观察法有很多相通之处，都需要经过"观察—分析—提出策略"的研究步骤，同时研究中常用的自然实验法也需要运用观察法。为观察而观察是不存在的，观察是提出进一步改进措施的基础。因此，了解和掌握观察法是教育研究者和教师必备的技能。

一、观察法的含义

观察法是在自然条件下有目的、有计划地观察记录儿童的言语行为（儿童的种种表现），以此来研究儿童心理发展规律的方法。

二、观察法的特征

(一)在自然条件下

观察法是观察者直接利用自己的眼睛、耳朵等感觉器官去感知观察对象的行为，这种观察往往是在观察对象没有觉察的情况下进行的，即自然的条件下进行的。如果观察对象觉察到观察者的存在就会影响观察结果的客观性。

很多年前，美国一位年老的研究者进入一所中国的幼儿园做一项研究。她在幼儿园与幼儿共处的时间段内，会不间断地咀嚼口香糖，在教室中对幼儿的反应进行观察并做记录。20世纪80年代，在中国，外国人并不多见，而外国人的长相与中国人相差甚远。因此，面对外国人时国人普遍会感到很奇怪。而幼儿见过的外国人面孔相对而言更少，且那个年代中国并没有口香糖。处在学前教育阶段的幼儿的一个特点是当幼儿见到有人在其面前吃东西时就会表现得相对急躁。因此，该幼儿园的幼儿见到她咀嚼口香糖会对其产生关注，并且会紧盯着研究者。所以，在此情境中，研究者得到的是对幼儿在不自然状态下的观察记录。

笔者1989年开始教授儿童心理学，要求学生完成两个作业，一是写文献综述，二是进入幼儿园或小学寻找观察对象并对其进行观察，观察结束后需要给观察对象做连续的观察记录。观察记录的内容：入园的第一次见面。包括第一次见面的所有反应，如幼儿在各种活动中的情况，午睡、起床的情况，离园的情况。通过观察记录的内容可得知，观察记录需要紧紧地围绕观察对象，然后给观察对象做一个评定——该幼儿的个性特点，并针对其个性特点给予教育建议，使教师的教育方式得到应有的提高。笔者的一名学生，选取了一名叫玲玲的幼儿作为其观察对象。玲玲所处班级的教师年龄较大，已经接近退休，和我同姓，都姓邹，非常热情地支持我的学生的研究工作。在我的学生进入幼儿园的第一天，这位教师正带领幼儿在大型玩具区活动。邹老师热情地和我的学生说："我给你找好了，你就观察她，她挺有意思的，她叫玲玲。"接着这位教师就喊道："玲玲快过来，这位老师就是专门来记你的。"接着小孩是什么表现？这个小孩属于比较厉害的，她马上跑过来就说："别记我啊。"可见这名幼儿比较有自己的主见，得知自己成为观察对象后表现为不接受、不同意。这种不配合的状况持续了一段时间，学生就假装和别的小孩说话玩耍，这名幼儿的警惕性开始降低，表现开始变得自然，在这种情境下学生才开始观察。因此，对于幼儿来说，观察者不能让其知道自己是被观察的对象。还有一例，笔者和美国的伯根教授做了一个研究。笔者需要和朱老师进入幼儿园做录像①，负责录像的是朱老师，朱老师扛着体积巨大的摄影机，进入幼儿园后，有男孩在摄影机前面来回动作、比划，要求用摄

---

① 当时的研究要求只能用录像。

影机给其拍照，有女孩则在摄像机前做类似表演的动作。针对这种状况，录像的时候需要特别注意。因此，录像开始时，对于想要记录的幼儿，笔者和朱老师不关注，并将目光放在其他地方，时间久了观察对象会认为和自己没关系了，表现则会变得自然。所以如果观察者让观察对象认为自己特殊，表现就会不自然，这种做法不可取。

(二)有目的、有计划

目的性在观察法中是非常重要的。任何研究都是有目的的行为，任何研究都可以将目的性加入其中。目的的重要性体现在哪些方面？研究所做的一切工作都围绕着目的，研究者根据目的选择调查对象、研究方法、统计方法，这些工作与目的性有着直接的关系。

(三)以理论为基础

理论基础非常重要，同样的事物摆在眼前，并非人人都能从中发现事物的本质规律。若没有坚实的理论基础，任何现象摆在眼前都很难总结出其规律。例如，著名的儿童心理学家皮亚杰，其儿童心理学思想是通过对自己三个孩子①的观察而得来的，并且皮亚杰以自己的孩子为实验对象做了很多实验。其中有两个例子：其一，皮亚杰一岁多的女儿玩火柴盒的例子。通过这个实验，皮亚杰研究得出儿童的图式模式理论，尤其是感知运动阶段尝试错误的图式模式理论。其二，一个抽屉里面有一条链子的例子，孩子想把链子拿出来，结果孩子并没有尝试反复推拉抽屉，而是在观察时嘴一张一合，经过几次之后，一下把抽屉拉开拿到链子。皮亚杰称这种方式为表征，解决问题的方式已不是外部尝试，而是进化到头脑中的想象。当时孩子嘴巴动的过程即为其想象的过程。因此，观察过程中首先要有理论建构，拥有扎实的理论知识，否则发现不了规律。

第二节　观察法的类型

观察可以分为日常观察和科学观察。日常观察并非是系统的、有计划的

---

① 皮亚杰有两个女儿和一个儿子。

详细记录，而是带有一定的偶然性。例如，教师在给学生上课的过程中对学生的观察，实际上是在对每一个学生进行观察，这种观察便于教师了解学生。研究者所做研究中的观察一般都属于科学观察。在科学观察中，观察法具体可以分为两个方面，一是取样观察法，二是个案观察法。

一、取样观察法

取样观察法可以分为事件取样观察法和时间取样观察法。

(一)事件取样观察法

事件取样观察法是指针对一件事清楚记录它的起因、过程、结果等偶然发生的情况(如攻击性行为)的方法。事件取样类似于记叙文，要求记录整个过程。事件取样主要适用于分析原因并找到问题的解决办法，即事件是如何发生的，事件发生的过程及最终的结果。

(二)时间取样观察法

时间取样观察法是指在一个时间段内观察对象的行为表现的方法。其特征是将一个时间段作为一个总的样本。需要特别说明的是，时间取样观察法需要明确观察的行为是否经常发生，若需要观察的行为并非经常发生而是偶然发生，则不能采用时间取样。例如，对于攻击性行为，选定的观察对象在研究者选定的观察时间内，心情比较好，没有发生打架斗殴事件，研究者可能浪费一天时间却没有丝毫的收获。第二天观察对象心情依旧不错，没有参与打架斗殴。那么这种行为则不能用时间取样。因此，时间取样观察法适用于经常发生的，且是频繁发生的行为表现。针对这样的情况研究者选取哪个时间段都是可行的。基于理论假设，时间取样的条件就是观察对象的行为表现经常发生。

在时间取样的过程中，观察的时间间隔非常短，通常间隔 30 秒取一个样本。通常录像会设置"嘟"的铃声，取样则是在"嘟"的那一时刻。若观察对象在这个时间段没有发生需要研究的行为，则选取整段时间(如十分钟)看其频率，若表明所有人都是同样频率，就说明这个行为虽然出现在观察对象身上，但该行为具有偶然性的，并不具有代表性，因此不能拿来做实验研究。通常录像 30 秒后添加"铃"(或"嘟")，不用观看没有"铃"的时间段，研究者不用关注该时间段内观察对象的行为，只需关注"铃"的那个时间点的行为表现，并将该行为按照行为编码进行分类。行为编码是具体行为表现。严格根据铃声取样给分，是比较正规的时间取样观察法。

关于正规时间取样的研究可以参考发表在《心理学报》1995年第1期上的笔者和美国伯根教授等人做的研究，采用的是时间取样观察法①。以30秒为点，观察研究对象正在做什么。例如，在第30秒这个点，该幼儿一个人在玩积木，一个人玩积木是什么游戏类型。有两位著名的学者对游戏类型进行划分。一位是皮亚杰，皮亚杰根据儿童的发展阶段将游戏划分为：实践游戏，主要是指有实际动作行为的游戏；象征游戏，主要是指带有遐想性质的游戏，如玩过家家；规则游戏，是指有明确规则的游戏。另外一位心理学家将游戏划分为六种类型：无所事事、旁观、个体游戏或单独游戏、平行、联系或联合、合作游戏。笔者和伯根教授等人的研究要求同时观察两种游戏类型，最终研究结果变成了15种游戏类型。② 旁观实践、旁观象征、旁观规则等每一种游戏都要求一一对应的输入。例如，一个幼儿在爬滑梯，另一个幼儿则在旁边观看，那么旁边观看的幼儿的行为属于旁观实践，若幼儿一个人爬滑梯时旁边一个幼儿都没有，则属于个体实践。在每一个取样的时间点观察对象的行为都不一样，因此产生了很多游戏类型。对于观察对象在每一个取样时间点的行为，研究者都要进行一一对应的统计。笔者和伯根教授等人选取的研究对象是一岁半到五岁的幼儿，年龄跨度比较大。研究结果表明，中国的幼儿通常以象征游戏为主，幼儿园内主要是娃娃家类型的游戏。国外的幼儿以实践游戏为主，国外的幼儿园通常拥有大的场地、大型玩具设施，有利于幼儿在户外进行实践游戏活动。但中国的幼儿园场地普遍较小，大型玩具设施少，由此可以看出中国与其他国家在文化等方面的差异。从规则游戏角度来看，中国平行游戏较为普遍，给每个幼儿发一个积木，幼儿们各玩各的；相对而言，幼儿参与联系游戏较多；娃娃家则属于典型的合作游戏，在中国的幼儿园是非常普遍的。国外个体游戏较为普遍，国外幼儿自己拥有的玩具，大型积木随处可见。从这个角度也可以看出不同文化的差异，这些

①　杨丽珠、邹晓燕等：《学前儿童在游戏中社交和认知类型发展的研究——中美跨文化比较》，载《心理学报》，1995(1)。

②　无所事事不算一个游戏。例如，一个小孩一会儿上来下去的就不算一个游戏。

研究结果都是通过时间取样的观察法得出的。

二、个案观察法

个案观察法是指对一个对象进行观察，即观察一个人或组织的行为并进行记录、整理的方法。这里的个案可以指个体，也可以指组织（单位），如幼儿园、小学。

在做儿童心理咨询时，主要采用个案观察，特别注重儿童在自然条件下的行为表现。例如，一个3岁的男孩，刚入园不久，就产生了很多问题：打人、在集体活动中经常骚扰别的小朋友、严重干扰班级秩序等。针对该男孩的表现，教师和家长多次沟通都不见成效。教师认为该男孩存在的问题很大，家长却认为自己的孩子很正常，觉得教师对自己的孩子存在偏见。当教师和家长的冲突没办法处理时，幼儿园园长建议家长来咨询笔者，确定该男孩到底存不存在问题。某天，该男孩的妈妈和奶奶带着孩子到笔者家里。进门之后，孩子就四处观望，触摸家里的摆件。奶奶见状去阻止，笔者告诉家长让男孩自己玩。结果，该男孩异常好动，把跑步机的扶手当单杠，把手伸到鱼缸里要去捞鱼，爬到茶几上……丝毫不顾忌是否在别人家，没有任何一点规则意识。当时，妈妈和奶奶看着孩子的表现都坐不住了，很不好意思地说："孩子在家里没有出现这么多问题"。该男孩在家里和家外的行为表现有如此大的差异，是因为家里的环境对于他而言已经太过熟悉以致失去兴趣。但在家以外的陌生环境中，若是出现该男孩感兴趣的事物，他则表现得不管不顾。因此，通过观察可以发现，该男孩最突出的问题是任性、没有建立规则意识及规范行为。笔者给该男孩的家长提出的最核心的教育建议是加强孩子规则意识和规范行为的培养，并及时矫正不良行为。

从上述例子可以发现，个案观察在儿童心理咨询中占有核心的地位。个案观察对于教师更好地了解儿童的差异性，针对不同儿童采取不同的教育方式具有重要的意义和价值，尤其是对于特殊儿童，即使不用任何的仪器设备或工具，同样能准确发现儿童存在的问题，并找到解决的方案。

第三节　观察法的应用

一、观察法的适用条件

观察法是一种非常普遍适用的研究方法，但也并非所有情况都可以运用，需要一定的适用条件。

(一)有外显行为

需要进行观察的行为必须是外显的行为。心理活动绝对不能用观察法。例如，课堂上学生在想什么，教师运用观察法是不可行的。教师想要了解学生的内心活动，只能通过学生的表现。

(二)在自然条件下进行

在运用观察法时不能让研究对象知道研究者在观察他，要在自然的条件下进行，这种自然条件包括家庭、幼儿园等儿童真实的生活场所。

(三)有目的性

做任何事情都要有明确的目的，观察也不例外。也就是说，观察者应该清楚要研究什么。只有时刻提醒自己观察的目的和内容，得到的观察记录数据才是研究者真正想要的。

二、观察法的应用程序

观察要得到有效的资料，必须严格遵守观察程序。

(一)准备阶段

在准备阶段，明确观察目的是前提，即要清楚研究者观察的是什么行为。

首先，要对研究内容的关键词进行概念界定。这里的概念界定不是指宏观的科学概念，而是具体的操作性概念，即某个要观察的行为的具体表现包括哪些方面。只有明确了操作性概念之后，观察者才能知道哪些行为该列入观察的目标，应该进行记录。不属于这个范围的行为则被排除。

以各种不同类型游戏的操作性定义来举例说明，个体游戏的操作性定义为游戏活动主体自己玩自己的，如骑自行车；合作性游戏的操作性定义为游戏参与者有共同的游戏目的，一起合作进行游戏；平行游戏的操作性定义为一个游戏参与者和另一个游戏参与者玩的是同样的玩具，但是各玩各的；联系性游戏的操作性定义为游戏参与者各玩各的，但不一定是相同的玩具，偶尔出现语言交流或互借玩具的行为。由此来看，观察法中操作性定义的清晰准确尤为重要。

明确了操作性定义，也就明确了要观察的具体行为。

其次，准备研究材料、观察记录材料、研究工具（表格、摄像机、录音笔），选择观察时间。通常，幼儿园允许观察的时间是有限的。例如，观察日常生活行为不能在幼儿集体教育活动的过程中进行，而观察教育行为则必须在集体教育活动的过程中进行。所以，根据观察目的确定观察时间。此外，不能在幼儿刚刚入园、离园、疲惫、生病的状态下进行观察。上述状态不能反映幼儿的真实情况。

最后是观察地点的确定。这要根据研究者需要观察的行为来决定。

（二）观察阶段

在该阶段，最重要的是做好观察记录。时间取样和事件取样及个案观察对观察记录的要求不同。时间取样观察的记录，只要根据准备阶段操作定义的分类，选定要记录时刻的行为进行统计归类即可。

事件取样观察或个案观察要求特别注意观察记录的完整性。完整性是指记录一个事件或一个人活动的全过程，包括起因、活动全程及结束或结果。但在观察记录中通常存在记录缺少起因，仅仅记录行为的产生和结束的情况。这样不完整的观察记录会导致研究行为的起因不清楚。例如，一个观察记录中仅仅记录一句话——某某小朋友在室内来回地跑。一段时间后，记录者遗忘了当时的具体情境，读者看了不完整的观察记录也不了解当时具体的情况。原来，"来回跑"这个行为可能由多种原因引起。可能是小朋友之间追逐、打闹；也可能是教师要求的室内活动；还有可能是这个小朋友自己跑……因此，运用观察法时，需要注意行为起因的记录。观察记录首先需要扫视并记录观察的全景；其次需要记录教师或其他成人提出的要求，也就是记录整体环境；再次需要观察记录幼儿在大的背景中的行为过程；最后还需要一个全景的记录，即把观察对象放到大的环境背景中。只有保证观察记录的完整性，才能准确理解幼儿在其群体中的个体表现有哪些特殊性，准确做出下一步的判断并采取相应的措施。

三、运用观察法的注意事项

(一)观察目的要明确，操作定义要准确

观察的行为是外显的行为，观察目的要非常清楚。操作定义要准确，以便于观察的开展以及记录。

(二)不能干扰正常活动

观察法中最重要的是不能干扰观察对象的正常活动。例如，教育系的学生去幼儿园做研究，拿着体积巨大的摄像机去录像，幼儿知道这台摄像机要给他们录像，但幼儿很少见过这种摄像机，表现得较为兴奋。女孩在摄像机前进行表演，男孩就在摄像机前展示武打动作。幼儿大多数是较为敏感的，因此做研究需要让被观察的幼儿适应一段时间。例如，要研究某幼儿，研究者不对其进行特别关注。观察对象最初会紧张，但一段时间后会认为不是对其进行录像，则会表现自己的自然状态。

(三)要有详细的计划

观察计划一定要详细，尽量将所有可能出现的情况全部考虑到。所以，要制订详细的计划并且不能出现漏洞，若出现很多问题则会影响研究的科学性。

(四)要有扎实的理论基础

运用观察法时研究者的理论基础一定要扎实，尽管不可能穷举所有理论，但是研究者应该对研究的理论有一定的了解。皮亚杰之所以能够提出许多理论，是因为其经常与孩子相处并观察孩子，最重要的是皮亚杰有坚实的理论基础。

本章小·结

在学前教育研究中，观察法是运用最多、最普遍的一种研究方法。该方

法适用于观察儿童心理，同时也适用于研究教师行为。观察法在儿童研究中之所以应用最为普遍，其原因为儿童对于自己是不加任何掩饰的，能够展示自己的真实表现。

观察法是在自然条件下有目的、有计划地观察记录儿童的言语行为（儿童的种种表现），以此来研究儿童心理发展规律的方法。观察法的特征包括：在自然条件下，有目的、有计划，以理论为基础。观察可以分为日常观察和科学观察，观察法分为取样观察法和个案观察法。观察法虽然是一种非常普遍适用的研究方法，但也并非所有情况都可以运用，需要一定的适用条件，即有外显行为、在自然条件下进行、有目的性。观察法的应用程序包括准备阶段和观察阶段两个步骤。在运用观察法时要注意：观察目的要明确，操作定义要准确；不能干扰正常活动；要有详细的计划；要有扎实的理论基础。

关键术语

观察法；日常观察；科学观察；取样观察法；事件取样观察法；时间取样观察法；个案观察法；外显行为；个体游戏；合作游戏；平行游戏；联系游戏；完整性

思考题

1. 在学前教育研究中，为什么观察法运用得最多、最普遍？

2. 观察法的含义及特征是什么？

3. 时间取样的条件是什么？为什么？

4. 关于游戏类型划分的两位著名学者是谁？他们分别怎样划分游戏类型？

5. 在儿童心理咨询中占有核心地位的方法是什么？为什么？

6. 观察法的适用条件有哪些？

7. 观察法的应用程序有哪些步骤？每个步骤的任务是什么？

8. 运用观察法都有哪些注意事项？

建议的活动

1. 在班级中选择一位有代表性的同学，对其进行个案观察，并思考应该对其采用什么样的教育方式。

2. 建议翻阅《心理学报》1995 年第 1 期，邹晓燕教授和伯根教授等人共同合作的研究，仔细研究时间取样观察法，并分析中外幼儿偏好游戏的差异及其原因。

拓展阅读

1. [美]丹尼·L. 乔金森：《参与观察法》，重庆，重庆大学出版社，2009。作者长期使用参与观察法开展研究。基于其丰富的研究经验，他在书中既简要地讨论了参与观察法的方法论基础，以及适合的领域与局限；又翔实地讲解了这种方法实际操作的基本程序与具体技术，并展示了许多参与观察法研究的成果，提供了大量实用、有趣、新鲜、富有启发的信息。

2. 朱永新：《外国教育观察》，北京，中国人民大学出版社，2012。作者在深悉中国教育之弊的基础上，利用出国访问或专题考察的机会，深入探析发达国家的教育理念、教育政策、教育实践和教学行为，总体观察发达国家的教育特征，研究和分析国外先进的教育思想和教育哲学，比较研究对中国教育颇有助益的教育策略，旨在为中国教育改革提供他者视阈，匡正中国教育发展与改革的方向。

第四章 实验法

📖 **学习目标**

1. 了解实验法的概念、特征与分类。
2. 了解实验法的起源与发展。
3. 掌握自然实验法的应用程序。
4. 掌握教育心理实验法的应用程序。
5. 了解运用实验法应注意的问题。

📚 **导 读**

　　伽利略曾说："科学的真理不应该在古代圣人的蒙着灰尘的书上去找，而应该在实验中和以实验为基础的理论中去找。"任何一项课题研究都要依据一定的方法来进行，实验法就是其中重要的一种方法。实验法首先是在自然科学中得到运用并成为其主要研究方法的。从文艺复兴时期开始，正是由于实验方法的采用，才使自然科学建立了理论与经验事实的联系，推动了自然科学的飞速发展。近几十年来，社会科学的研究人员越来越认识到实验法对于学科发展的重要性，开始努力将实验方法运用于各自的学科，教育实验也开始在教育领域盛行起来。

第一节　概　述

一、实验法的概念

实验法是指通过控制或改变条件，观察研究对象的心理与行为的变化的方法。

二、实验法的特征

控制或改变条件，是实验法最重要的特征。

实验法源于科学心理学，科学心理学最早产生于 1879 年，其标志是 1879 年冯特在莱比锡建立实验室。科学的儿童心理学产生于 1882 年，其标志是德国普赖尔(Preyer)的《儿童心理》一书的出版。

科学心理学的标志是把心理学作为自然科学。冯特最初研究的是知觉，他的理论假说是在工业化社会，人们对事物的看法一般具有绝对性，工业化社会最大的特征是标准化，这种绝对性表现在事物之间存在着一定的必然联系，往往出现的因果关系都是对应的。冯特(Wundt)最早的研究是元素主义，西方对事物的看法是把事物分开看，看作部分的一对一的关系，而东方文化对事物的看法是具有整体性的。

在早期的心理实验研究中，往往只有一个自变量和一个因变量，但是随着人们认识的深入，逐渐意识到事物的整体性。我们把只有一个自变量 x 和一个因变量 y 的实验称为单因素实验，而现在一般研究的是多个自变量 x_1，x_2，x_3 等对因变量 y 都有影响。所以总体来说，实验法最本质的特征是研究自变量 x 与因变量 y 之间的因果关系。但是实验法与观察法是有差异的，实验法要求有具体的行为指标。实验法与观察法最大的区别是，实验法中的行为可能不是日常生活中的行为，这种行为在日常生活中不是经常发生的，我们不容易看到这种行为，也就是说我们需要创设一种情境，在情境的诱发下，行为才能产生。

在研究中，如果可以用观察法的就尽量用观察法，因为观察法中观察的行为是日常生活中发生的，是最真实的。但是，有些行为不是经常出现的，不是在日常生活中经常产生的，就需要用实验法。在实验法中，自变量 x 是需要我们诱发的，那么诱发之后需要我们给出评分。研究中最重要的是要区分出人与人之间的差异，在现实生活中假设人与人之间是有差异的。如果我们做完一个研究，发现每个人都是 100 分，那么我们能看出什么呢？所以我们要有一个准确的评分。我们的研究是要把这种差异用数量化的方式呈现出来，会有高低分数之间的差异。所以确定行为指标是前提，指标在统计学中被称为因素与水平，因素是自变量 x，水平就是我们作为区分的因素。

例如，一个两因素重复测量的关于自主性的实验，其研究成果发表在英国的早期教育杂志上。实验设计是这样的，一个是完成任务，任务分难、易；还有一个是在场对象，分为女大学生、母亲。一般 2～3 个因素的实验的前提是要研究各因素之间有没有相互作用，与相互作用概念并列的是平行关系。什么是平行关系呢？两个因素各自起作用。例如，在这个实验中，区分一下什么是因素？什么是水平？刚刚提到的是两因素重复测量实验设计，任务和在场对象都是因素，难、易，女大学生和母亲都是水平。因素是自变量，可能是一个自变量，也可能是 2～3 个自变量，这个自变量就称为因素。如果这个实验只有一个水平就没有办法做了，所以实验要看到不同变化会带来什么结果。

研究一个自变量，研究的是不同变化状态下它对结果会有什么影响，所以变化至少要有两种水平。例如，将某个班级的学生平均分成两组，分别是第一组和第二组。这是关于社会期望的研究，先做一个测试，测试之后就宣布第一组学生的智商都在 130～160，第二组学生的智商都在 80～100，所以就说第一组的学生将来都会成为有成就的人。这项研究测试的是研究者给学生的心理暗示对学生将来成就的影响，也就是说心理上的期待与学生未来发展之间是什么关系。因变量是未来的发展，自变量是期待的不同，即实验要有两个不同的状态，或是男女、或是年级，所以这就是两个水平。

所以，实验法最重要的是控制和改变条件。"控制"是狭义的控制，其实整个的实验过程都可看作控制，但对自变量实施的不能称为控制，而是用改变或处理来概括。实验法的本质是 x 与 y 的关系，自变量和因变量、控制和改变一定条件，这是实验法的重要特征。

　　我们生活的社会是多变量的社会，因为人们认识到自己所生活的社会是复杂的，存在多方面的影响因素，同时这些影响因素也存在交互作用，交互作用在统计学中的运用很多，但是并不容易理解。例如，很早以前，在人们对母子关系的看法中，母亲影响孩子，从社会学的角度来看被称为单向传递，在孩子的成长中母亲对孩子的影响是很大的。但是随着人们认识的深入和完善，19 世纪 70 年代左右，母亲和孩子的关系不再被认为是单一的单向传递关系，孩子对母亲也有影响，这种双方的相互影响被称为双向传递。后来人们发现母亲对孩子的影响包括母亲的教养方式、母亲的人格特征，这些都会影响孩子的个性，孩子对母亲的影响是通过孩子自身的气质来传递的。

　　每个孩子在刚出生时都是不一样的，早期著名的研究气质类型的心理学家布雷泽尔顿(Brazelton)，他记录了三个不同气质类型的孩子从出生到一岁的变化，一个是安静型，一个是活泼型，一个是一般型。从中我们看到每个孩子在刚出生时就存在个别差异，先天的个体差异与生理联系密切，这种先天与他人不同的特征称作气质。布雷泽尔顿曾做过儿童气质的实验，实验者拿着一个金属盘向幼儿的大腿内侧靠近，大腿内侧是小孩最敏感、最细腻柔软的地方。然后观察幼儿的反应，结果发现有的孩子在金属盘一接触时就大叫，有的孩子反应就比较迟钝。由此看出，不同的孩子具有不同的气质。所以，在研究母子关系时，应该考虑双方的相互影响。

　　有的时候我们会研究多个因素对儿童的影响。我们一般研究三个因素，像母亲教育方式的不同方面对儿童某一方面个性的影响，如对气质的抑制型或者非抑制型的影响。这种研究的价值在于不但可以发现各因素的作用，而且可以看出各因素之间是否存在相互作用。

　　因此，在研究两因素实验设计时要理解因素和水平。因素就是我们说的自变量。例如，要研究锻炼与饮食对人的体重的影响，这里的因素应该是两个变量，一个是锻炼，一个是饮食。如果说饮食相同，锻炼的时间和内容也相同，那么这个实验就没有意义。所以在设定因素（即变量）之后需要水平，即某一个因素下需要分几个等级。最常用的等级划分是男、女，不仅饮食上需要划分等级，锻炼上也要划分。例如，划分为锻炼 20 分钟和锻炼 1 小时。在实验中就会出现饮食与锻炼的交叉影响。

三、实验法的分类

实验法一般分为实验室实验法与自然实验法。

(一)实验室实验法

实验室实验法是最早的实验法，最大的特征在于它是在实验室中进行实验时所运用的方法，如记忆的实验、眼动的实验。实验室实验法一般是指在实验室的条件下运用固定的仪器进行实验的方法，这种实验法是伴随着科学心理学的产生而形成的，但是后来人们发现实验室实验有很多弊病。例如，它影响被试的很多自然反应。尤里·布朗芬布伦纳最早对实验室实验提出质疑，他认为实验室实验违背了生态的确实性原则，即客观性、真实性的原则，特别是对儿童的研究，儿童在进入实验室时会害怕，就会影响实验的真实性。后来研究发现，不能把儿童安排在陌生的环境中，这样就逐渐出现了自然实验法。

(二)自然实验法

自然实验法最本质的特征在于它是在自然条件下进行实验时所运用的方法。自然实验法是在自然条件下人为控制或改变条件来观察行为变化的方法。在学前教育研究中，观察法是应用最普遍的方法，因为观察法是在自然条件下进行研究所运用的方法，反映的是最真实的、最客观的行为。但是在研究中有些行为不是在常态下出现的，这就需要我们更多地应用自然实验法，特别是在儿童心理学研究中。笔者的很多研究都是采用自然实验法，如在坚持性的研究中，很多行为都不是在日常生活中发生的，所以就要人为控制或改变条件来观察行为的变化。笔者一般采用的是做任务的方式，在儿童完成任务的情况下观察儿童有哪些行为表现，在儿童心理学研究中很多都是通过人为的方式，让儿童实实在在地做，然后观察儿童的具体行为表现，再根据表现赋分，最后做相应的统计分析。如果从事教育心理实验，就会经常用到这种方法。我们也可以把这种方法称为教育心理实验法。

教育心理实验法是指不改变现有班型的情况下，加入干预措施，观察实验班前后的变化以及实验班与对照班的差异的方法。教育心理实验是需要有实验班的。例如，20 世纪 60 年代，笔者所在的黑山北观实验小学是中科院的一个实验基地，60 年代时小学实行识字教学，目的是使学生很快就能认字。这个实验就需要设置实验班，在实验班中实行识字教学，实验法是控制或改变条件，这个实验中控制或改变的条件是教材。最后在实验班中先进行前测，在实验后进行后测，观察实验前后的变化，如果发现差异显著，就能够说明是受教材的影响吗？回答是不能的，因为实验班中会出现自然发展，也许自然发展的结果也会导致这种变化，为了确保实验的变化就是干预的结果，就需要再有一个对照班，对照班同样进行前测与后测。为什么要在对照班做前测呢？这就存在一个可比性的问题，我们要保证实验班与对照班是同质的，即两个班是可以比较的，在这基础上再进行教育干预及后测，如果后测是不同的就能证明教育干预是有效的。

第二节　自然实验法

一、自然实验法的应用程序

(一)确定研究目的

研究之前要确定研究的目的，这对于任何研究来说都是至关重要的。一般来说，研究目的就是研究要探讨的问题和探究的规律，如发展特点、事物间的关系等。这里所说的关系可以是因果的，可以是相互关联的，也可以是差异的。

(二)设计研究假设

实验法大多数是实证研究，实证研究也可以说是实验证明。实证研究必然要有假设。假设通过统计学的术语来表达，如差异显著、相关显著等。

(三)设计实验

1. 确定变量

具体来说是要确定自变量、因变量和无关变量。无关变量也可以被称为干扰变量。无关变量是一个相对的词，在一个实验中是无关变量，在另一个实验中就不一定是无关变量。无关变量是不需要研究的内容。例如，研究每天吃饭的多少与体重的关系，这里运动就属于干扰变量，干扰变量需要控制，改变的是自变量。要找好自变量，也要控制好干扰变量。找出干扰变量之后才能设计实验过程。例如，笔者研究的自主性——"寻找数字2"这个实验，如果指导语是"把里面的数字2找出来"，那么这个指导语就是无关变量。因为有的孩子认识2，有的孩子不认识2，到最后找到数字2的孩子的数量，是因为不认识2导致的，还是注意力的情况导致的就无法分辨。所以，必须保证所有的孩子都认识2，这就需要教孩子认识2，但是会耽误时间。这里就要求孩子把所有的小鸭子都找出来，孩子们都能做到。同时要把影响实验结果的因素都考虑到。例如，影响坚持性最主要的一个因素就是体力，如果体力不好，坚持的时间就短。再如孩子的性别、年龄等，有的时候我们要研究性别及年龄对自主性的影响时，它们就可以作为自变量；当我们不想研究性别及年龄时，它们就是干扰变量，所以这时年龄就要大致相当，性别比例要大致相等。

2. 设计指导语

实验的指导语也非常关键，特别是对于学前儿童来说，由于其语言与思维发展水平的局限性，指导语要简洁、清晰，符合其心理特点，不能带有暗示性。

指导语包括了实验全程的所有语言。做实验，要从最初接触研究对象开始。例如，某某小朋友，我们来做个游戏好吗？不能说成我们来做个实验，说话的语气要是儿童化的，有亲和力的。开始做实验之前，要讲清楚要求，一定要说明白任务是什么。

指导语设计的最重要目的是要让被试听明白要求，或者让被试准确地理解实验的要求。小孩受暗示性很强，如果对着一个两岁的小男孩问他"你是男孩还是女孩?"他回答："男孩"，因为重音强调的是男孩，又问："你是男孩还是女孩啊?"他就会说："我是女孩"，因为重音强调的是女孩。所以，小孩容易受暗示性影响。人们都会受暗示性的影响，主要原因在于内隐记忆是一种无意识的记忆。

20世纪20、30年代出现了内隐记忆这个概念。例如，美国放电影之前会有一段几秒钟的小片子，放的是可口可乐广告，结果其他的可乐公司开始打官司说这是诱导，放片子属于不太合理的竞争。每个看完这个片子的人买可乐的时候就倾向于买可口可乐。所以从那时起就提出了内隐记忆的概念，内隐记忆就是在一种无意识的状态中留下一个印象。在 10～20 年前内隐记忆是一个非常热门的研究课题。在实验过程中指导语是一个影响儿童的无关变量，如果不想研究指导语对儿童的影响，研究的是其他因素，就必须把指导语控制在对所有孩子的影响是同一个水平上。

3. 选择实验材料

实验材料的选择也是非常关键的。材料的选择首先要能够达到实验目的，也就是效度问题。如果选择的实验材料不符合研究目的，实验的最终结果就毫无价值。

材料的选择要适合儿童年龄特点，儿童操作的材料要符合其动作水平及能力。需要明确的是只有在确定了干扰变量之后才能进行实验材料的选择。实验材料的选择在整个儿童心理学实验中是最困难的。因为儿童的理解能力、动手能力都比较差，特别是年龄的跨度非常大。选择对各个年龄段都合适的实验材料相对比较困难，所以实验材料的选择非常重要。

材料的选择，最好有预试。例如，在做自主性实验时，有一个方面是自我依靠，自己做自己的事情，不需要别人帮助。实验分为两个任务：一个较难的任务、一个简单的任务。简单任务是让幼儿拼七巧板，较难的任务是让幼儿转魔方。这个实验包含各个年龄段的孩子，在中大班没有出现什么问题，在小班就会出现有的幼儿转不动魔方的现象，这就说明材料不适合。所以在做实验前，要把各个实验材料先试一遍，要适合各个年龄段的孩子。同时要对实验材料做一个具体的描述。例如，在做自主性实验时，把使用的材料描述成立方体的木盒，盒内分别有一个空三角形、梯形、方形、菱形，然后有一堆积木和它的孔是对应的，让孩子把积木一个一个放入孔中。这里就要把材料描述得非常清楚，让人知道材料是什么样子的。如果有必要的话，实验材料最好附上照片。

4. 编　码

实验设计中关键的是行为指标或者编码的确定，这直接影响着实验的准确性。也就是说，我们观察的行为要能够准确反映研究对象或被试的真实情况，而且赋分是准确的。所谓编码就是要将实验对象的各种行为进行预估，并对不同行为表现赋分，分别制定出不同的等级。要做到让所有研究对象在这个由低到高的评分中都能找到自己的位置。

(四)预　试

预试是选择具有代表性的被试来实施已经做好的实验设计，预试不属于正式实验。预试在实验中起着非常关键的作用。这是因为我们的实验设计可能存在或多或少的问题，即不符合实验对象的实际情况。例如，指导语、行为指标(或编码)或材料等都可能需要修改。所以，在实验前，选择有代表性的研究对象，用设计好的实验程序做个测试，可以保证实验设计更加科学合理。

怎么判定实验设计是合理的？怎么知道编码及赋分是符合实际情况的？有一个简单的办法，就是对实验中表现最好的和表现最差的两个研究对象的分数进行分析，如果评分标准是高分表现好，低分表现差，那么表现最好的是最高分，而表现最差的是最低分，这就说明实验设计较为真实地反映了被试的实际情况，而且编码系统是比较准确的。

(五)修改实验设计

在预试之后，根据预试情况，修改实验设计。

(六)正式施测

施测就是正式开始实验。施测的过程要严格按照实验设计去做，特别是指导语和行为编码。但这并不意味着完全不修改实验设计。在这个过程中可以进行微调。例如，有的实验对象的行为很难确定属于哪个行为指标，很难进行准确的编码，这时可能就要增加一个行为编码。

施测中最重要的是记录实验的过程。做实验时，最好是把实验的过程用录像机录下来。记录的时候，按照评分标准制作一个表格，然后对每个孩子做好记录。评分是否合适的最重要的决定因素是效标。一般来说，最简单的效标就是表现最好的得最高的分数，最差的得最低的分数。实验最好是由研究者本人做，因为在实验过程中会有很多发现，对孩子了解比较多。自己在实验过程中的印象也可以作为效标。例如，对 30 人做坚持性实验，做完之后研究者的头脑中至少应该对两个人印象很深，就是坚持性最好的和最差的。

(七)统　计

统计方法要在实验前确定，根据研究的内容选择差异、相关等研究方法。很多人在做实验前不考虑统计方法，认为可以在实验结束后再分析哪个统计方法合适，这是不科学的。因为不同的统计有不同的要求，所以在做完研究设计以后，就应该考虑用什么统计方法。现在的统计软件比较多，SPSS 是一款社会科学统计软件，也是目前最常用的统计软件。更高级的统计可以使用 AMOS 统计软件。它是做验证性因素分析的软件，而 SPSS 主要应用于比较容易的统计，最高做到探索性因素分析，AMOS 是验证性因素分析中比较简单且常用的软件。

二、自然实验法的适用范围

(一)观察法不能研究的问题

首先要判定这种行为是观察法不能解决的问题。如果能用观察法尽量用观察的方式。当研究的行为在日常生活中观察不到，需要诱发事件才能诱发行为的产生时，这就需要用自然实验法。

(二)行为是可以观察的

实验中的行为也是可以观察到的，是可测量的。例如，一些心理活动就不适合自然实验法。

第三节 教育心理实验法

一、教育心理实验法的应用程序

(一)确定研究目的

教育心理实验研究目的应是通过实验发现或证明一定的规律。应用最简洁明了的语言对研究目的进行提炼，如研究某教育措施是否有效。

(二)设计研究假设

在做教育心理实验时，一般都需要提前设计研究假设，并且研究假设的书写必须使用专业统计学术语，如学前儿童道德行为与父母教养方式相关显著。

（三）前测与后测

决定教育心理实验是否有效的第一个步骤就是前测。对选择的实验班和对照班进行前测。所谓实验班就是要进行教育干预的班级。对照班则是不加任何干预措施的正常的班级。一种情况是两个班级同质（可能两个班在分数上略有不同，但统计学上差异不显著），也就是说实验班和对照班没有多大差异，就可以在实验班采取教育干预，对照班什么都不做。经过一段时间后，进行后测，后测中做统计时可以进行对比，即可以对实验前和实验后的分数进行对比，更重要的是实验班和对照班的分数对比。

另一种情况是两个班级不同质，实验班和对照班差异显著，可以把水平较低的班级作为实验班，结果实验后水平较低的班级比水平较高的班级还要好，说明教育干预有效果。同时运用统计方法来处理前测的不同质性，这个统计方法是协方差分析，它的价值是可以看出原来的水平对后期的影响，也可以看出原来的水平对其结果是否有影响。

二、运用教育心理实验法应注意的问题

前测和后测的内容应该是一样的，起码测量的方面是一样的。因为最主要的是做一个同时对比，即实验班和对照班的对比。同时还应该有一个先后对比，实验班自身的前后测验。

教育心理实验的难度是非常大的，要准确定位测试的内容。测试的题目要考虑效度，效度是测试的题目能否反映要测试的内容，实际上是不是有效的。信度是可信的程度，回答是真的还是假的。所以命题时要确保测试题目能反映要测试的内容。例如，关于自信心，哪些题目能反映自信心或什么实验能反映自信心，一定是要反映自信心的，别把其他的影响因素划进来。再如，认知水平、能力水平、经验水平都是影响因素，但是不能只有反映儿童能力、测试儿童能力的题目，要测试他对自己相信的程度，能不能做这件事情。

第四节　运用实验法应注意的问题

研究者在运用实验法时需要特别关注以下三个方面的问题。

一、研究变量的确定

首先要把自变量、因变量和影响实验正确结果的无关变量了解清楚。自变量可以有很多，一个自变量的实验设计被称为单因素实验设计，多个自变量的实验设计被称为多因素实验设计（一般来说 2～3 个因素）。实验法控制的是无关变量或干扰变量，要把无关变量或干扰变量变成一个水平，一个水平也可以称为同质性。实验法改变的是自变量的水平，控制的是无关变量，将无关变量控制在同一个水平上。因变量是要研究的核心问题，自变量是可能影响因变量的重要因素。自变量必须要有不同的水平，也就是说至少要有两个不同的状态，如男和女、不同的年级。

二、行为指标（编码）的确立

具体的行为指标要准确到研究对象的每一个行为都能在行为指标中找到相应的位置。行为指标要事先设计好，再经过预试完善。

行为指标其实就是行为表现，就是什么样的表现得到一个什么样的分数，其操作性行为非常强。例如，笔者研究的儿童自主性实验，儿童往积木盒内塞积木，其中一个行为指标是儿童拿着三角形积木在三角形积木口前，也不往里推，望着研究者，这个儿童其实是在表达他的这个动作对不对。这个行为指标就说明这个孩子比较依赖成人。所以说行为指标就是具体的行为表现。

还有一个检验行为指标是否正确的标准，也就是效标。在所有被试中，挑出四个研究对象，两个最高分、两个最低分，看其是否在实验过程中表现最好和最差。

三、指导语的设计

指导语要求使用儿童化的语言，符合儿童心理特点，通俗易懂、简洁明了。在一般实验中，研究者讲完研究要求后要让研究对象重复一遍，让他按照要求去做，这样就会知道他的理解是否正确。

指导语中不能出现暗示性语言，因为小孩受暗示性很强。例如，皮亚杰液体守恒实验中有两杯水，问小孩的时候应该问："你看这两杯水哪个多，哪个少，还是一样多？"不能让他在研究者的表达中受到暗示，如果只问哪个多、哪个少，他就会受到暗示觉得一个多、一个少。暗示也适用于成人，其理论基础是认知心理学中的内隐记忆，内隐记忆是通过现实中的一个实例发展而来的。人们发现在人的心理中内隐记忆是很重要的。

本章小·结

任何一项课题研究都要依据一定的方法来进行，实验法就是其中重要的一种方法。实验法是指通过控制或改变条件，观察研究对象的心理与行为的变化的方法。控制或改变条件，是实验法最重要的特征。实验法一般分为实验室实验法、自然实验法与教育心理实验法。自然实验法的应用程序包括：确定研究目的、设计研究假设、设计实验、预试、修改实验设计、正式施测、统计。自然实验法的适用范围有两个方面，分别是观察法不能研究的问题、行为是可以观察的。教育心理实验法的应用程序包括：确定研究目的、设计研究假设、前测与后测。在运用实验法时应注意的问题：研究变量的确定、行为指标（编码）的确立、指导语的设计。

关键术语

实验法；平行关系；因素；水平；控制；实验室实验法；自然实验法；无关变量；干扰变量；内隐记忆；预试；教育心理实验法；施测；效度；信度；行为指标

思考题

1. 实验法有哪些特征？
2. 实验法有哪些类型？分别有什么特征？
3. 在自然实验法中，实验设计有哪些步骤？
4. 自然实验法的适用范围是什么？
5. 运用教育心理实验法时应注意的问题有哪些？
6. 在运用实验法时应注意的问题有哪些？

建议的活动

1. 查阅相关期刊、论文、图书等资料，找出关于实验法在教育学中应用的相关文章，学习实验法的操作方法和注意事项等方面，并分析、评价其使用的情况。

2. 结合本章所学内容，自拟题目，运用实验法尝试操作一个实验。

拓展阅读

1. 舒华等：《实验心理学的理论、方法与技术》，北京，人民教育出版社，2006。该书内容全面丰富，论述系统，理论联系实际，可以广泛地适合各类高校心理学系或专业的实验心理学教学和各种不同背景学习者的阅读。

2. ［法］法布里斯·加奇等：《有趣的实验故事：毛毛虫变蝴蝶》，湖北少年儿童出版社，2012。该书通过简单有趣的童年故事、可爱活泼的漫画卡通，带领小读者进入"观察和实验的广阔世界"。它是为了激发 3～6 岁的孩子对科学的好奇心和兴趣而精心设计的。

第五章　调查法

学习目标

1. 了解调查法的概念、特征及地位。
2. 掌握问卷法的应用程序。
3. 了解访谈法的概念、类型以及适用范围。
4. 掌握访谈过程的具体步骤。

导　读

　　调查法是科学研究常用的方法之一，同时也是学前教育科研常用的方法之一。调查时要明确调查目的和调查对象，制定合理的调查方案，如实记录，对结果进行整理和分析，有时还要用数学方法进行统计。常用的调查方法有普查法和抽样法等。调查法的主要特点是，以问题的方式要求调查对象针对问题进行陈述的方法。根据研究的需要，可以向调查对象本人做调查，也可以向熟悉调查对象的人做调查。调查法可以分为书面调查和口头调查两种。通过调查法能够收集到大量的资料，使用方便，并且效率高。

第一节　概　述

一、调查法的概念

调查法是指用一系列事先设计好的问题让调查对象来回答，以此来研究调查对象的心理状态和对一些问题的态度和看法的方法。

二、调查法的特征

(一)一系列问题

调查的内容不是由一个或几个问题组成的，而是由一系列相关的问题组成的。这些问题是根据调查目的而设定的，并且相互之间有内在联系。

(二)调查的内容有一定的理论建构

调查内容的设计往往由几个方面构成，一般被称为几个维度，而由几个维度构成的整体被称为理论建构。

(三)各维度由一些具体问题构成

一个问卷往往由几个维度(方面)构成，而每个维度中又包含许多具体的小问题。这些小问题就是调查对象要回答的问题。

三、调查法的地位

观察法是学前教育研究中最普遍应用的方法，自然实验法也是运用非常多的方法。那么调查法在科学研究中占据什么样的地位呢？在1984—1985年笔者读研期间，新加坡的一位教师在讲调查法时强调，由于调查法的方法不是很严谨，在初级研究阶段相对有用，但在高级研究阶段用得就比较少。这是因为当时调查法的方式相对比较落后，现在由于教育技术设备的使用，使调查法在高级研究阶段也可以应用。把整个过程都录下来甚至比实验法还要精确，所以现在调查法在实际中应用得比较广泛。把调查法严格来区分的话，很多人把问卷法作为量化研究方法、访谈法作为质化研究方法，但是实际上不管是量化还是质化，调查法仍然被普遍使用。

调查法之所以在科学研究中被较为广泛使用，主要在于其明显的优势。

其一，省时省力。相比观察法和实验法，调查法，特别是问卷法，是最省时省力的一种研究方法。可以同时发放大量问卷和组织多人访谈，高效率地获得大量信息资料。

其二，由于一些高级统计软件的运用，可以避免问卷法自身带来的问题，如真实性问题，也可以通过一些统计处理来避免。

第二节　问卷法

一、问卷法的类型

问卷法具体包括两种，一种是开放式问卷法，另一种是封闭式问卷法。开放式问卷往往是在初期阶段使用，可以随意发挥，没有固定答案，就是调查者对调查对象提出问题，调查对象要根据这些问题形成自己的看法。每个调查对象回答出自己的答案，然后找出具有一致性的答案作为问卷调查的结果，这属于开放式问卷。

封闭式问卷属于有固定答案的。一般固定答案包括是非题，还有更多的是选择题。一般来说选择的级别分 4 级、5 级、7 级（4 个答案、5 个答案、7 个答案），国内外调查者通常用 5 个答案，但有时也用 7 个答案。当然开放式问卷也要有一个量，不能太少。在实验法中一般 30 个就属于大样本了，而问卷方面大样本至少要几百个甚至上千个，或者一个样本中包含几个小样本，如一个 1000 多的大样本或者两三个 300 或 400 这样的小样本。

相对来说，在研究初期，研究者对研究的问题不太清晰时通常运用开放式问卷法。而封闭式问卷法往往用于深入研究的阶段，即研究者对自己研究的问题有了大致的想法。例如，当对有关问卷的理论建构清楚之后就可以直接设计封闭式问卷。

二、问卷法的应用程序

(一)确定研究目的

研究目的一定要明确。例如，教师要上好一堂课，首先要保持思路清晰，而思路清晰的一个重要标志就是有目的性。时刻想着下一步要做什么，研究也是这样，要想着研究什么样的问题，就要始终想着研究目的。

(二)厘清概念及其结构

在问卷中厘清概念就是要清楚理解理论建构。理论建构是指这个概念包括几个方面的内容。所以理论建构在学术、统计学上的术语称为维度；平常的术语称为方面；在哲学上的术语称为元素。理论建构非常重要，因为涉及命题，题目能不能有效地反映调查者要测试的问题，这是判断理论建构准确与否的标准。有些研究者提出的问题根本不是要研究的内容，没有理解概念的基本内涵，所以一定要清楚理解理论建构。

那么理论建构是怎么形成的呢？首先要阅读以往经典的研究，了解前人对这个概念是怎么界定的，之后看一些研究报告，了解相关研究者对这些结构是怎样确定的。当然概念不同，结构会有差异。所以，先对相关研究和理论进行区分和分类，最后确定自己的理论结构。例如，自主性刚提出时不用自主性这个概念，而用独立性来界定。独立性概念的英文是 independence，英文背后包含着两个非常重要的信息，一个是作者索引(author index)，另一个是内容索引(subject index)，查询关键词应该是内容索引。刚开始查询 independence 的时候，笔者对独立性并没有非常深入的了解，但在 20 世 90 年代左右独生子女迅速增加，然后发现儿童身上比较大的问题是独立性的问题。所以笔者就直接查询独立性，查询的资料显示一直到 20 世纪 80 年代中期之后(笔者查询的资料是从 20 世纪 20 年代开始的，20 世纪 20 年代以后才有独立性这个词)发现 independence 后面出现了一个 autonomy，这说明独立性和自主性是一个概念。之后笔者开始查询西方关于独立性的研究，从中发现中西方关于独立性的研究存在明显的差异；西方强调的是自我依靠(self-dependence)和自我决定(self-determination)，但是后来查询苏联关于独立性的研究发现，苏联提出自我控制是自主性的重要方面。结合我国国情(但是这个过程很漫长）笔者后来把自主性分为三个方面，包括自我依靠、自我控制、自我主张。自我依靠和自我主张反映的是个人取向。这是一种价值取向、价值观。西方是个人取向的价值观，自主性是自我依靠和自我决定。而东方是社会取向的价值观，是以社会集体的角度为出发点，社会取向的自主性包含自我控制。

一个人既是一个个体，又是社会群体中的一员，所以笔者就把它界定为三个方面，这三个方面缺一不可。这就是理论建构，理论建构是通过阅读文献综述，并经过独立思考形成的。理论建构是调查法最重要的环节，如果做不好，后期就会偏离研究方向，也就是说研究的问题是模糊的，不是想要研究的问题，即研究效度低，当然研究就没有价值了。同时理论建构清晰与否还决定着统计方法的选择。例如，自主性的结构是一个非常清晰的理论建构，笔者认定它是正确的，做研究的时候用验证性因素分析的方法。理论建构之后，就要对各维度进行操作性定义。

(三)设计问卷结构

1. 问卷的分类

问卷属于一般调查法中研究工具的范畴。研究工具通常包括问卷和访谈提纲两种。而问卷又分为两种，第一种是相关研究者已经做出来的问卷。如果是国外的问卷，就需要做修订。修订问卷首先要说明这个问卷的来源，其次要详细介绍其维度的构成，在这个基础上具体介绍进行修订的步骤。最后再介绍一下问卷的信度、效度。这个问卷是否得到认可，是否是一个科学的、合理的问卷。如果是国内的问卷，要详细介绍问卷是由谁制作的，问卷制作的步骤，以及它的信度、效度和适用情况。第二种是完全自编的问卷。首先是理论建构，它以概念为基础，在这个概念下具体包括哪些内容。其次是明确研究内容包括几个方面。理论建构要科学，要基于科学的概念进行建构。理论建构之后要有操作定义，操作定义就是这个概念在现实生活中运用在儿童身上是怎样具体表现的，哪些表现属于这个范畴。最后是题目的介绍，每一个维度包括多少个题目。通过至少两版到三版的修订，形成正式的问卷。

2. 问卷的结构

笔者阐述的问卷结构主要是指封闭式问卷，不是开放式问卷。封闭式问卷的结构设计包括题目、说明、背景信息。封闭式问卷首先涉及一个指导语的问题，就是问卷前面的说明。问卷的说明要介绍来源，消除调查对象的顾虑，还要大概说明其研究目的，是为了避免调查对象的心理暗示。最主要的是要说明问卷怎么作答，每个题中一共有几个答案，要选几个答案。一般选择一个自己认为最准确、最相似的答案，这是必须要说明的。需要特别强调的是，问卷作答时切忌犹豫不决，凭借第一感觉作答才具有真实性。所以在一般的问卷中应该有"请您尽可能以最快的速度回答这些问题"这样一句话。在指导语的说明中，背景信息的设计也非常重要。例如，在问卷中为了避免虚假信息，一般不署名。但是如果问卷针对的是幼儿群体的话，一般需要署名。因为研究者可能还会在后续工作中对幼儿再进行测试。对于幼儿的年龄，需要精准到具体的年份和月份。关于幼儿的家庭背景，主要说明的内容包括是否是独生子女，是否是早产、顺产，是否有疾病，幼儿园的具体位置以及所在的班级等方面。研究者可以把数据与背景信息相结合做相关性的研究，探究两者之间的内在联系。例如，笔者设计了一个关于儿童自主性的问卷，内容包括儿童是否是独生子女，父母的职业学历、隔代教养这些因素是否会影响儿童的自主性发展，利用这些基本信息可以进行相关分析。

(四)设计问卷题目

在具体设计问卷(主要指封闭式问卷)的题目时，应注意以下问题。

1. 题目是具体的行为表现

一般来说，设计问卷时不能让调查对象受到心理暗示。心理暗示典型的特征就是调查对象潜意识都希望自己是比较好的，这种现象被称为社会期望。例如，问卷中有这样的问题"你是好人吗？"这类问题明显受社会期望效应的影响，调查对象填写的答案都是一致的，从而导致这类问题在问卷中是没有效果的。所以在设计问卷的问题时，不能让调查对象产生怎么回答才是符合社会期望的概念。

2. 不能引起调查对象理解上的混乱和歧义

要想保证问卷填写的准确性和可靠性，首先要保证问卷的语句不能运用专业术语，要简洁易懂，最好运用具体的词语。例如，笔者设计关于自主性的问卷，如果问家长："你的孩子有主意吗？表现出很强的自控能力吗？"这些问法都是不清楚的，应该询问："孩子会自己系鞋带吗？会自己吃饭吗？到时间会自己去睡觉吗？"因为每个家长对于自主性的标准是不同的。现在有些研究者设计问卷时运用很多模糊的词语，从这样的问卷中获得的数据结果是不科学的。所以在设计问卷时要保证词语的具体性，不能引起调查对象理解上的混乱和歧义。

3. 避免思维定式

思维定式具体来说是指在长期的思维过程中所形成的一种固定的思维模式。研究者在设计问卷时要避免思维定式，避免调查对象看到题目就按照固定思维进行选择。问卷题目的设计最主要的是不能让调查对象在回答问卷时产生固定思维模式，问卷的题目要清晰明了，不能有理解上的错误，这是关于题目设计的最关键的问题。

4. 判断真实性

如果调查对象在回答问卷时不按照真实的想法进行作答，那么研究者就不能判断答案的真实性，所以在问卷中不能把同类的题目放在一起，当调查对象看到同类题目时，会产生心理暗示。问卷中的题目应该随机搭配。

5. 敏感性问题

在问卷中有时可能会出现一些敏感性的问题。问卷中问题的安排顺序一般是由易到难。敏感性的问题可能会出现假的答案，可以相互匹配着设计问题。例如，对于同一个问题，一个正面询问，一个反面询问。如果正反两方面的答案不一致，就可以判断这个答案是假的。

(五)确定问卷题目

问卷的设计要经过三版的测试。第一版问卷的测试完成后，要做一个统计学上的项目分析，测试出每个题目在问卷中的价值，题目之间是否有区分度。经过筛选保留下来的题目就说明是有价值的。一般来说，经过项目分析会保留一半或1/3的题目。进行项目分析时一般用 SPSS 统计工具。为了保证问卷的普遍性和适用性，三版问卷测试面对的是不同人群，每次测试参与的调查对象都是不同的。调查对象的数量越多越好，最少100～200人，一般来说400～500人。

第二版问卷测试主要分析问卷中研究的题目是否还需要删除。可以用两种统计方式，一种是探索性因素分析，另一种是验证性因素分析。探索性因素分析是在理论建构不是非常明确的情况下使用的。当运用探索性因素分析时，会筛选出多种因素，研究者要从中选出在整个问卷中占据重要地位的因素。验证性因素分析是在清楚理解理论建构时使用的。例如，笔者发表在《心理科学》上的论文是"3～5岁儿童独立性结构的验证性因素分析"，直接用验证性因素分析。验证性因素分析可以达到探索性因素分析同样的效果。之后进一步筛选题目，精简题目。例如，笔者关于独立性方面的问卷的第一版有 110 多个题目，运用项目分析之后剩余 40 多个题目，再运用验证性因素分析之后仅剩了 20 多个题目。

第三版的问卷才是比较成熟的，是即将在实际研究中运用的问卷，第一版和第三版的问卷中题目数量的比例是 5：1 或 6：1。如果从这个比例出发，第一版问卷的题目应该是 100～150 个，最后一版固定成型问卷的题目不能太少，一般保持在 20～30 个，这 20～30 个题目是经过多次筛选得到的，应该是最经典、最能有效地反映研究内容的题目。

(六)发放和回收问卷

发放和回收问卷时，一般要进行说明，这个说明需要研究者和幼儿园共同掌握。主要说明选择什么样的调查对象，具体是指调查对象要符合当前的研究。也就是说研究者要说明什么样的儿童符合研究标准。首先要确定调查对象的年龄和选择时间。例如，研究者要求调查对象是 3 岁的、5 岁的，需要具体到哪年哪月。选择调查对象的时间必须明确具体。例如，2005 年 9 月—2007 年 9 月，这就是研究者的调查范围。其次要说明调查对象的背景信息。例如，关于母亲人格与 5 岁儿童自主性关系的研究，在研究过程中要说明母亲不能是单亲，要经常和孩子生活在一起。这些问题都要在研究之前做好准备，如果调查对象的选择不符合当前的研究内容，那么调查结果会受到影响。

关于发放和回收问卷，调查者要向园长和教师说明具体发放和回收问卷的时间，以及回收问卷的过程中应该注意什么问题。例如，调查者当天把问卷送到教师手中，在当天上午进行调查对象的选择，在儿童离园时把问卷发放下去，同时教师需要向家长说明问卷需要第二天进行回收。在回收问卷的过程中向教师说明要进行问卷的检查，每个儿童提交上来的问卷都要检查回答的是否准确。教师还需要检查是否存在漏项的情况，以及检查有没有重复进行选择答案的。这些都属于回收问卷的过程。

(七)统计记录

回收完问卷之后下一步就是录入数据。把数据录入计算机，然后进行统计。统计是根据论文的题目要求去做相关的统计分析。不管运用什么样的统计方法，必须做的一个项目就是检验其信度，信度就是需要检验数据的真实性，问卷回答是否真实。

第三节　访谈法

一、访谈法的概念

访谈法通常是指访谈对象通过口语表达的形式回答访谈者提出的问题，以此来研究访谈对象的心理状态和对一些问题的态度和看法的方法。这一点是与调查法相一致的。

二、访谈法的类型

访谈法与问卷法在概念上不一样，但实质上含义相同。访谈法与问卷法的类型都可以分为两个方面，问卷法的类型分为开放式与封闭式，访谈法的类型分为结构式与非结构式。结构式访谈有固定的问题与固定的答案，其特点是严谨；非结构式访谈没有固定答案，其特点是开放。

三、访谈法的适用范围

当研究者对某些概念、结构等的了解不太确切、不太深入时，这种情况适合运用访谈法。当研究者需要对某些问题不断深入研究，一层层进行剖析，从而获得比较深刻、接近本质的答案时，也运用访谈法。一般来说，研究者多采用深度访谈，深度访谈最重要的价值是深度，也被称为焦点访谈。这里的焦点访谈与电视节目的焦点访谈在含义上是一样的，是针对一个人某方面或者某些方面进行的深度访谈。访谈法一般多用于研究的初期阶段或者深入研究阶段。

例如，笔者曾经做过一个访谈，访谈时间用了 6 小时，笔者为什么要用访谈法？笔者研究的是儿童独立性培养，进行两轮实验之后，这些儿童在独立性方面有了很大的变化。现在这些儿童都已经上了高中，而且很多儿童的表现都非常好。由于这些儿童所在地区的经济发展特别好，笔者需要了解这些儿童的自主性发展变化，包括小班如何发展，中班如何发展，这些都是研究自主性发展的基础。笔者还需要了解影响儿童自主性发展的因素，其中包括自身的气质因素、家庭因素。家庭因素是非常重要的，笔者的研究是要求儿童自己动手去做，有些家长表示家务都是保姆在做，从而导致这些儿童的自我依靠比较差；同时，这些儿童是被家长娇惯长大的，这就形成了有些儿童特别任性。由此可见，家庭因素对孩子自主性发展尤为重要。

四、影响访谈质量的因素

访谈的质量直接决定研究结果的准确性。因此，要想保证研究结果较为科学，高质量的访谈必不可少。而影响访谈效果的主要因素有访谈对象的选择和面谈过程。

(一)访谈对象的选择

一般在问题的访谈中，访谈对象的选择很重要，在研究的初期阶段访谈的对象最好是权威人士，权威人士对这个问题比较了解，回答起来比较全面。

例如，关于大学生恋爱观的问题，很难说谁是权威的，因为每个人对于恋爱的观点不一样，那么在选择访谈对象时，既要包括男生女生，还要包括各个年级的学生，因为随着年级的增长，大学生对恋爱观的看法会发生变化。同时还要考虑家庭环境和家庭背景的不同，要包括不同经济条件和不同背景的家庭，要考虑各方面的因素。这是在访谈的初期进行的工作，做这些前期工作是为了使访谈者对要访谈的问题有更系统的了解，在这个前提上可以做封闭式问卷或者结构式访谈，在研究初期或者后期可以运用深度访谈的形式。

(二)面谈过程

影响访谈质量的最关键因素是面谈的过程，一般访谈的过程都是面谈，面谈中又包含着很多技巧。

在访谈之前访谈者需要进行访谈准备，如录音笔、访谈提纲，还有一个最重要的是对访谈对象的了解，包括访谈对象的背景、兴趣爱好等。

五、访谈的过程

(一)与访谈对象见面

当访谈者与访谈对象第一次见面时，最重要的是拉近彼此的距离。首先，访谈者要给访谈对象留下良好的第一印象。访谈者表情要自然平和，不能刻意讨好访谈对象，笑容要自然，透露出心理上的淡定、从容。在仪表方面要特别注意，打扮要合体，干净利索，让访谈对象易于接受。个人的气质也非常重要，表现气质最重要的一方面就是涵养。

其次，访谈者与访谈对象要保持合适的距离。距离太近或者太远都会影响访谈对象的心理变化，如果距离太近访谈对象的心理会有压迫感，如果距离太远会使访谈对象产生疏离感。另外，访谈者的眼睛要间断地注视访谈对象。

(二)访谈开始的内容选择

访谈开始时可以先谈论一些访谈对象感兴趣的话题。心理学家詹姆斯(James)曾经说过："被人认可是人性中最深切的禀赋。"所以在访谈初期，访谈者要对访谈对象给予肯定，需要善于发现和赞赏访谈对象的长处，但是赞赏要适度，适当地给予肯定，不能故意而为之。从行为学上来讲，如果访谈者一直谈论访谈对象不感兴趣的话题，访谈对象再接受访谈时，就会产生逆反心理，不会配合访谈的进行。例如，对于不同性别的访谈对象，需要采取不同策略。对于女性访谈对象，访谈者可以对其外貌、声音进行赞美，谈论女性感兴趣的话题，如化妆品、衣服。对于男性访谈对象，访谈者可以谈论体育和政治时事的话题。访谈开始时不要谈论让访谈对象反感、敏感的话题。所以访谈者需要向访谈对象谈论一般性的话题，什么属于一般性话题？主要是指不引起访谈对象反感的话题。例如，谈论天气如何。特别需要注意的是，当访谈者与访谈对象是不同性别的时候，访谈时使用的言语要合适恰当。对于访谈对象，女性比男性更容易接受访谈。访谈者可以向访谈对象谈论他们感兴趣的话题，但是不能涉及访谈对象的隐私。例如，如果访谈对象是女性，可以谈论关于儿童的话题，因为一般女性访谈对象对儿童的话题感兴趣，但是谈论有关儿童的话题也要慎重，由于现在有些人晚婚晚育，甚至没有自己的孩子，当进行访谈时就要回避这样的问题。访谈时使用的语言要合适准确，需要考虑到语言使用的效果。所以访谈开始时需要了解访谈对象适合什么样的话题。另外，开始访谈时气氛不能过于严肃，这样会使访谈对象产生紧张的情绪。访谈过程是根据题目的顺序进行的，题目的顺序是由易到难，由轻松的话题作为开端，然后逐步深入，所以在访谈过程中题目的顺序也是很重要的。

之后访谈就要进入正题。正题要按照访谈提纲进行，访谈内容的排序要由易到难，不断深入地进行，这与问卷中的排序方式基本一致。

在深度访谈过程中，类似焦点访谈，最重要的是挖掘。例如，中央电视台的"艺术人生"栏目，访谈要达到感动嘉宾的效果，访谈过程就要触及访谈对象心灵最柔软的地方。所以要达到这样的效果，访谈者需要对访谈对象做全面深刻的了解，包括对其人身的经历、背景等。

(三)访谈中的话题追问

访谈过程要求访谈者能够灵活机智地应变访谈，访谈题目必须是环环相扣的，有些问题不是事先设计好的，是在访谈过程中随机生成的，不断提出的问题。在幼儿教育中，经常提到生成性课程，它是指课程不是事先设计好的，而是在教学过程中不断形成的课程。访谈过程也是一样，需要访谈者与访谈对象不断深入的交流，从而提出生成性问题。在访谈中，生成性问题的提出要求访谈者必须对访谈对象进行深入的了解，具备专业的访谈知识，并具备灵活机智的快速反应和高度注意访谈对象回答内容的能力。例如，笔者曾在温州瑞安进行过一次访谈，在访谈过程中笔者需要对谈论的内容进行提问，这样才能把问题理解清楚。提问过程中需要高度注意访谈对象所提到的内容，找出访谈对象回答中不清楚的地方，对这些地方进行提问，这就是追问。

(四)对访谈对象的反馈

反馈的价值是激励访谈对象与访谈者进行交流，谈话是相互作用的一个过程，需要双方共同参与。由于每位访谈对象的思维方式和性格特征是不同的，有些访谈对象是不善于表达的，有些访谈对象是善于表达的，所以在访谈过程中访谈者需要根据访谈对象的特征采取针对性的谈话策略。访谈者需要不断激励访谈对象与其进行交流。例如，当访谈对象表达结束后，访谈者可以点头示意，或者回答"对""你说得很有道理"这样的言语，从而激励访谈对象继续与访谈者进行更加深入的交流；当访谈内容是很敏感的是非问题时，访谈者不能以对或错的方式进行回应。在访谈过程中，有时会出现理解偏差的情况，这种情况下，访谈者可以利用反问或重复的方式进行反馈，重复和反问可以使访谈内容更加清楚明了。访谈法最大的优势是可以把模糊的或者不是很深入的问题理解清楚。同时，访谈者可以进一步了解访谈对象回答问题背后的原因，这样做可以把问题回答得比较全面。

访谈法涉及真实性的问题，访谈者在访谈中不仅要有录音，还要有录像，使用比较先进的软件，可以把访谈对象回答的内容进行即时归类。另外还要有笔录，在笔录结束之后，需要访谈对象签字，以确保访谈的真实性，真实性的前提是访谈过程中不存在敏感性的问题。

(五)访谈结束

访谈结束部分，需要感谢访谈对象，同时要留下访谈对象的联系方式，以便有不清楚的问题能够及时与访谈对象联系。因为在访谈结束之后，在整理资料的过程中还会有不清楚的问题，留下联系方式以便约定下次访谈的时间。

本章小·结

调查法是指用一系列事先设计好的问题让调查对象来回答，以此来研究调查对象的心理状态和对一些问题的态度和看法的方法。调查法的特征包括：一系列问题；调查的内容有一定的理论建构；各维度由一些具体问题构成。随着教育技术设备的发展与使用，调查法不仅限于初级研究阶段的使用，在高级研究阶段也得到了广泛的应用，其地位也随之上升。

调查法可以分为问卷法和访谈法。问卷法具体包括两种类型，一种是开放式问卷法，另一种是封闭式问卷法。问卷法的应用程序包括：确定研究目的；厘清概念及其结构；设计问卷结构；设计问卷题目；确定问卷题目；发放和回收问卷；统计记录。访谈法通常是指访谈对象通过口语表达的形式回答访谈者提出的问题，以此来研究访谈对象的心理状态和对一些问题的态度和看法的方法。当研究者对于某些概念、结构等的了解不太确切、不太深入时，适合运用访谈法。当研究者需要对某些问题不断深入研究，一层层进行剖析，从而获得比较深刻、接近本质的答案时，也运用访谈法。访谈的过程包括：与访谈对象见面、访谈开始的内容选择、访谈中的话题追问、对访谈对象的反馈、访谈结束。

关键术语

调查法；问卷法；访谈法；理论建构；心理暗示；社会期望；思维定式；深度访谈

思考题

1. 问卷法的应用程序具体包括哪些步骤？

2. 在具体设计问卷的题目时，应注意哪些问题？

3. 什么是思维定式？研究者在设计问卷时要怎样避免思维定式？

4. 问卷法的类型与访谈法的类型有哪些异同？

5. 访谈法的适用范围是什么？

6. 影响访谈质量的因素有哪些？如何提高访谈质量？

7. 初次与访谈对象见面时，如何给对方留下良好的第一印象？

8. 为什么在访谈过程中要注意反馈？如何得到有效反馈？

建议的活动

1. 参照本章介绍的问卷法的应用程序，以"家庭生活方式对幼儿创造性发展的影响"为题，设计一套完整的问卷。

2. 建议约见一位幼儿家长，对孩子近期在幼儿园的表现进行访谈，并提出相应的建议。

拓展阅读

1. 赵世明、王君：《问卷编制指导》，北京，教育科学出版社，2006。该书是专门针对学校教育研究而撰写的指导教师如何开展问卷调查研究的一本工具书。它全面系统地介绍了问卷编制的基本原理、规则、方法与程序，引导读者学会编写问题、构建问卷、评估问卷质量、对结果进行统计分析并撰写报告。

2.［美］威廉·R. 米勒等：《动机式访谈法：帮助人们改变》，华东理工大学出版社，2013。该书为专业人员和想完善自己的人们提供了一种实用的方法——动机式访谈法：从不良行为背后的动机入手，从根本上解决有关改变的矛盾心态，消除抗拒改变的因素，帮助人们做出他们想要的改变。

第六章 案例研究

1. 了解国内外学者关于案例研究的典型概念。
2. 了解国内外学者关于案例研究概念的分歧。
3. 了解案例研究的适用情况。
4. 了解案例研究的特点。
5. 了解案例研究类型的划分标准以及不同划分标准下的具体类型。
6. 了解单案例研究的适用情况。
7. 掌握案例研究的过程。

导 读

　　案例研究是在幼儿园教师中应用比较广泛的一种教育科研方法，广大幼教工作者使用案例研究解决实践中遇到的一些问题。案例研究的应用成效关系到幼教工作者的教育科研成果和自身的专业发展。为了使大家能够科学、规范、高效地应用案例研究方法，本章将介绍案例研究的一般理论知识、具体实践操作过程和一些相关的注意事项，以期丰富广大幼教工作者案例研究的理论知识，并且能够熟练掌握和应用案例研究方法的具体步骤与程序。

第一节　概　述

一、案例研究的发展与应用

案例研究方法起源于芝加哥大学社会学院所进行的生活史研究及生活环境调查。20 世纪以来，案例研究方法逐步在经济学和管理学领域得到了广泛应用。近年来，案例研究方法逐步渗透到社会科学研究的各个领域，是社会科学研究的一种重要形式，已成为教育工作者基本的研究方法之一。虽然案例研究涵盖了各个领域，案例研究方法也被广泛运用，但很少见到系统的关于案例研究的方法论指导。一般来说，案例研究适用于以下三种情况：其一，用以解决当前现实生活背景下的实际问题；其二，回答"为什么""怎么样"的问题；其三，研究者无法控制研究对象的问题。这三种情况反映了案例研究对象的丰富性和现实生活情境的广阔性。

二、案例研究的概念界定

案例研究方法在社会科学研究领域被广泛应用，但是国内外学者尚未对案例研究方法的概念形成一致的看法，大多从案例研究方法的研究对象、研究问题类型以及资料收集方式等方面对案例研究方法的概念进行界定。[①]

(一)国外学者关于案例研究的概念界定

国外学者关于案例研究的典型有以下几种：①案例研究的本质在于它试着阐明一个或一组决策：为什么会被采用、如何来执行、其结果怎样。②案例研究是一种研究策略，焦点在于理解某种单一情境下的动态过程。③案例研究是为了决定导致个人、团体和机构的状态或行为的因素以及诸因素之间的关系，而对此研究对象做深入研究。④案例研究是设计一整套研究方案时必须遵循的逻辑，只有当所要研究的问题与其环境相适应时才会使用的方

---

① 王建云：《案例研究方法的研究述评》，载《社会科学管理与评论》，2013(3)。

法，不是无论什么环境下都要生搬硬套的教条。

第一种定义从管理学角度把决策作为案例研究的核心内容，不足以作为社会科学研究广泛应用的一种研究方法的概念。后三种定义虽然对案例研究有了进一步清晰的认识，但仍然是从某一个侧面来界定案例研究，没有指出案例研究的核心本质。罗伯特·K.殷（Rober K.Yin）从案例研究的范围和研究过程的环节，对案例研究进行了清晰完整的界定，指出"案例研究是一种实证探究，它在不脱离现实生活环境的情况下研究当前正在进行的现象，且待研究的现象与其所处环境背景之间的界限并不十分明显。案例研究法处理有待研究的变量比数据点还要多的特殊情况。需要通过多种渠道收集资料，并把所有资料汇合在一起进行交叉分析。因此，需要事先提出理论假设，以指导资料收集及资料分析，减少研究工作量，避免走弯路。"[1]

(二)国内学者关于案例研究的概念界定

国内学者对案例研究的典型概念有以下几种：①案例研究是对一个个例做缜密的研究，广泛地搜集个例的资料，彻底地了解个例现况及发展历程，予以研究分析，确定问题症结，进而提出矫正的建议，其重点在个案发展的资料分析。②案例研究是指对特别的个人或团体，搜集完整的资料之后，再对其问题的前因后果做深入的剖析。③案例研究是对一个个人、一件事件、一个社会集团或一个社区所进行的深入全面的研究。④案例研究是对与案例相关的有价值的信息进行检验和考证的系统过程，是找到对现存问题的解决方法的一个重要途径，适合对现实中复杂的和具体的问题进行深入和全面的考察[2]。

从国内学者对案例研究的定义来看，国内学者主要从个案的角度出发，强调案例研究的解释性、情境性、过程性、深入探究性、完整性与关联性，案例研究的目的在于解释或扩展某种理论，发现事件之间的联系。从某种程度来看，国内案例研究的界定等同于个案研究。然而，事实上，案例研究不仅包括单案例研究（个案研究），还包括多案例研究。

---

① ［美]罗伯特·K.殷：《案例研究：设计与方法》，21～22页，重庆，重庆大学出版社，2010。

② 胡小勇：《案例研究的理论与实例》，4～5页，南京，南京师范大学出版社，2008。

(三)国内外学者关于案例研究概念的分歧

值得一提的是,国内外学者对案例研究的界定存在明显的分歧。例如,国内学者胡小勇认为:"教育案例研究是一种常用的定性研究方法"①。美国学者罗伯特·K.殷则指出,案例研究不仅仅用"质性研究"一种形式,一些案例研究混合运用量化数据与质性资料,超越了质性研究的单一方式。② 美国学者凯瑟琳·艾森哈特(Kathleen M. Eisen Handt)也指出:"案例研究一般会综合运用多种数据收集方法,数据可能是定性的,也可能是定量的,或者两者兼有。"③

对于案例研究的操作性定义,罗伯特·K.殷指出,案例研究通常是基于多途径数据来源,对于某种现象的具体表现进行丰富的、实证的描述。数据可能是定性的,也可能是定量的。案例研究可以是单案例,也可以是多案例,并有多个分析层次。案例研究致力于严谨的方法论路径,需要做全面透彻的文献综述,确定明确的研究问题或目标,遵循一个正式的、明确的研究程序。④ 凯瑟琳·艾森哈特指出,案例研究用来实现不同的研究目标,包括提供描述、检验理论,或者建构理论。案例研究一般会综合运用多种数据收集方法,如文档资料、访谈、问卷调查和实地观察。⑤

综上所述,研究者认为案例研究是综合运用质化和量化多种数据收集方法,对一个或多个案例进行实证的描述与系统的分析,检验现有理论并建构新理论的过程。

同时研究方法的选择取决于研究者的研究问题。首先,如果研究问题是探寻对一些既有现象的解释,那么选择案例研究是很适合的。例如,幼儿攻击性行为怎样形成,哪些方法解决较为有效。其次,如果研究问题是需要对

---

① 胡小勇:《案例研究的理论与实例》,4页,南京,南京师范大学出版社,2008。

② [美]罗伯特·K.殷:《案例研究:设计与方法》,23页,重庆,重庆大学出版社,2010。

③ 李平、曹仰锋:《案例研究方法:理论与范例》,4页,北京,北京大学出版社,2012。

④ [美]罗伯特·K.殷:《案例研究:设计与方法》,3页,重庆,重庆大学出版社,2010。

⑤ 李平、曹仰锋:《案例研究方法:理论与范例》,3~4页,北京,北京大学出版社,2012。

某一现象做纵深描述，如单亲家庭对幼儿亲社会行为发展的影响、隔代教养对幼儿社会性发展的影响，那么案例研究方法也是适合的。

第二节 案例研究的特点及类型

一、案例研究的特点

（一）问题的明确性与案例的价值性

事实上任何研究方法都要有明确的研究问题。案例研究也需要有明确的研究问题，不管我们的样本有多小，也不管我们关注什么，我们总是尽量带着明确的问题焦点深入组织之中，以便系统性地收集特定种类的数据。如果没有研究焦点，就很容易迷失在大量数据中。案例研究的对象是问题表现比较突出的个案，研究的对象有特定的范围、独特的情境。案例的选择除了要考虑具有代表性和典型性之外，还要考虑案例的理论研究价值，因为案例是根据理论来抽样的。案例研究的目的是发展理论而不是检验理论。单案例的选择也要遵循理论抽样的原则，具有理论建构的价值。多案例的选择也是基于理论抽样的方法，即"两极模式"，研究者抽取极端的案例，以便更容易地发现数据中对立的模式，如幼儿出勤率非常高与非常低的班级。

（二）过程的延展性与结果的描述性

由于案例研究的对象集中，所以研究时需要投入充裕的时间，对研究对象的尽可能多的变量进行透彻深入、全面系统的分析与研究，因而案例研究往往具有时间和过程上的延展性质。此外，案例研究的研究结果是对研究对象丰富而极为详细的描述，通过讲述研究中发生的多个"故事"和对研究过程中的"实物"进行生动细致的描绘，呈现某个个案或多个个案具体的发展过程，以保持案例研究的客观真实性与可信度，来引领读者更好地理解研究中的样本，研究者也正是通过对每一个案例内的详细描述与案例之间的对比建构新的理论。案例研究既可以研究案例的现在，也可以研究案例的过去，还可以追踪案例的未来发展。

(三)方法的多元性与分析的严谨性

案例研究资料的搜集方法相当多元，为了搜集到更多的案例资料，从多角度分析研究对象的发展变化，案例研究需要结合实地观察、问卷调查、访谈、文档资料、教育与心理测量等多种研究方法，综合运用量化与质化研究，结合行动研究、叙事研究等各种研究手段获取大量的初始数据。例如，艾森哈特的跨业务单元合作的经典案例研究采用了多种数据收集方法：访谈、电子邮件和电话访谈追踪，以及档案数据（如内部文档、新闻稿、网站和新闻文章）。主要的数据来源于历时 8 个月的 80 多个半结构访谈、开放式问卷和封闭式问卷调查，并采用封闭式的问题结束每个访谈，所有的访谈在 24 小时内记录和转录出来。案例研究的目的并非"列举"分析，而是"归纳"分析得出理论。因此，多元数据三角验证体现了分析的严谨性，能够得出稳健的理论结果。

案例研究中常见的数据来源包括以下几种。

①直接观察（direct observation），如幼儿的行为表现或现场环境。

②访谈（interview），与事件主要参与者的开放式对话，更能获得真实的信息。

③档案记录（archival records），如幼儿成长记录。

④文件（documents），如报纸上的文章、书信、电子邮件和报告。

⑤参与式观察（participant-observation），以研究者的身份参与研究的现实生活中。

⑥实物证据（physical artifacts），如员工工作的电脑下载。

二、案例研究的类型

根据不同的划分标准，案例研究可以划分出不同的类型。不同案例研究类型的方法是不同的，一些案例研究方法只适用于特定的案例研究类型。也有一些案例研究可以同时综合应用多种案例研究方法。

(一)根据研究任务的不同来划分的五种类型

根据研究任务的不同，案例研究可以被划分为五种类型。

①探索型（exploratory）。探索型案例研究是指当事物因果关系不够明显、因果联系复杂多变时，研究者超越已有的理论体系，运用新的视角、假设、观点和方法来解析事物。探索型案例研究的目的是要通过直接观察某种社会现象的自然状态来发现理论。

②描述型（descriptive）。描述型案例研究是研究者在已有理论框架下，对研究个案的实践活动做出详尽的描述，描述某一事物所处的现实生活场景。

③例证型（illustrative）。例证型案例研究是指研究者阐述事物的创造性实践活动或事物实践的新趋势，以描述的形式列示某一评估活动中的一些主题。

④实验型（experimental）。实验型案例研究是指研究者检验新实践、新流程、新技术的执行情况并评价其收益。

⑤解释型（explanatory）。解释型案例研究是指研究者运用已有的理论假设来理解和解释现实中实践活动的研究任务，解释某一方案的实施过程与实施效果之间的联系。

（二）根据选择案例数量的不同来划分的两种类型

案例研究一般是通过选择一个或几个案例来说明问题。根据选择案例数量的不同，案例研究可以分为单案例（single case）研究和多案例（multiple cases）研究。

单案例研究往往提供了在极其稀少或极端的情况下探究一种重要研究现象的机遇，选择非同寻常的具有启发性的事件，或是极端的案例，或是难得的机会，或是独特的启发性的事件或主题。它也可以用作分析一个极端的、独特的和罕见的教育情境。通常，单案例研究被认为不适用于系统构建新的理论框架。但也有单案例研究方法的学者认为，单案例研究能够深入、深度地揭示案例所对应的现象的背景，以保证案例研究的可信度。单案例研究展现一个相对完整的故事描述，一般是叙事性的，分门别类地引用关键受访者的语录和其他支持性证据。然后故事与理论相互交融，由此揭示实证证据和新理论之间的紧密联系。①

---

① 李平、曹仰锋：《案例研究方法：理论与范例》，37 页，北京，北京大学出版社，2012。

多案例研究往往能为理论建构提供更坚实的基础。在多案例研究中，研究者首先要将每一个案例及其主题作为独立的单元进行深入的分析，这被称为案例内数据分析（within-case analysis），是针对每一个案例的详细描述，把每一个案例看成独立的个体，然后细致入微地熟悉它们；多案例研究依托于同一研究主旨，在彼此独立的案例内分析的基础上，研究者将对所有案例进行归纳、总结，并得出抽象的、精辟的研究结论，这一分析被称为跨案例分析（cross-case analysis）。跨案例分析方法有三种：其一，选定一些类别或者维度，寻找组内的相似点和组间的不同点。其二，将案例配对，列出每对案例之间的相似点和不同点。其三，按照数据来源（观察数据、访谈数据、问卷调查数据等）将数据分开。

(三)根据数据收集和分析方法的不同来划分的类型

1. 根据数据收集方法的不同来划分的类型

以观察法为例，可以划分出四种类型的案例研究：基于非结构式的参与式自然观察的案例研究；基于结构式的非参与式观察的案例研究；基于人工情境中对单个个体的非参与式观察的案例研究；基于人工情境中对单个个体的参与式观察的案例研究。

2. 根据数据分析方法的不同来划分的类型

根据分析对象的不同可以分为两类，其一是数据分析中使用的方法，如数据分析中的类型匹配法（pattern matching），运用案例中所反映出来的经验性数据、知识，与事先设定的对不同变量间关系的特定假设进行对比分析。其二是对证据的一致性进行比较分析时采用的方法，如证据分析中的时间序列法（chronological/time series ordering），沿着时间维度，对一段时期内的事态发展进行纵向跟踪研究，并分析事件发展变化的原因。

对应于上述各种方法的不同，就形成了多种多样的案例研究类型。一般情况下，研究者可以在同一个案例研究中同时运用两种以上的分析方法。

需要注意的是，在以下几种情况下可以选择单案例研究。

一是关键性案例，对一个广为接受的理论进行验证、批判或者扩展，如对双语教学促进幼儿的智力发展的验证或扩展。

二是极端或特例，由于极为少见或独一无二，所以值得记录并分析，如幼儿的坠楼事件、校车事故等。

三是揭露式案例，反映之前的科学研究无法探究的现象，用来解释某种现象的原因，如乡村幼儿教师的流失。

四是纵向案例，随着时间的变化研究对象会发生什么变化，如幼儿攻击性行为的发展。

第三节　案例研究的过程

一、案例研究过程的实施步骤

罗伯特·K. 殷指出，案例研究是一个线性的、反复的过程，具体包括如下步骤[①②]，如图 6-1 所示。

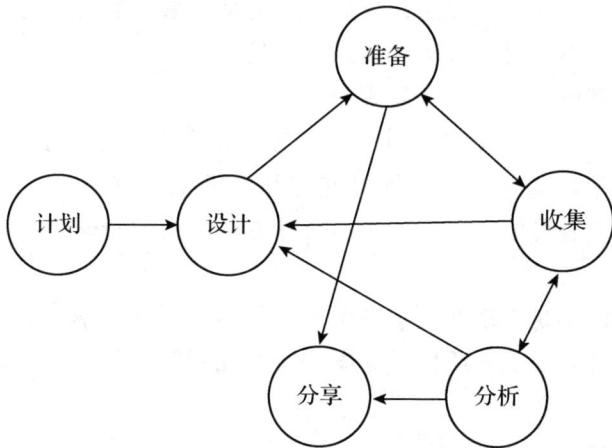

图 6-1　案例研究过程

(一)计　划

计划阶段需要研究者明确：自己到底要研究哪些问题？自己选择的问题是关于"为什么"和"怎么样"的问题吗？采用案例研究的方式是否合适？案例

---

① ［美］罗伯特·K. 殷：《案例研究：设计与方法》，27～175 页，重庆，重庆大学出版社，2010。

② ［美］罗伯特·K. 殷：《案例研究方法的应用》，1～22 页，重庆，重庆大学出版社，2014。

研究能否有效支撑自己的研究？例如，中班幼儿为什么爱告状，告状行为是怎样发生的。关于幼儿的告状行为是属于"为什么"和"怎么样"的问题，比较适合教师进行案例研究。一般来说，案例研究的优势体现在三个方面：案例研究不仅对现象进行翔实的描述，更对现象背后的原因进行深入的分析，它既回答"怎么样"和"为什么"的问题，也有助于研究者把握事件的来龙去脉和本质；案例研究来源于实践，是对客观事实真实而全面的反映，将案例研究作为一项科学研究的起点能够切实增加实证的有效性；案例研究包含真实情境中的各种要素及特殊现象、突发现象，研究者在进行案例研究的过程中可能会发现一些前人没有觉察到的原因、现象或者结果等变量，这往往会成为案例研究中隐含的、有待检验的假设，成为以后研究的基础。[①] 因此，案例研究受到一线教育工作者的青睐。研究者在制订计划时需要确定以下三个问题。

第一，确定研究问题或明确进行案例研究的其他依据。

第二，在与其他研究方法比较后，决定是否采用案例研究方法。

第三，理解案例研究方法的优点和不足。

那么，案例研究的优缺点有哪些呢？

案例研究的优点表现在：①案例研究的结果能被更多的读者接受，给读者以身临其境的现实感；②案例研究为其他类似案例提供了易于理解的解释；③案例研究有可能发现被传统的统计方法忽视的特殊现象；④案例研究适合于个体研究者。

案例研究的不足表现在：①案例研究的结果不易归纳为普遍结论；②案例研究的严格性容易受到质疑；③案例研究耗费时间长，案例报告也可能太长，反映的问题不明了。

(二)案例设计

案例设计是案例研究过程中最困难的一个环节，案例研究领域迄今还未形成统一的、可以通用的研究方案。研究者可以从以下几个方面着手。

1. 分析研究问题

案例研究最适合回答"怎么样"和"为什么"的问题。所以，进行研究和设计的第一步，就是准确分析所要研究问题的性质。例如，在分析中班幼儿告状问题时，研究者会发现已有大量的相关研究，已有研究认为幼儿告状行为

① 谢芳：《案例研究方法》，载《北京石油管理干部学院学报》，2009(3)。

的动机有三个方面：一是受欺负想寻求教师的同情和保护；二是检举他人能得到教师的信任；三是希望教师对是非做出裁决。然而这些分析并没有实证数据的支撑，只是学理上的分析，需要通过案例进行说明和解释，比较适合开展案例研究。

我们一般采用三步法来分析研究问题：

第一步，发现现实生活中存在的亟待解决的问题。

第二步，检索现有文献，它们是如何解释这个现象的，它们的解释是否正确。

第三步，阅读相关研究成果，为自己的研究提供理论支持，使研究问题清晰、成形。

2. 提出假设

研究者的假设是引导研究进行的线索。它可以来自现存的理论或假设。无论是建立新的理论还是对现存的理论进行检验，假设的提出都是必不可少的。只有当研究者明确提出某种具体的假设后，其研究才会有正确的方向。例如，围绕幼儿的告状行为，我们提出假设：幼儿的家庭教养、教师的引导及同伴的榜样作用是幼儿告状行为产生的原因。

3. 界定分析单位

在案例研究中，案例是主要的分析单位，也可以在案例中嵌入一些"子案例"。因此，分析单位可以是个人，可以是一些事件或个体，也可以是比个人、个体更难以界定的事件（event）或实体（entity）。例如，对一所学校的案例研究，学生成绩就可能成为一个嵌入分析单位；对一个社区的案例研究，犯罪率就是一个嵌入式分析单位；对一所乡村幼儿园的案例研究，教师工资就是一个嵌入式分析单位。

4. 联结资料与假设的逻辑

为了把数据与理论假设联系起来，在设计研究阶段时就必须对理论主张进行明确的表述。例如，围绕幼儿告状行为，我们可以进一步形成理论命题："母亲的正确引导能够减少幼儿的告状行为。"笔者在观察一位母亲对其女儿的教育时发现，当女儿和同伴一起玩耍出现告状行为时，母亲就会严厉责备她，甚至决定不再带她玩耍，除非她终止告状行为。这一教养行为能否有效地减少幼儿的告状行为，还需要长期的观察和验证。

5. 解释研究结果的标准

对于分析的结果，研究者可以针对研究的问题提出一个竞争性解释，来响应原来的理论命题。例如，研究者提出的理论假设为早期阅读提高了幼儿的口语表达能力。逐项复制的案例都验证了这一假设。与之对立的竞争性解释可能是，父母与孩子亲密合作的氛围使孩子的口语表达能力得到了提高。研究者需要进行差别复制的案例，父母没有参与，没有早期阅读项目，由此推断，在这一差别复制的案例中，幼儿的表达能力没有提高。

6. 选择案例

首先，界定所研究的案例。"案例"一般是有边界的实体，包括人物、事件、组织、行为条件或其他社会现象。如有影响力的园长、幼儿园的突发事件、一所乡村幼儿园、幼儿攻击性行为产生的条件、乡村幼儿教师流失现象。案例选择的标准与研究的对象和研究要回答的问题有关，它确定了什么样的属性能为案例研究带来有意义的数据。

其次，确定案例类型。案例研究可以是单案例研究或多案例研究。在案例研究中，案例是主要的分析单位，同时，也可以在主要的案例中嵌入一些"子案例"，形成 2×2 矩阵中的四种不同类型的案例研究设计，如图6-2所示。[1] 单案例研究可以用于确认或挑战一个理论，也可以用于提出一个独特的或极端的案例，选取的案例要有代表性和典型性。多案例设计通常比单案例设计更难实施，但会给研究结论提供更多信心。一个普通的多案例设计可能需要两个或两个以上案例。正如凯瑟琳·艾森哈特所言，不存在理想的多案例数目，一般4~10个案例通常效果不错。这些案例的有目的的测试产生可被复现的相同结果的条件。因而多案例的选择遵从的是复制法则，而不是抽样法则。另外，多案例还能包括有目的的对比案例，即差别复制。在一个案例中合理地安排6~10个案例，其中2~3个案例是逐项复制，4~6个案例是差别复制。如果所有的案例都与事先提出的理论假设符合，那么6~10个案例就很有说服力地证明了最初提出的理论假设。例如，研究者提出假设，亲子阅读能够提升儿童的阅读分数。逐项复制的几个案例也都验证了这一假设。相反，没有亲子阅读的儿童的案例属于差别复制，他们的阅读分数并没有提高。由此多项案例

---

① ［美］罗伯特·K. 殷：《案例研究方法的应用》，9页，重庆，重庆大学出版社，2014。

都证明亲子阅读能够提升儿童的阅读分数。多案例研究的特点在于它包括了两个分析阶段——案例内分析和跨案例分析。前者是把每一个案例看成独立的整体进行全面的分析，后者是在前者的基础上对所有的案例进行统一的抽象和归纳，进而得出更精辟的描述和更有力的解释。

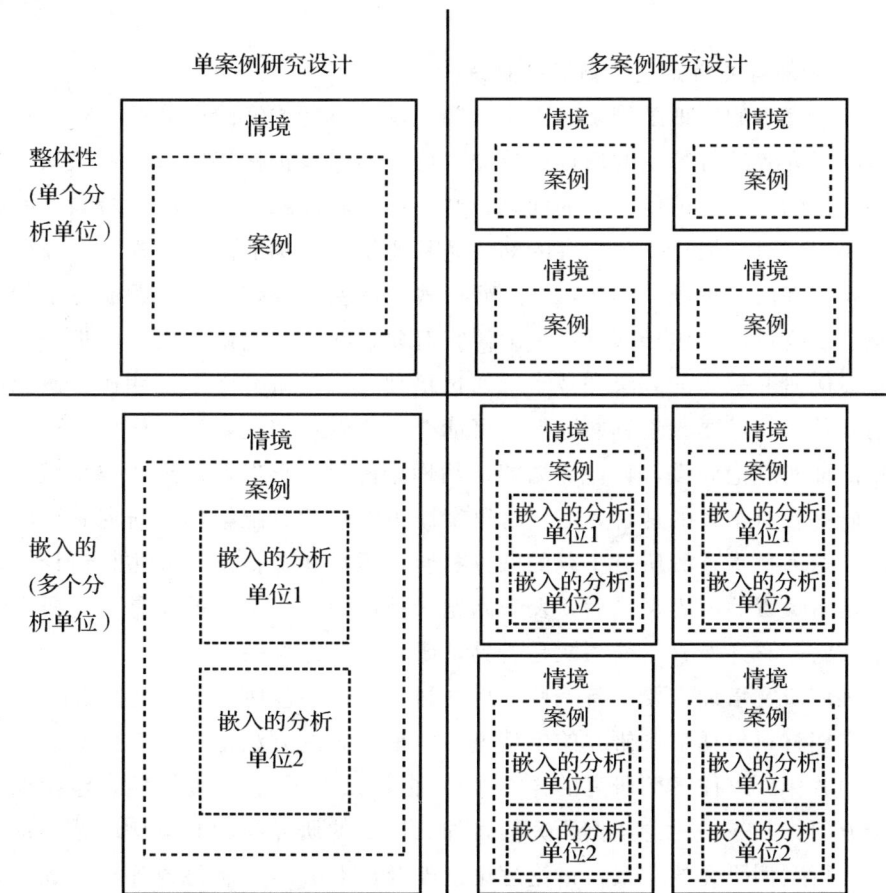

图 6-2　案例研究设计的基本类型

(三)收集案例资料的准备

1. 对实施案例的研究者进行培训

使其明确案例研究的基本规范，掌握具备实施案例研究所必需的理想技能。研究者需要具备以下研究技能。

①提出好的问题并对答案进行解释。

②做一个好的倾听者，不会被自己的思维方式和先入之见束缚。

③具有适应性、弹性，即随机应变能力。

④时刻牢牢抓住研究问题的本质。剔除无关信息，缩小研究范围。

⑤对研究的问题不心存偏见，即使是具有理论根据的既定看法也要摒除。

2. 参加有关特定案例研究的训练

对研究者的培训工作要在界定问题、设计研究方案阶段开始。对于收集资料的研究者进行特定的培训。首先，培训如何保护被研究者。要告知参与案例研究的人，并征得他们的同意；避免伤害和欺瞒行为，保护参与者的隐私和秘密；对于极易受到伤害的幼儿尤其要做好特别的防范工作；研究前要获得相关部门的批准。其次，开展研讨式的案例研究培训。专题研讨培训贯穿整个研究过程，包括阅读、了解研究对象，熟悉案例研究设计的理论问题以及案例研究采用的方法和技术。通过培训，每个研究者都要明确：研究的目的是什么；需要收集哪些证据；可能会出现哪些变动，该怎样应对；哪些证据能证实理论假设，哪些证据能证伪理论假设。再次，制定研究草案。为加深研究者对草案的理解，需要将草案涵盖的主题分配给每个研究者或团队成员；每人负责查阅所分主题的阅读材料，添加相关信息，并主持讨论，阐释清楚所负责的内容。最后，发现问题。培训的另一个目的就是发现研究设计中的问题，并考察研究团队是否具备研究的能力水平。

案例研究培训需要准备一些文档材料，它主要包括三个专题的培训。

文档材料包括案例研究的申请书、实地调查的方法论、该案例研究内容相关的著作、以往案例研究的样本材料(报告或出版物)。专题培训包括如下三个方面：其一，讨论案例研究的目的、主要的研究问题和案例的选择；其二，评析案例研究的草案，讨论理论框架及已有文献，制订或评估研究的逻辑模式，深入讨论草案的主题，预计案例研究的报告包含哪些主题；其三，审议研究方法，主要包括安排调查的地点、实地调查的程序、运用证据、记笔记、后续活动、项目日程安排。

3. 制定案例研究的草案

一般来说，案例研究的草案包括如下几项内容。

①对案例研究项目进行审查评估。项目研究的目的及前景，要研究的问题及相关研究成果等。

②实地调查的程序。调查时用的介绍信，接近访谈对象的方法，证据的主要来源，要遵守的程序。

③需要研究的问题。必须牢记的特定问题，资料的呈现方式，证据的来源渠道。

④指导撰写研究报告。研究报告的大纲，证据、资料的呈现形式，其他记录材料的使用和呈现，研究者的简介等。

以一个幼儿园双语教学改革的研究为例，研究草案从以下几个方面拟定。

一、介绍所要进行的案例研究及案例研究草案的目的

（一）研究的问题、理论假设及中心论点

（二）案例研究的理论框架（逻辑模式）

（三）案例研究草案对于研究者的指导作用（表明标准程序）

二、说明资料收集程序

（一）需要参观访问的地点，包括相关人员

（二）资料收集计划，包括日期安排，每个访问点花费的时间、精力等

（三）参观访问之前需要进行的准备工作，包括相关研究的文献资料

三、起草案例研究报告的大纲

（一）目前正在实施的双语教学措施

（二）双语教学措施的创新之处

（三）到目前为止双语教学措施的效果

（四）与双语教学措施相关的教学环境及背景

（五）附录（访谈记录表、研究的逻辑模式、相关文献、受访人员列表）

四、阐述案例研究的问题

（一）当前的双语教学措施及其创新之处

1. 详细描述当前双语教学措施及其性质、当地政府的补助。

2. 为了实施双语教学，幼儿园采取了哪些措施，共同付出了哪些努力。

3. 当前的双语教学理念是如何形成的。

4. 当前的双语教学实践是否经过周密的计划，它的进展情况如何，这一实践最初是针对一个班级、一个年级还是全体幼儿，其最初的目的是什么。

---

5. 在当地政府的资助结束后，这一政策实践的后续情况怎么样。

（二）对双语教学措施的评估

1. 评价双语教学实践的方案是什么，由谁进行评估。

2. 曾经执行过什么评估活动。

3. 采用了什么样的效果评估方法，到目前为止得出了什么结论。

4. 在解释双语教学措施的实施效果与当地政府资助之间的关系方面，曾经进行过哪些探索，得出何种结论。

4. 筛选研究的案例

筛选案例的目的是确保在进行资料收集之前，能确定合适的案例。案例的筛选不要仅仅为了研究资料的便捷，找一些最方便、最容易获得资料的案例，而是要寻找能够提供有力的、实质性的证据的案例。在进行筛选之前，需要制定一套具有可操作性的标准，以区分哪些适合作为研究对象的可能案例。可以到相关教育部门和网站搜集备选案例总体特征的各项材料，拿到材料之后，根据标准进行筛选。案例的筛选具有两个限制，一是只能选取一小部分案例作为最终的研究对象，以便对每一个个案都能做详细的考察；二是研究要适应国家的政策。选取最终的案例时需要采用复现逻辑。复现逻辑有三个标准：其一，每个案例的结果都要有典型性；其二，案例反映研究的政策取向；其三，这些案例涵盖不同的地理区域，尤其是不同经济条件下的案例。①

那么具体如何筛选案例呢？将案例的筛选过程作为一项正式的调查来开展。通过实地接触大量个人，参考可利用的记录和文档来启动筛选过程。例如，选取攻击性幼儿的个案，通过实地观察、班级记录和幼儿教师反馈确定符合案例筛选标准的 65 个被选者名单，然后通过书信和电话两种形式与被访者家长联系，通过长达 45 分钟的结构式访谈获得 46 个被选者的信息。接着又通过征求教师、家长和幼儿的意愿，最终有 20 个被选者被确定为研究个案。

5. 实施一个试验性的案例研究

试验性案例研究具有非常重要的作用，能够在资料收集的程序和内容方面提供宝贵的经验，研究者可以据此修正收集资料的方案。一般来说，选择试验性研究案例的标准为便利性、可接近性和地理上的相近。选择试验的受

---

① ［美］罗伯特·K. 殷：《案例研究方法的应用》，40～41 页，重庆，重庆大学出版社，2014。

访者可以是因为对方友好、平易近人；可以出于受访地点与研究者所处的地理位置非常接近，便于实施研究；可以由于该案例能提供大量的资料；还可能源自案例比较复杂，能够在试验过程中暴露实际研究中可能存在的所有问题；还可能是因为研究小组与这些案例有过私人接触，便于开展研究。试验研究使研究者能够从不同角度、采用不同的方法观察试验对象的各个方面，了解可能出现的各种现象，及时调整收集资料的方案。试验性研究报告必须表明研究设计与实际研究程序之间存在哪些不协调之处，以免于开展正式研究时此类情况再次出现。

(四)证据收集

案例研究要收集的是研究对象的真实事件和行为方面的直接证据。案例研究的证据来源包括六种，研究者可以任意组合使用，这取决于哪些对案例研究有用，哪些与案例研究相关。

1. 文 件

对于案例研究而言，文件的重要作用是证实通过其他来源获取的资料的真实性。在实地采访期间，应到相关机构收集研究相关的文件资料，这些文件资料包括：信件、备忘录、公报，议事日程、布告、会议记录和其他书面报道，管理文件、研究报告与评价报告，大众媒体与通信报纸中的简报和其他文章。文件并不是绝对可信的，需要研究者通过敏锐的判断，准确地、批判性地解释资料的含义。通过网络可以检索到大量的信息材料，但容易浪费时间，需要研究者有强烈的问题意识，有效辨别相关信息。

2. 档案记录

许多案例研究会使用档案记录作为分析材料，档案资料即现有的媒介存储的信息，如电子档案、图书馆和纸质档案。电视、报纸和大众媒体，是一种媒介类型，机构所保存的记录是另一种证据类型。档案数据可以是定量的、定性的，或者二者结合的。档案记录通常以计算机文档与记录的形式出现，包括公共事业档案、服务记录、组织记录、地图与图表、调查资料。档案记录同样也不是完全可信的，需要研究者加以辨别。例如，笔者在一所乡村幼儿园调研中发现，在乡村幼儿园教师流动记录中，并没有记录一些民办教师的流动，而事实上却存在。

3. 访 谈

访谈是案例研究最重要的信息来源之一，也是案例研究不可或缺的信息来源。访谈不是结构固定的问与答，而是只有大致话题方向的交谈，研究者可以沿着自己研究设计中的线索发问，但一定要注意提问不要带任何偏见，以获得所需要的信息。并且以对方接受的方式提出问题，解除对方的防卫心理。例如，"为什么"的问题容易引起访谈对象的戒备，他们倾向于回答"怎么样"的问题，同样也可以得到"为什么"的答案，以达到"友好""没有威胁性"的提问效果。访谈可以采用多种形式。

第一种访谈是深度访谈（in-depth interview），访谈中研究者可以向主要访谈对象提出有关某些事件的事实性与观点性问题。这里的技巧是使访谈对象变成"信息提供者"，而不是"受访者"，他们向案例研究者提供的不仅是关于研究问题的见解，还提供资料来源，帮助研究者找到相关资料。主要的"信息提供者"对案例研究的成败至关重要，当然也不可以对其过分依赖，以免产生人际影响性因素。

第二种访谈是焦点访谈（focused interview），一种在一段短时间内访谈一位回答者的方式。这一类访谈的主要目的是证实已经确定的一些事实，因此不要再问宽泛的、开放性的问题。提问措辞要严谨，并表现出对这个问题一无所知，这样有利于受访者做出独到的评论。如果研究者给一些引导，反而会适得其反，达不到证实的目的。如果多数访谈对象给出的答案基本相似，要防备他们是否已经"串通一气"，这时还要向不同见解的人询问，来检测事件的真实性。假若有的访谈对象没有发表任何观点，研究者要如实记录。

第三种访谈是正式的调查式访谈，所提的问题有一定的结构、规范，遵循正式调查方案中的思路。这类调查可以设计成案例研究的一部分，得出的量化资料作为案例研究的部分资料。如对某省公办幼儿园教材使用情况的调查访谈。

第四种访谈是开放式访谈，也称为"非结构性"访谈。结构化程度低，可以比喻成一个漫长的对话模式。这种灵活的开放式访谈可以揭示案例研究的参与者如何构建现实，解释和思考现状。例如，笔者对一所乡村幼儿教师的访谈便是这种类型，通过无数次的生活中的漫谈，总结出了乡村幼儿教师的生存困境。

总体来看，访谈是案例研究资料的一个重要来源，但是访谈对象口中的事实未必发自真心，还需要有效辨别，并和其他渠道的资料结合起来使用。

4. 直接观察

研究者实地拜访案例研究的场所进行现场观察，这些观察可以聚焦于人的行动、物理环境或现实情境的事件。收集数据的常规方式，需要调动自己的感官，做现场记录，并基于观察形成陈述。陈述的时候研究者要注意：自己是否尽可能保持中立，并尊重事实；是否代表参与者的观点；是否代表自己的解释。必须澄清三者的界限。正式的观察记录要进行编码、分级，形成观察证据。随意的观察可以捕捉某些重要信息。为了提高观察资料的信度，可以安排多个研究者进行观察。

5. 参与性观察

参与性观察是观察的一种特殊形式，此时研究者不只是一位被动的观察者，而是真正参与正在研究的事件之中，担当不同的角色。例如，观察幼儿的用餐行为时，研究者承担教师助手的角色，和教师一起为幼儿分饭，协助教师合理安排用餐时间。参与性观察使研究者有能力深入某些事情的细节和某些群体内部，作为局内人进行观察。此外，参与性观察也会耗费大量精力，可能会影响观察活动效果。选择参与性观察时要权衡利弊。

6. 实物证据

包括物理或文化的人工制品——工具或仪器、技术装置、艺术品以及其他的实物证据。

7. 资料的收集原则

（1）使用多种证据来源

构成证据三角（triangulation）相互印证，增强说服力。巴顿（Patton）指出，证据三角形主要包括不同的证据来源（资料三角形）、不同的评估员（研究者三角形）、同一资料集合的不同维度（理论三角形）、各种不同方法（方法论的三角形）。以资料三角形为例，如图6-3所示。证据三角形有效解决了建构效度的问题。

（2）建立案例研究资料库

每个案例研究课题都应建立符合规范的、直观易懂的资料库，这样可以极

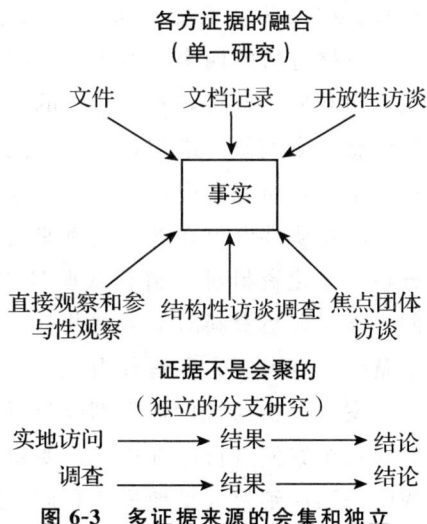

图 6-3　多证据来源的会集和独立

大地增强整个案例研究的信度。此外，其他的研究者也可以直接使用这些资料，不再局限于使用书面的研究报告。资料库包括：根据主题划分的案例研究记录、经过整理带目录索引的案例研究文件、保存在电脑中的图表材料、用注脚和注释加以解释的案例描述。

（3）形成完整的证据链

从案例研究的一个部分转移到另一部分，方法论步骤与支持结论的证据之间具有明确的相互关系。这就是完整的"证据链"，如图 6-4 所示。

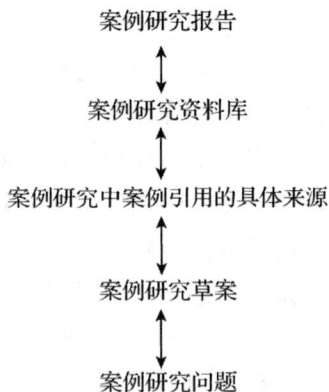

案例研究报告
↕
案例研究资料库
↕
案例研究中案例引用的具体来源
↕
案例研究草案
↕
案例研究问题

图 6-4　形成完整的证据链

（五）证据分析

证据分析一直是案例研究发展最为缓慢和最难掌握的一个环节。案例研究有多种形式，但没有一种形式是遵从其他研究方法的常用形式。证据分析包括检视、分类、列表或用其他方法重组证据，以探寻研究初始的命题。计算机辅助的质性资料分析软件可以按照研究者的指示编码和分类笔记或记录，支持大量的叙事文本分析。与统计分析不同的是，所有案例研究都要讲述一个故事，它是由真实材料构成的。质性分析软件只是输出了分析结果，要想全面、精彩地解释和描述案例，研究者还要在计算机辅助分析的基础上，再做许多思考和分析，开发出特有的分析策略，了解要分析什么以及为什么要分析的优先等级顺序。

证据分析的四个基本策略是以理论假设为基础，进行案例描述，结合量化资料和质性资料，检验对立的竞争性解释。其一，理论假设有助于研究者组织整个案例研究进程，提出可能的解释并对其进行检验。其二，在进行资料收集前，研究者应该有初步的描述性框架，根据框架进行案例描述。其三，维持质性资料在整个案例研究中的中心地位，同时辅以量化资料做统计分析，量化资料对于解释或验证案例研究的核心论点起着重要的作用。其四，如果分析资料时能考虑并一一验证、排除竞争性假设，那么所得出的结论就会更有说服力和解释力。

案例分析通常包括案例内分析和跨案例分析两种模式。案例内分析就是针对每个案例进行详细描述，要将每个案例看成独立的个体，可以根据主题或时间顺序细致入微地描述它们。跨案例分析的关键是从多种不同的途径来分析数据。第一种方法是选定一些类别或者维度，然后寻找组内的相似点和组间的不同点。第二种方法是将案例配对，列出每对案例之间的相似点和不同点。第三种方法是按照数据来源将数据分类，如观察数据、访谈数据和问卷调查数据[①]。

迈尔斯(Miles)和休伯曼(Huberman)提出了资料分析处理的技巧。

①把信息整理成不同序列。

②构造一个类别矩阵，把资料归到不同的类别中。

③确定资料的呈现方式以检验资料，如流程图和其他图标。

④编制不同事件出现的频率图。

⑤计算二级资料之间的复杂关系，如均值、方差、检验图和不同图之间的关系。

⑥按照时间先后或其他顺序对信息资料进行排序。

(六)报告撰写

案例研究报告要以读者需求为导向，潜在的读者可能包括：学术界同行、政策制定者、相关专业人士、论文评审者、研究项目的资助者。因此，研究者需要合理安排写作结构，并遵循一定的程序，让参与者和熟悉这个领域的人审阅报告。案例研究报告大概有以下几种写作结构。

1. 线性分析式结构

这是撰写研究报告的标准结构。基本做法是，首先，以相关文献的综述开头，按照研究的问题或项目的顺序确定子题目顺序；其次，概述使用的研究方法；再次，阐述从收集和分析的资料中得出了什么成果；最后，明确成果的结论和意义。

2. 比较式结构

运用不同的理论模型对同一案例进行陈述，比较相同案例的不同陈述和解释，从而证实哪个模式比较恰当。

3. 时间顺序结构

案例研究通常都包含具有时间跨度的事件。因此，可以依据时间顺序陈述案例研究的例证。章节可以按照案例发生早期、中期和末期的时间顺序来

---

① 李平、曹仰锋：《案例研究方法：理论与范例》，37页，北京，北京大学出版社，2012。

安排。

4. 理论建构式结构

章节的顺序依照理论建构的逻辑来安排。每一章节取决于特定题目或理论，并揭示出理论论证的新颖部分。

5. 悬念式结构

这一结构与线性分析式结构恰好相反。案例研究的结果在开头的章节陈述。剩下的部分则用来解释结构的形成过程，以及后面章节中采用的各种解释方法。

案例研究成果的表述形式具有很大程度的灵活性，并不存在标准或统一的报告格式。但在社会科学研究领域，常常会使用与案例研究过程相匹配的格式，从而将案例研究报告分为相对独立的几个部分：背景描述，特定问题、现象的描述和分析，分析与讨论，小结与建议。

二、案例研究过程中的传统偏见及应对策略

案例研究过程中的传统偏见包括四个方面：案例研究方法缺少严密性；案例研究不能提供科学归纳的基础；案例研究需要投入太多精力、时间，研究结论也略显冗繁；案例研究不能直接解决问题。

针对案例研究过程中的偏见问题可采取如下应对策略。首先，如果研究者严格按照案例研究的步骤开展研究，就会发现案例研究是一项相当严密的研究；其次，通过单案例深度剖析和多案例对比分析，案例研究同样可以相互印证，有效地建构新的理论；再次，在研究某些课题时，研究者仅凭电话和互联网就能完成一个高质量、可信度高的案例研究，并避免传统的、冗长的叙述方法；最后，案例研究以自身独特的方式建构新的理论，同时可以提供重要的证据以补充实验研究，能够有效地解释某些现象。

同时，可以用适用于建构效度、内在效度、外在效度、信度检验的案例研究策略来提升案例研究的信度和效度，如表6-1所示。

表 6-1　适用于四种检验的案例研究策略

检验	案例研究策略	发生的阶段
建构效度	采用多源的证据来源	证据收集
	形成证据链	证据收集
	要求证据的主要提供者对案例报告草案进行核实	报告撰写
内在效度	进行模式匹配	证据分析
	尝试进行某种解释	证据分析
	分析与之相对立的竞争性解释	证据分析
	使用逻辑模型	证据分析
外在效度	用理论指导单案例研究	案例设计
	通过重复、复制的方法进行多案例研究	案例设计
信度	采用案例研究草案	证据收集
	建立案例研究资料库	证据收集

本章小·结

　　案例研究是综合运用质化和量化多种数据收集方法，对一个或多个案例进行实证的描述与系统的分析，检验现有理论并建构新理论的过程。

　　案例研究的特点主要有：问题的明确性与案例的价值性，过程的延展性与结果的描述性，方法的多元性与分析的严谨性。根据不同的划分标准，案例研究可以划分出不同的类型。可以根据研究任务、选择案例数量、数据收集和分析方法的不同来划分不同的类型。

　　案例研究是一个线性的、反复的过程，具体包括如下步骤：计划、案例设计、收集案例资料的准备、证据收集、证据分析、报告撰写。针对案例研究过程中的传统偏见，需要发现案例研究的优势并找到应对偏见的策略。

关键术语

　　案例研究；质性研究；个案研究；单案例研究；多案例研究；案例设计；分析单位；案例选择；制定草案；焦点访谈；证据分析；案例研究报告

思考题

1. 国内外关于案例研究的定义在什么方面存在分歧？

2. 什么是案例研究？

3. 案例研究的特点是什么？

4. 案例研究的适用情况有哪几种？

5. 案例研究有几种划分标准？在不同的划分标准下案例研究都有哪些类型？

6. 案例研究的过程是什么？

7. 案例设计包括哪几个方面？

8. 案例研究的证据来源有哪几种？

9. 案例研究资料的收集应遵循什么原则？

10. 案例研究的优点和不足分别是什么？

建议的活动

1. 查阅期刊论文资料，找出应用案例研究方法进行研究的相关文章，学习案例研究的操作方法和注意事项等方面，并分析、评价其使用的情况。

2. 结合本章所学内容，亲自尝试实践案例研究方法。

拓展阅读

1. 徐慧等：《幼儿园教育案例研究指导》，北京，北京师范大学出版社，2012。该书揭示了案例研究的发展特点和规律，阐述了幼儿教师进行案例研究的价值和意义，通过阅读此书可以掌握幼儿园开展教育案例研究的指导要点，掌握一定的案例研究方法，学会撰写幼儿教育案例，提高开展幼儿园教育案例研究的自觉性，本书是广大幼教工作者进行教育案例研究的重要参考用书。

2. 陈大伟：《教育案例写作与研究》，北京，教育科学出版社，2012。该书通过对 40 多个典型教育案例的详细解读和深入讨论，系统地介绍了教育案例写作与研究的方法。并且呈现了处理一些教育问题的思路。本书适合于中小学教师的阅读与培训，也可用做师范生的教材。

第七章　行动研究

学习目标

1. 了解行动研究的产生及发展历程。
2. 了解教育行动研究的概念。
3. 了解行动研究的特征。
4. 了解行动研究的不同类型。
5. 掌握行动研究的环节及步骤。
6. 掌握行动研究的实施原则。

导 读

　　教育行动研究是在教育研究中备受教育工作者关注的研究领域。行动研究方法受到一线幼儿园教师的喜爱，并且被大规模地应用。行动研究为帮助幼教工作者解决教育实践中的问题提供了很大帮助，对于研究型教师的培养更具意义。本章将介绍行动研究的产生及发展历程，以及相关的理论知识和实践技巧，以期为广大幼教工作者夯实行动研究的理论知识基础，并且培养行动研究的精湛的实际操作能力。

第一节 概 述

行动研究产生于西方 20 世纪 40 年代，起源于社会心理学、组织科学、自然科学和社会规划等学科，经历了从理性的社会管理到反实证的方法，再到社会变革的历程。20 世纪 50 年代，在斯蒂芬·科利（Stephen Corey）等人的倡导下，行动研究进入美国教育研究领域。20 世纪 70 年代，行动研究在西方社会再度复兴，特别是在教育领域，90 年代以来，研究者越来越意识到实证研究不能解释问题的深层原因，不能解决社会问题，而行动研究可以提供一些可行的变革社会的途径，因此越来越受到研究者的重视。[①] 20 世纪 80 年代，行动研究被引入我国，在我国经历了三个发展阶段：译介引入阶段、发展推广阶段、多样化发展与应用阶段。[②] 近年来，行动研究越来越受到国内外教育研究者的青睐。

《国际教育百科全书》指出，行动研究是由社会情景（教育情景）的参与者，为提高对所从事的社会或教育实践的理性认识、为加深对实践活动及其依赖的背景的理解所进行的反思研究。作为一种研究范式，行动研究被归为社会科学研究的"第三条道路"，即以实践认识论为基础，以社会改进为目的，是"实践者为提高新的行动效果而对其进行的系统性的研究"[③]。教育行动研究以探究和解决教育实践问题为宗旨，以相关理论为基础，为解决某一教育实际问题，研究者在一定的教育理论指导下，密切结合实际，运用多种方法，并在实践中灵活地调整研究策略，以探索解决问题的有效途径。[④] 教育行动研究是联结教育理论和教育实践的桥梁。行动研究的基本特征是为

---

① 张俊英：《大学英语多维互动教学模式行动研究》，博士学位论文，上海外国语大学，2010。

② 吕晓娟、王嘉毅：《教育行动研究的历史发展与中国化历程》，载《当代教育与文化》，2009(6)。

③ ［美］乔伊斯·P. 高尔等：《教育研究方法实用指南》，466 页，北京，北京大学出版社，2007。

④ 吕晓娟、王嘉毅：《教育行动研究的历史发展与中国化历程》，载《当代教育与文化》，2009(6)。

"行动"而研究,在"行动"中做研究,对"行动"进行研究。① 行动研究的根本目的是解决现实中的问题,行动研究的关键是和教师一起形成行动策略,行动研究的核心是行动,要做好行动研究,研究者必须和教师密切合作,研究者在现实情境中和教师一起发现问题、一起讨论解决策略、一起开展行动,并研究行动。

教育行动研究是研究人员与教育实践工作者针对实际的教育活动或教育实践中的问题,提出改进的方案和计划,用以指导教育活动或教育实践,同时依据实施过程中产生的新问题,进一步修正、充实和完善计划与方案,不断提出新的改进策略。一方面以研究指导行动,以方案为指南;另一方面,行动引导研究,促进研究的进展,两者相互促进,循环反复。研究的过程是教师不断反思自我,积极建构理论的过程。

第二节　行动研究的特征及类型

一、行动研究的特征

(一)为行动而研究:以解决问题、改进实践为目的

行动研究以教育实践中出现的问题作为研究对象(研究课题),并将活动方案和改进策略作为变量,在教育实践中实施并检验。所以研究的过程就是解决问题的过程,研究的结果就是问题的初步解决方案。行动研究以提高行动的质量、改进实际工作和解决现实问题为首要目标。改进现有的工作是行动研究的主要功能,它既能解决教学实践中幼儿学习和游戏的问题,也能提高幼儿教师的质量和研究水平。

(二)在行动中研究:研究环境的现场性

行动研究的策略是走出人为的实验室,在真实的教育现场"边行动边研究",在行动中发现问题、研究问题,并根据行动的实际情况随时调整计划,

① 陶保平:《学前教育科研方法》,232 页,上海,华东师范大学出版社,2009。

完善行动，在良性的状态中解决问题。

(三)对行动进行研究：行动者既是研究者又是行动应用者

在行动研究中，研究人员主要是从事一线工作的教师，他们是开展行动研究的主体。这是因为只有教师最清楚教育实践中亟待解决的问题，而教育问题的解决以及研究成果的推广应用，更需要教师来操作。行动者既是研究者又是行动应用者，这种双重角色的研究能够把研究工作与实际教学工作紧密结合起来，使教师成为研究者，并能有效改进教学质量。

二、行动研究的类型

澳大利亚教育家凯米斯(Kemmis)借鉴了哈贝马斯(Habermas)关于"知识构建兴趣"的分类，把行动研究划分为"技术性行动研究""实践性行动研究"和"解放性行动研究"三类。①

(一)技术性行动研究

技术性行动研究是指教师通过研究者提出的理念或假设，按照研究者提供的技术程序开展的行动研究。它是通过研究者这个外力对行动开展的研究，研究者处于研究的中心，教师处于被动地位，不是通过对自己实践的理解、反思来认识实践的合理性，研究者与教师在技术性行动研究中的关系是设计—实施的关系，不是真正的结合。

(二)实践性行动研究

实践性行动研究是指研究者引导教师在教学实践中发现问题，拟定行动计划，反思结果和价值的研究。在实践性行动研究中，研究者帮助教师表述、形成自己的问题，教师与研究者一起工作，研究者辅导教师不断进行反思与研究，研究者与教师是合作的伙伴关系。

(三)解放性行动研究

解放性行动研究是指教师既是研究者又是实践者，承担着两种角色，而且研究者的角色更为重要，是教师真正自己做的研究。

---

① 欧群慧：《对一位研究型教师成长的追索》，见陈向明：《在行动中学作质的研究》，15页，北京，教育科学出版社，2003。

在教育研究领域，我们通常应用的是"实践性行动研究"和"解放性行动研究"。

第三节 行动研究的环节及步骤

一、行动研究的环节

国内外许多学者对行动研究的环节和步骤进行过研究。根据凯米斯的划分，行动研究主要包括计划、行动、考察、反思四个循环渐进的环节[①]。

(一)计 划

以大量的事实发现和调查研究为前提，从解决问题的需要和设想出发，设想各种有关的知识、理论、方法、技术、条件及其综合，以便使行动研究者加深对问题的认识，掌握解决问题的策略。计划包括研究的总体计划和每一个具体的行动步骤。例如，笔者在开展少数民族学前双语教育行动研究前，针对少数民族地区学前双语教育存在的问题进行了大量的前期调查，发现了少数民族地区学前双语教育存在的主要问题：没有双语的语言环境，双语师资匮乏，双语课程资源缺乏，双语教育教学方法欠佳等。针对以上问题，结合当前国内外学前双语教育理论、儿童第二语言学习理论、浸入式教学模式，综合利用各种条件形成了少数民族学前双语教育优化行动计划。

(二)行 动

按照目的实施计划。行动应该是灵活的、能动的，包含行动者的认识和决策。研究者在行动的过程中应该逐步加深对特定情境的认识，可以邀请其他研究者和参与者参与监督和评议。在行动过程中，计划可以是灵活的，行动的过程会出现很多突发的问题。例如，笔者要求优秀的教师要做示范课，以引领全园教师正确认识行动计划，提升学前双语教育质量，但是由于遭到

---

① 陈向明：《质的研究方法与社会科学研究》，455 页，北京，教育科学出版社，2000。

该园教师反对，不愿意做公开课，为了争取教师最大程度的配合和合作，只能取消这个计划，因为行动研究中，教师的合作是至关重要的。

（三）考　察

对行动的过程、结果、背景和行动者特点进行考察。考察没有特定的程序和技术，鼓励使用各种有效的手段和方法。考察是对策略实施的效果进行观察、记录与评估。例如，笔者在开展行动研究的过程中，对幼儿的双语语言发展能力进行了前后期测试和日常生活中的不定期考察；对教师的教育教学技巧进行了跟踪追查，不断促进幼儿教师改变教学策略；对家长和教师进行了访谈，不断争取家长和教师对行动计划的支持，从而搜集了大量的文件材料。因此，考察的过程也是提升行动策略和计划的过程，考察的目的是为了提升。

（四）反　思

对观察到的和感受到的与制订和实施计划有关的各种现象进行归纳，描述出本研究的过程和结果，对过程和结果做出判断，对现象和原因做出分析解释，指出计划与结果之间的不一致性，形成基本设想、总体计划和下一步行动的计划。研究者在行动过程中会不断发现问题，和教师一起分析原因，商量策略，不断改进计划，反思贯穿于整个行动研究过程中。最后，总结存在的问题，提出进一步研究的展望。

二、行动研究的步骤

根据乔伊斯・P. 高尔（Joyce P. Gall）、M. D. 高尔（M. D. Gall）、沃尔特・R. 博格（Walter R. Borg）提出行动研究模式的七个步骤[①]，可归纳为以下六大步骤。

（一）确定问题

对教育教学中亟待解决的问题进行诊断，提出行动改变的初步设想。研究者或教育工作者通过对实际教育教学的观察和思考，发现存在的问题，确

---

① ［美］乔伊斯・P. 高尔等：《教育研究方法实用指南》，469 页，北京，北京大学出版社，2007。

定研究问题。如农村学前教育"小学化"问题、幼儿对于规则的理解与执行力问题。

（二）进行研究设计

根据实际情况，初步拟定切实可行的研究计划，包括计划的标题、目的、假设、对象、方法、步骤和成果等。计划是灵活和开放的，要允许不断地修正计划，把各种可能出现的情况和影响因素都纳入计划。

（三）选择研究参与者

行动研究需要一线教师的积极参与和密切配合，最佳的状态是一线教师自己成为研究者或合作者。如果研究能够得到园所领导、家长和幼儿及其他社会相关人员的配合，将会取得更好的效果。

（四）收集与分析数据

通过观察法、调查法（问卷和访谈）和测验法等研究方法广泛收集资料，及时了解研究的进展情况。对观察、调查和测验收集来的数据进行系统的分析。

（五）解释与应用研究结果

对数据分析形成的结论进行理论上的解释，并将研究结果进一步反思与应用。

（六）报告研究结果

完成一轮行动研究的循环后，写出研究过程及结果，形成研究报告或科研论文。

第四节　行动研究的实施原则

一、行动原则

行动研究就是不断行动的过程，要从行动中发现问题、研究问题、解决问题。要在一系列的实践行动中，逐渐提高教育教学水平，逐渐改善原有状况。

二、合作原则

行动研究开展的过程，需要研究人员和实施者及相关人员的相互合作。只有研究者和实施者之间的通力合作、不断协商以及改进行动计划和方案，才能使行动研究过程顺利开展。家长、幼儿及社会相关人员都可以成为合作研究的对象。

三、弹性原则

行动研究的计划和方案是弹性的，可以随着实际情况的变化而加以调整。在行动研究中要根据实际情况和面临的具体问题改变和调整行动策略，行动研究就是一个不断完善、不断改进、循环反复的过程。

四、检验与反思原则

行动研究要利用多种方法与工具，不断检验行动效果，收集情况改善的证据，测量研究对象发展的程度。在检验过程中，不断反思行动研究中的优缺点，并总结经验教训。

五、持续性原则

行动研究的本质是在行动中发现问题，并不断改进的过程。因此可以说，行动研究是没有终点，需要持续开展，在实践中不断总结和反思，提升教育质量的过程。

本章·小·结

教育行动研究是研究人员与教育实践工作者针对实际的教育活动或教育实践中的问题，提出改进的方案和计划，用以指导教育活动或教育实践，同时依据实施过程中产生的新问题，进一步修正、充实和完善计划与方案，不断提出新的改进策略。行动研究的特征主要有：以解决问题、改进实践为目的，研究环境的现场性，行动者既是研究者又是行动应用者。行动研究可以划分为技术性行动研究、实践性行动研究和解放性行动研究三类。行动研究主要包括计划、行动、考察、反思四个循环渐进的环节。并且可归纳为六大步骤：确定问题；进行研究设计；选择研究参与者；收集与分析数据；解释与应用研究结果；报告研究结果。行动研究实施时需要遵循的原则：行动、合作、弹性、检验与反思、持续性。

关键术语

行动研究；教育行动研究；为行动而研究；在行动中研究；对行动进行研究；技术性行动研究；实践性行动研究；解放性行动研究；考察；弹性；持续性

思考题

1. 行动研究的产生及发展历程是什么？

2. 行动研究的内涵是什么？

3. 教育行动研究的概念是什么？

4. 行动研究有什么特征？

5. 行动研究可以划分为几种类型？

6. 行动研究有哪些环节？

7. 行动研究的步骤是什么？

8. 实施行动研究时应遵循什么原则？

建议的活动

1. 查阅期刊论文资料，找出与行动研究相关的科研项目和文章，学习行动研究的操作方法和注意事项等方面，并扬长避短，借鉴他人的优点和长处。

2. 结合本章所学内容，尝试实施行动研究方法。

拓展阅读

1. ［美］玛丽·路易丝·霍莉等：《教师行动研究》，北京，中国人民大学出版社，2014。该书以资深教师和研究者的实践经验为基础，深入浅出地说明了行动研究的理论背景和基础，并结合许多案例，依照行动研究的逻辑顺序分析了行动研究问题的提出、方案的设计、数据的收集和整理、研究报告的撰写等各个方面的问题。本书是教会教师实施行动研究的首选。

2. 陈桂生：《到中小学去研究教育：教师行动研究的探求》，上海，华东师范大学出版社，2016。该书是作者与中小学教师合作进行"教育行动研究"经验的总结。本书探索了适合中国国情与试验学校情境的"教育行动研究"的路径，主要包括四类研究成果：中小学教师教育案例分析；带有改进教育行动试验性质的研究；带有实证调查性质的教育调查报告；对中小学教师教育经验的评论。本书对教师的行动研究实践的指导意义巨大。

3. 姚伟：《幼儿园教育评价的行动研究》，南京，南京师范大学出版社，2012。该书将理论与案例相结合，内容包括：幼儿发展评价概述；幼儿发展评价——观察法；幼儿发展评价——幼儿成长档案袋；幼儿发展评价——评价指标体系的建构等。本书对于广大幼教工作者的教育评价行动研究能力的提升有很大帮助。

第八章　教育叙事研究

1. 了解叙事研究及教育叙事研究的发展背景。
2. 了解教育叙事研究的内涵。
3. 了解教育叙事研究的特点。
4. 了解教育叙事研究的不同类型。
5. 了解教育叙事研究的内容。
6. 掌握教育叙事研究的实施过程。
7. 掌握教育叙事研究的写作原则。

导　读

　　叙事研究又称为"故事研究"，它主要采取讲故事的方式，重点是对故事材料及其背后隐含意义的研究。教育叙事研究以其"亲民"的特点，受到广大教师和教育研究人员的青睐。讲故事、做研究成为教育科学研究的一道亮丽风景。但是，尚有部分教师认为教育叙事研究应用起来有一定难度。本章将从理论到实践，介绍教育叙事研究的相关内容，以期为广大教师教育叙事研究的科研之路扫除障碍。

第一节　概　述

　　"叙事"是人类认识与理解世界的最基本方式，是按照时间先后顺序以讲故事的方式详细地叙述所发生的事件和行为。20世纪70年代，一方面受社会学和心理学对职业生活研究的交叉融合，由此产生了整合研究以推动职业研究发展，导致社会科学研究开始关注实践的叙事研究方式，并运用到了教师职业研究中，教师的职业叙事也以此为基础发展起来。另一方面由于人文社会科学研究领域中现代主义和结构主义提倡的向语言学转向、向解释学转向、向叙事研究转向的影响，教育叙事研究在西方教育领域内率先兴起。教育叙事研究在教育界引起我国研究者的关注是在20世纪90年代末。随着基础教育课程改革的推进，教育理论研究工作者和实践工作者都深刻感受到了先进的教育理念和滞后的教学实践之间的距离。为了真正地改变教师的日常教学，能促进实践中的教师深入反思的叙事研究成为有效的方法。

　　教育叙事研究是指研究者(一般是教师)以故事叙述的方式为手段，通过对丰富多彩的校园生活、有意义的教育教学事件、教育教学实践经验的发生发展，对现在的影响以及未来的期待的描述与诠释，挖掘并揭示内隐于这些事件、经验、生活和行为背后的教育信念、教育思想和教育理论，从而构建教育生活意义的一种质化研究方法。

　　教育叙事研究是一种平民化的话语研究方式。它的意义不在于定义教育是什么，或者教育应该怎么做，它是给读者呈现多个现实中发生的教育故事，让读者自己从中体验教育是什么或应该怎么做。要求教师以恰当的方式将自己面临的问题、解决的方式、甚至没有解决的疑惑等整个过程完整叙述出来。通过作者和读者的意义建构来实现它本身的意义和价值。

第二节 教育叙事研究的特点及类型

一、教育叙事研究的特点

(一)质的研究运用的一种表现形式

"质的研究是以研究者本人作为研究工具,在自然情境下采用多种资料收集方法对社会现象进行整体性探究,使用归纳法分析资料和形成理论,通过与研究对象互动对其行为和意义建构获得解释性理解的一种活动。"[①]教育叙事研究是质的研究运用的一种具体表现形式。"教育实践"是教师开展叙事研究的土壤,而"质的研究"是方法论。质的研究不仅改变教师的课堂生活,而且会改变教师的生存方式,极大地提升教师的教学及科研兴趣,从而获得更有意义的职业生活。叙事研究的实施是开放的行动研究。

(二)自觉的实践反思

叙事研究的意义不在于叙事,而在于反思,其实质是一种反思性研究。教师在叙事的过程中反思自己的教育思想和行为,在反思中提升原有的经验,深化对问题的认识,不断修正行动计划,挖掘事件或行为背后所隐含的思想、理念和意义。没有了反思,为叙事而叙事,叙事研究就会失去它的目的和意义,因此其根本特征在于反思。

(三)以归纳的思维方式叙述

叙事研究的教育信念、教育思想和教育理论是从具体的教育事件和情节中归纳出来的,也就是说,叙事研究获得教育思想或信念的方式是归纳的思维方式,而不是演绎的思维方式。

(四)由研究者描述和分析

研究者就是叙述和讲解故事的人,研究者可以是研究教师的人,也可以

---

① 陈向明:《质的研究方法与社会科学研究》,12 页,北京,教育科学出版社,2000。

是教师本人；研究者叙述的是教师身边真实发生的故事，故事的主线和研究者的分析交替出现，使所叙述之事通过研究者的解读和建构具有特殊的意义。在故事的叙述过程中，研究者可以"在场"，进行夹叙夹议，不仅对故事的过程进行描述，而且还对事件中包含的价值观、情感、心境以及涉及的伦理等问题进行分析和判断，展示出研究者的立场和理论视角；研究者也可以"隐身"，隐身的叙述则把听到的、看到的故事力求真实客观地再现出来，尽可能不夹杂研究者本人的判断，以使读者能凭借自己的"经验"对故事做出每个人独特的判断。

（五）以故事为载体，以叙述为途径

教育叙事研究叙述的就是教师身边的故事，是教师在日常生活、课堂教学、研究实践等活动中正在发生或曾经发生的事件。这些事件是真实的、情境性的，是丰富而又平凡的。其中可能包含着教师丰富的内心体验，蕴藏着教师细腻的情感变化，反映出教师潜在的缄默知识，预示着教师远大的理想追求……正因如此，这些生活故事对于教育事业具有道德示范的摄人心魄的力量，胜过任何说教，具有强大的感染力，具有人物性、情节性、真实性、可读性和感悟性等特征。

二、教育叙事研究的类型

根据研究者是否"在场"以及叙事内容的不同，教育叙事研究大致分为两类。

（一）行动研究的叙事

教师既是行动研究者，又是叙事者，以叙事的方式对自己的日常教学生活进行反思与总结。研究由教师自己实施，或者在研究者的指导下实施。

（二）教育人类学研究的叙事

研究者把教师作为观察和访谈的对象，研究内容包括教师日常教学生活中内隐或外显的想法、情感、态度和价值观念，以及教师所提供的文本材料（工作日志、教案等）。在这里，教师只是叙述者，由研究者来记录和解释对象，研究主要由研究者实施。

两种叙事研究相互关联、相互促进，不是截然分开的，教师本人在叙述

自己的教育生活时，本身就进入了自我建构的状态。一项研究既可以有教师自我行动研究的叙事，也可以有研究者教育人类学研究的叙事，从主客体多重角度建构教育事件的意义和价值。

第三节　教育叙事研究的内容及过程

一、教育叙事研究的内容

教育叙事研究主要研究教育生活中真实发生的事件，包括教师的教育思想、教育活动和教育对象（学生）。教育叙事研究主要包括以下内容。

(一)课堂教学

课堂教学是教育叙事研究的主要内容。课堂是教师教育工作和生活的主阵地，也是教师工作和研究的主要内容。对课堂生活的完整描述，比较集中体现了教师在日常工作和生活中面临的各种教育问题。课堂教学叙事是教师将课堂教学中发生的事件以故事的形式叙述出来，形成完整的案例。课堂教学叙事和以往教学案例的不同主要表现在两个方面：一方面，课堂教学叙事由教师本人叙述，带有教师强烈的个人情感和思想；另一方面，课堂教学叙事带有一定的情节。因此，更真实地反映了课堂的具体面貌，于细微之处给读者提供了分析事件可能产生的具体原因的多重视角。课堂教学叙事可以包括很多方面，课堂生活是丰富多彩的，也可以无限延伸，从不同的角度切入。如一节课的教学设计与实施、一节课中的某个环节或侧面、教学过程的特定阶段、教材内容的处理调整、教师的教学行为、学生的学习方式、课堂上的意外或突发事件等。还可以把课前、课中、课后作为一个完整的教学过程和研究对象，也可以有重点地研究其中的某一部分。公开课前集体研讨过程中的争议，或课后评课过程中的不同议论和评价，都是课堂教学叙事很有价值的研究内容。

(二)日常生活

教师的日常生活也是教育叙事研究的重要内容之一，日常生活叙事是指对教师课堂教学生活之外的生活事件的叙述。教师的课外生活事件能够从不同侧面、不同角度、不同层次反射出教师的成长轨迹、价值倾向以及专业发展趋向，都是有重要价值和意义的研究内容。例如，通过对一所乡村幼儿园教师的日常生活观察，发现教师对专业成长不抱任何信念，对乡村社会没有归属感，因此，大多数教师选择离开。教师的日常生活能够从细微处传达出教师的职业精神、专业信仰和追求。对日常生活的研究主要包括教师参加的社会实践活动、生活中典型的事件、业余生活中的师生互动以及经常接触的人物等。例如，通过对多名教师课余生活的观察发现，课余生活中经常和学生互动的教师，容易受到学生的喜爱和信任，形成亦师亦友关系的可能性更大。生活中对待某些事件的态度也映射出对待学生和教育实践的态度。生活中多与优秀教师为伍的教师更注重专业发展，业余生活中探讨的话题也多与专业生活有关。

(三)自传故事

教师以故事的形式讲述自己的教育经历，以自己真实发生的教育故事来表达自己的教育观点、思想、信念和情怀。教师的自传故事也是教育叙事研究所要关注的内容之一。自传故事是研究教师专业成长阶段与发展轨迹的主要方式。

二、教育叙事研究的过程

教育叙事研究是研究者或教师本人在现实场域中发现问题、分析问题、确立假说、验证假说的过程。叙事研究的过程也是行动研究的过程。

(一)确定研究问题

教育叙事研究并不是漫无目的的叙事，而是围绕一定的主题确定具体的研究问题，进而展开叙事的。教育叙事研究是从确定研究问题开始的，但并不是所有问题都适合使用叙事研究的方法。什么样的教育问题适合叙事研究呢？有三类问题较为适合叙事研究：描述性问题、过程性问题以及特殊问题。例如，幼儿园教师如何与幼儿互动就是描述性和过程性问题，适合教育叙事研究；自闭症幼儿的一日生活是如何度过的就属于特殊问题，也比较适合教育叙事研究。

（二）选择研究对象

在确定研究问题的同时，就要考虑研究对象的选取问题。在叙事研究中，研究对象包括时间、地点、人物和事件，以及研究者收集的原始资料。也就是说，教育叙事研究的对象不仅包括被研究者，还包括其他材料、相关信息和事件本身。因此，在选取研究对象时，要考虑：要到哪里、在什么时间、向哪些人收集哪些资料；为什么会选择这些研究对象，这些研究对象可以提供什么信息，这些信息能够回答哪些研究问题。研究对象确定后，要进行抽样。教育叙事研究一般采取目的性抽样原则，即根据研究目的确定研究对象，要选取能够最大限度提供信息量的研究对象。

（三）进入研究现场

研究者可以正式的研究者身份进入研究现场，也可以朋友的身份联络熟悉的"守门员"，通过"守门员"为研究的开展提供便利。这里的"守门员"指幼儿园管理者、教师、家长等，只有征得他们的同意，才能开展研究。还可以通过他人介绍，进入研究现场。进入现场后，研究者与被研究者的互动与合作是叙事研究顺利开展的关键因素，要和被研究者建立起真诚、信任的关系，与教师同呼吸，共生活，要得到被研究者的理解、认同和合作，才能使收集来的研究资料真实可靠。

（四）进行观察访谈，收集研究资料

研究者对被研究者进行观察访谈，这是促使研究走向深入的过程。对被研究者的观察访谈是围绕着研究问题而进行的。教育叙事研究要求观察要尽量客观，避免"先入为主"或"前设情境"对研究的干扰；教育叙事研究要求访谈要力求开放，使访谈对象在开放性问题中轻松思考并能够自由畅谈。观察访谈要求获取尽可能多的信息，因而要求研究者一方面要具有亲和力，另一方面要具有敏锐的观察力，广泛收集研究资料。只要这些资料可以为研究目的服务，能够回答研究问题，就可以作为研究的资料。

（五）整理分析研究资料

整理分析研究资料，这是教育叙事研究极为重要的环节。整理分析研究资料就是与这些事件的文本进行有意义对话的过程，要注意避免研究者原有偏见的影响。通过归类和编码对资料进行整理。在整理资料的过程中，一项重要的任务就是从收集的大量资料中找出"本土概念"，即被研究者经常使

用的、用来表达他们自己看待世界的方式的概念。唯此，研究资料才具有了独特的"个性"色彩。

(六)撰写研究报告

撰写叙事研究报告，是在大量资料整理分析的基础上进行的总结性归纳。叙事研究报告既要尽量翔实，又要整体分析，要创设出一种"现场感"，把教师的生活声情并茂、淋漓尽致地展现在读者面前，使教师的生活故事焕发出理性的光辉。完整的叙事研究报告包括四个方面：①问题的提出(研究背景、理论问题、研究对象、进入现场的方式、收集资料的方法、过程等)；②故事的呈现(叙事、分析故事)；③影响因素分析(分析研究对象可能的影响因素，如家庭环境、个人生活、教育程度、文化传统、个性特征等)；④结论探讨(阐明主题，表明作者的感悟、反思和理性思考)。

第四节　教育叙事研究的写作原则

一、探究故事背后的意义

叙事研究不是为了叙事而叙事，而是要探讨事件背后隐藏的教育意义，分析与解释、反思与思考是不可或缺的环节，把日常的教育事件声情并茂地呈现给读者的同时，还需要分析与思考事件背后的教育意义、教育本质和教育智慧。

二、采用深描的方式

深描是指研究者比较详细地描述教育问题或事件的发生发展的全过程，特别关注描述一些有意义的具体细节和情境等影响因素，给读者呈现一些"原滋原味"的资料(如学生的日记、作品、教师评语、学校人文环境等)，这些深描使叙事显得真实、可信且富有情趣，赋予教育以解释性的意义。

三、注重情节，凸显结构

叙事研究以讲述故事的方式展开论述，注重突出事件的情节性，向读者娓娓道来，可读性较强。但叙事也并非是漫无目的、毫无依据地讲故事，在讲述的过程中要凸显有章可循的结构，体现教育意义和研究的规范性。

本章小结

教育叙事研究是指研究者（一般是教师）以故事叙述的方式为手段，通过对丰富多彩的校园生活、有意义的教育教学事件、教育教学实践经验的发生发展，对现在的影响以及未来的期待的描述与诠释，挖掘并揭示内隐于这些事件、经验、生活和行为背后的教育信念、教育思想和教育理论，从而构建教育生活意义的一种质化研究方法。教育叙事研究是一种平民化的话语研究方式。

教育叙事研究主要有五个特点：质的研究运用的一种表现形式；自觉的实践反思；以归纳的思维方式叙述；由研究者描述和分析；以故事为载体，以叙述为途径。教育叙事研究可以划分为两种类型：行动研究的叙事和教育人类学研究的叙事，两种叙事研究相互关联、相互促进。教育叙事研究的内容有以下方面：课堂教学、日常生活、自传故事。教育叙事研究的过程主要有六个步骤：确定研究问题；选择研究对象；进入研究现场；进行观察访谈，收集研究资料；整理分析研究资料；撰写研究报告。教育叙事研究须遵循的写作原则：探究故事背后的意义；采用深描的方式；注重情节，凸显结构。

关键术语

叙事研究；教育叙事研究；质的研究；行动研究；教育人类学；课堂教学；日常生活；自传故事；目的性抽样原则；守门员；深描

思考题

1. 叙事研究的发展背景是什么？

2. 教育叙事研究的内涵是什么？

3. 教育叙事研究有什么特点？

4. 教育叙事研究可以划分为几种类型？

5. 教育叙事研究的内容有哪些？

6. 教育叙事研究的实施过程是什么？

7. 教育叙事研究的写作应该遵循什么原则？

建议的活动

1. 查阅资料，发现教育叙事研究的实际案例并仔细分析，学习借鉴已有关于教育叙事研究的长处，去粗取精。

2. 结合本章所学内容，尝试实践教育叙事研究的方法，解决一些现实教育问题。

拓展阅读

1. 傅敏、田慧生：《课堂教学叙事研究：理论与实践》，北京，教育科学出版社，2009。该书能够为中小学教师有效实施课堂叙事研究提供理论与实践方面的支持。该书所呈现的理论、方法和技术，能够使读者有条不紊地开展规范的课堂教学叙事研究，起到指南的作用。

2. 杨超有、曾柏森：《爱的教育：农村小学教师专业发展的叙事研究》，桂林，广西师范大学出版社，2016。该书为广西区内各市县农村小学教师从教的案例整理，主要从教学、管理和认识三个方面选取了各市县教师在农村小学从教期间的相关案例。该书案例涵盖广西区内各市县的各个农村小学，具有典型性，通过对农村小学中教师与学生在课堂和课后生活的情景再现，可以为了解和研究我国农村小学的教育现状和存在的问题提供真实生动的案例材料。该书对广大教师的教育叙事研究实践具有指导意义。

第九章　社会提名法

📖 **学习目标**

1. 了解社会提名法的内涵及社会提名法测量的基本原理。
2. 掌握社会提名法的主要作用。
3. 掌握社会提名法的分类标准及具体类型。
4. 掌握社会提名法的实施步骤。

📚 **导　读**

社会测量法一般用于群体成员之间相互吸引或排斥程度的测量，在1934年由美国社会学家、心理学家莫雷诺（Moreno）所创，常用于儿童同伴关系的研究，主要有社会提名法、同伴评定法和配对比较法三种类型。而这三种研究方法中最基本、最重要的就是社会提名法。目前社会提名法正广泛应用于幼儿同伴交往的研究中，成为研究幼儿同伴交往的最常用的研究方法。

第一节　概　述

社会提名法较前几种方法来说不是很常用，但是社会提名法是社会性研究中运用比较多的一种社会测量方法。

一、社会提名法的内涵及原理

社会提名法是指在一个社会群体中，让每个儿童根据所给定的同学名单或照片进行限定提名，让每一个儿童说出他们最喜欢和最不喜欢的同伴的方法。比如，悄悄问孩子"你觉得你们班你最喜欢谁，最不喜欢谁"，把班里的每个孩子问过之后，就会有名次，有的孩子被提到的多，有的就会少，将这些结果进行一定的技术处理，这是最初的社会提名法。一般来说，社会提名法的结果以同伴接受分和同伴拒绝分来表示，同伴接受分指同伴正面提名的权重分数之和或总次数；同伴拒绝分指被同伴反面提名的权重分数之和或总次数。需要注意的是，由于涉及研究中的道德问题，一般不采取消极提名的方式，以防造成或引起儿童对同伴的负面印象。由此，现今研究一般只采用积极提名法来考察儿童的同伴关系状态。

社会提名法测量的基本原理认为：儿童同伴之间的相互选择，反映着他们之间心理学上的联系。肯定的选择意味着接纳，否定的选择意味着排斥。一个人在积极标准（如喜欢）上被同伴提名的次数越多，即同伴接受分越高，就说明他被同伴接纳的程度越高；反之，一个人在消极标准（如不喜欢）上的被提名次数越多，即同伴拒绝分越高，则说明他被同伴排斥的程度越高。也就是说，同伴之间在一定标准上所进行的肯定性或否定性选择，实际上反映着同伴之间的人际关系状况。通过分析同伴选择的结果，就可以定量地测量儿童同伴间的关系。①

二、社会提名法的作用

社会提名法主要应用于测量幼儿的同伴关系，在幼儿同伴关系研究中的主要作用有三个方面：第一是了解幼儿同伴群体的整体人际交往状况、结构。因为提名法相对简单，可对班级中的每一个幼儿施测，能够有效帮助幼儿教师了解班级中幼儿同伴关系的整体发展状况。第二是了解同伴群体中每一个幼儿的人际关系状况及其在同伴群体中的地位。通过社会提名法，教师

---

① 庞丽娟：《同伴提名法与幼儿同伴交往研究》，载《教育科学研究》，1991(2)。

能够有效并迅速地把握每一个幼儿在群体中的交往情况，为以后的教育教学及活动设计奠定基础。第三是根据提名结果将幼儿划分成不同的社交类型，并结合其他方法研究各类儿童所具有的特征。一般根据儿童获得的提名，可以将儿童划分为不同的同伴地位：受欢迎型、被拒绝型、一般型和矛盾型等。

三、社会提名法的主要类型

社会提名法一般可分为同伴提名法和教师提名法，在测量幼儿同伴关系时常用同伴提名法。而在鉴别儿童中的欺负者时，教师提名法具有较高的准确性。例如，用教师提名法测试儿童的攻击行为，可要求教师在研究者给定的儿童中鉴别攻击者，或要求教师根据一定的描述鉴别出那些符合描述内容的儿童。

依据实施方式可进一步将同伴提名法分为现场提名法和照片提名法。由于幼儿思维水平发展尚未成熟，记忆能力不强，所以在实际施测时幼儿所提的同伴提名受记忆影响较大。例如，在问完幼儿"你觉得你们班你最喜欢谁，最不喜欢谁"这一问题后，幼儿会出现因为记忆因素未能想到某些同伴，从而造成实验结果不准确的现象。因此，为提高实验的科学性及准确性，在使用提名法时，研究者可采用现场提名法或照片提名法。

现场提名法，即研究者把被试叫到集体活动现场的某处，如班上的一个角落，在这个位置上幼儿可以看到其他同伴而又不会被其他同伴所干扰。然后主试者向幼儿提问，让其先仔细看一看所有正在活动的同伴，最后进行提名。这种提名方法可以避免幼儿记忆这一因素的影响，提高研究结果的准确性。但由于幼儿有意注意保持的时间较短，容易受到外在因素的影响，因此运用现场提名法的关键是要选定合适的观察位置，这一位置一定要既能让幼儿看清楚班里的所有幼儿，又能避开其他同伴、教师的活动，以避免幼儿进行提名时受其他因素影响。邹晓燕等人在研究大中小班幼儿同伴关系的发展特点时就用了此种方法，即逐个把幼儿单独叫到能看见其他幼儿的地方，先让幼儿仔细看活动中的所有幼儿，然后请他说出自己最喜欢的同班同伴。[①]

照片提名法，即准备好所有被试儿童的照片，随后将所有照片摆放在某个幼儿面前，让其仔细浏览后进行提名。此种方法可以较好地消除幼儿记忆能力的影响，提高研究结果的可靠性，并且适用于年龄较小的幼儿。一般多以个别方式进行，时间需要5～10分钟。与现场提名法相比，照片提名法有其独特的优点，它可在安静的实验室及房间内进行，从而能够极大地减少环境因素的干扰。此外，照片提名法可以避免提名法容易出现的遗漏现象。但照片提名法也存在一些局限：一是对每一个幼儿拍照并洗出照片，需要耗费较多时间及精力，且费用也较高；二是实施时需要被试幼儿仔细观察浏览所有照片，耗时较长，实施实验时不方便；三是如果在拍照时照片失真会影响幼儿完成提名任务。并且幼儿拍照的着装、发型、面部表情、动作、环境等都可能分散幼儿的注意力，从而影响测试结果。

第二节　社会提名法的实施

社会提名法相较于前几章的方法而言在实施上相对简单，但由于幼儿年龄小、心理发展水平有限，在使用社会提名法研究同伴关系时，涉及一系列特殊的方法与方法学问题。这些问题贯穿在社会提名法的实施中，即确定提名标准，具体实施及提名结果计分中。

一、社会提名法的实施步骤

(一)提名标准的确定

提名标准是幼儿做出选择的依据，它通常以问题的形式出现。例如，"你最愿意与谁一起玩"。正确地确定有效、适当的提名标准，是提名法设计的关键。为此，需要做好如下几方面的工作。[②]

---

① 邹晓燕、李英玉、黄晓梅：《幼儿同伴关系发展特点与教育》，载《幼儿教育（教育科学版）》，2006(7，8)。

② 庞丽娟：《同伴提名法与幼儿同伴交往研究》，载《教育科学研究》，1991(2)。

第一，根据研究的目的确定选用什么性质的标准，即选用肯定的、正向的标准（如你最喜欢、你最愿意等），还是选用否定的、负向的标准（如你最不喜欢、你最不愿意等），还是两者同时选用。过去，研究者认为正提名和负提名分别代表着实质上相同的信息，即一个幼儿正提名得分高，则负提名必得分低；反之，一个幼儿负提名得分高，则其正提名必得分低。庞丽娟及其他学者的研究结果都表明，幼儿的正提名分与负提名分之间只有中等程度的负相关，而非高度负相关。这说明，正提名分和负提名分分别反映了幼儿同伴交往的不同侧面，因而代表着不同信息。另外，将幼儿的正提名分与负提名分分别与其实际行为进行分析也发现，它们分别与不同性质的行为表现有特定的相关。从上述分析可知，在应用提名法时，选用提名标准不同，所得到的信息是不同的。究竟选用哪种或两种同时使用，视研究目的而定。一般来说，如果要根据提名结果将幼儿分为不同社交类型时，如受欢迎型、被拒绝型、被忽视型等，应当使用正、负两个提名标准。在使用否定标准时，应注意消除幼儿的疑虑和不安，以保证幼儿放心回答。

第二，根据幼儿心理发展的水平，确定提名标准的具体内容。一般来说，对于年幼儿童，标准要具体、可操作性强，切忌笼统而抽象。例如，"你最喜欢与谁一起玩"就比"你最喜欢谁"具体些。并且注意提出的问题应使用儿童语言，使其易于理解。一般在提问时，可以"玩"为标准进行提问，因为在幼儿期，游戏是幼儿的主导活动，无论大、中、小班的幼儿，他们都是在玩中学习、接受教育。因此，首先从理论上讲，以"玩"为标准最能体现幼儿生活和学习的实际情况；其次，"玩"的标准具体，接近幼儿生活，易于幼儿理解；最后，国内外很多研究都表明，以"玩"为标准提名，要比其他标准提名效果好。

第三，确定的提名标准必须保证幼儿的选择出自自己的意愿，是自己真实心理倾向的反应，而不是对他人意愿、心理倾向的估计。例如，"你最喜欢哪三个小朋友"的标准可反映出孩子自己的心理倾向，但"你们班上谁是好孩子"的标准则可能较难准确反映出孩子自己的心理倾向，因为幼儿可能按教师经常表扬的标准选择同伴而非按照自己的意愿。

第四，确定使用标准的数目。对于年龄较大的被试，每次提名可同时使用1～3个标准。但一般应注意，幼儿因思维发展水平较低，难以同时综合考虑两个或三个标准并做出恰当的判断，因此让幼儿提名时，一次最好只使用一个标准。

第五，考虑幼儿按标准选择对象的数目。对于青少年以上的被试来说，选择对象即提名的数目可以有限制，也可以没有限制。对于幼儿被试来说，宜将提名数目限制在 3 个以内。

(二)具体实施

提名法的具体实施通常可采用个人施测和团体施测两种方式。个人施测时一般采用谈话法，即以口头方式向幼儿提出问题，让他们口头作答，并记录他们的答案。团体施测时多采用纸笔作答，即将问题、要求等写在问卷纸上，被试阅读后用笔将自己的回答写下来。一般而言，青少年儿童心理发展水平达到一定的成熟程度，两种方式对他们都适用。但幼儿一般还不太识字，更不会写字，阅读理解能力极低，自制力差，因而只能采用个人施测的方法。

团体施测相对于个人施测更为简单，只要编制好问卷就可开始测试。但个人施测由于被试幼儿的年龄特殊性，在实施中需要注意一些问题。

首先，选定测试方法，一般针对年龄较小的幼儿可用现场提名法和照片提名法。一般在实际研究中，研究者更倾向于使用现场提名法，这种方式更经济、迅速、简单、真实。

其次，研究者要使用幼儿易懂的语言向他们说明指导语。一般而言，为了让幼儿更好地理解指导语，可用表示高兴脸、不高兴脸的图片帮助说明；随后向被试幼儿说明如何回答，"将你最喜欢的三个小朋友的照片选出来拿给我"或"你最喜欢和哪三个小朋友玩，给老师指出来"。最后记录下幼儿的回答。如果在施测过程中发现被试幼儿还有不确定或疑惑的问题，研究者应反复、耐心地向其解释、说明。此外，在施测过程中还要善于观察，组织好被试幼儿的注意力。

(三)提名结果的计分

在对幼儿施测后，要注意记录幼儿的提名结果。按照幼儿提名的先后顺序，对幼儿的提名结果进行计分。一般有加权计分与非加权计分两种方式。加权计分是指给提名确定分值时，考虑到提名顺序的差异可能代表着不同的心理意义，因而给不同顺序的提名赋予不同的分值。具体做法是，给第一提名计 5 分，给第二提名计 3 分，给第三提名计 1 分。邹晓燕等人在研究幼儿同伴关系特点时用的就是加权计分。[①] 非加权计分是指在给提名确定分值时，不考虑幼儿被提名顺序的不同，给不同顺序的提名赋予相同的分值，即给第一位、第二位、第三位被提名人都计 1 分。非加权计分认为幼儿的同伴关系发展情况与被提名顺序无关。

对幼儿提名结果的计分还有单项计分与综合计分两种方式。单项计分就是根据幼儿肯定提名的结果算出正提名分（即接纳分），根据幼儿否定提名结果计算负提名分（即被拒绝分）；综合计分方式就是将正提名分与负提名分按照一定方式综合计算，得出社会喜好分和社会影响分。社会喜好分由正提名分减去负提名分而得，社会影响分由正提名分加上负提名分而得。

二、社会提名法的评价

社会提名法能在较短的时间内得到较多的儿童同伴关系的信息。每个儿童既是评价主体，又是评价客体。由于幼儿间接触较多，相互观察、了解的机会较多，因而社会提名法的结果一般较为真实可靠，有较高的信度和效度。

但社会提名法也有其局限性。一般而言，探究幼儿同伴关系发展时还需进一步探究出现的原因等。这种方法很少单独使用，通常和谈话法、观察法等方法结合使用。并且这种测量方法不能给出那些处于最喜欢和最不喜欢之间——中间段儿童的信息。

本章小结

社会提名法是指在一个社会群体中，让每个儿童根据所给定的同学名单或照片进行限定提名，让每一个儿童说出他们最喜欢和最不喜欢的同伴的方法。目前，社会提名法已经成为测量幼儿同伴关系最为常用的方法之一，对于了解幼儿同伴关系的发展有重要作用。社会提名法一般可分为教师提名法和同伴提名法。按照实施方式，同伴提名法又可分为现场提名法和照片提名

---

① 邹晓燕、李英玉、黄晓梅：《幼儿同伴关系发展特点与教育》，载《幼儿教育（教育科学版）》，2006(7，8)。

法。这两种提名方法各有其优点及缺点，需要研究者依据实际情况具体选定。社会提名法在实施前应先确定提名的标准。在实施过程中，要选定具体的施测方式，施测后要对幼儿的提名结果做计分处理。

关键术语

社会提名法；同伴接受分；同伴拒绝分；同伴提名法；现场提名法；照片提名法；个人施测；团体施测；加权计分；非加权计分；单项计分；综合计分

思考题

1. 什么是社会提名法？它的基本原理是什么？

2. 社会提名法在同伴关系研究中的主要作用有哪些？

3. 同伴提名法按实施方式可分为哪两种？每种提名法的优缺点是什么？

4. 在确定提名标准时，需要注意哪些问题？

5. 提名法的具体实施方式主要有哪些？

6. 对幼儿的提名结果是如何计分的？

7. 使用社会提名法测试幼儿的同伴关系有哪些优点和缺点？

建议的活动

一名幼儿教师想要了解班级中幼儿同伴关系的发展情况，但不知道选用何种方法来测量？根据本章所学的社会提名法的概述及实施的知识，帮助这位教师完成对幼儿同伴关系的测量，同时教会这位教师分析测量结果。

拓展阅读

1. 霍力岩等：《学前教育研究方法》，北京，高等教育出版社，2011。该书共分为两部分，第一部分介绍了学前教育研究的基本理论问题，旨在使读者了解何谓学前教育研究，它的研究模式及大致路径。第二部分介绍了学前教育研究的具体方法，并在介绍这些方法时，将具体研究案例与原理相结合以便于读者理解掌握。

2. 黄光扬等：《教育统计与测量评价新编教程》，上海，华东师范大学出版社，2013。该书将教育统计学、教育测量学与教育评价学这三门学科中基础、重要、精华、常用的内容进行了有机整合，可以作为学前教育专业学生及幼儿教师培训的参考资料。

第二部分

学前教育统计分析

统计分析可以分为两大类，一类是描述统计，另一类是推断统计。 描述统计是通过图或表的形式对所搜集的数据进行加工处理和显示，进而分析概括出反映客观现象的规律性数量特征的方法。 推断统计是在对样本数据进行描述的基础上，以概率的形式来推断总体未知数量特征的方法。

　　目前的教材往往存在着科研方法与统计方法分离的状况，科研方法的书往往不谈统计方法，而统计方法的书又很少谈及科研方法。 因此，很多学生在学完这两门课程之后，在具体做研究时，不知道用什么方法来进行统计分析，从而导致了搜集完数据后再去考虑统计该如何做的问题。 而这时统计方法的选择已经很难达到要求，因为不同的统计方法对研究对象的选择、研究过程的处理、数据的精确度等可能存在不同的要求。因此，要达到使研究设计更加周密的目的，必须预先考虑哪种研究方法适合哪种统计方法，即要以问题为中心来选择确定研究方法。

　　这一部分将分别从观察法、调查法（问卷法和访谈法）和实验法三种学前教育研究中常用的且统计比较复杂的研究方法入手，来介绍每种研究方法中被广泛使用的几种统计方法。

第十章　观察法中的统计分析

![学习目标]

1. 了解数据的类型。
2. 了解相关关系的概念及类型。
3. 了解相关系数的概念。
4. 了解观察法中的统计方法。
5. 掌握 t 检验、F 检验、χ^2 检验的适用条件。

![导读]

　　观察法是最基本的教育研究方法之一，根据研究的需要，对于观察法所获得的数据进行处理时，最常用的统计方法主要包括：对不同变量的描述性统计、变量之间的相关系数统计，以及两个或两个以上变量之间的差异检验等。因此，本章在了解数据的类型以及数据之间的相关关系概念的基础上，以观察法获得的数据为例，介绍相关系数、平均数的差异检验（主要是独立样本 t 检验、F 检验和 χ^2 检验）的统计方法。

第一节　观察法中的统计基础

　　统计方法的选择与数据的性质有很大关系，数据性质的不同直接影响后续采用哪种方法来对数据进行统计。

一、数　据

(一)数据的概念

在观察自然现象或研究过程中，会遇到各种不同的量。其中有的量在整个过程中保持不变，总是固定的取值，这种量称为常量(constant)。还有一些量在研究过程中是变化的，可以取不同的数值，这种量称为变量(variable)。变量的具体取值集合称为数据(data)。

(二)数据的类型

按照不同的标准可以将变量进行如下分类。

1. 按数据的来源划分

按数据的来源可划分为计数数据和测量数据。计数数据是指通过计算个数所得到的数据，如人数、班级数、桌椅数等。测量数据是指用一定的测量工具对事物进行测量而得到的数据，如身高、体重、学习成绩等。

2. 按变量是否连续划分

按变量是否连续可划分为离散型变量和连续型变量。离散型变量(discrete variable)是指在任何两个观测值之间，变量的取值是有限的。两个单位之间不能再进行更小的划分，一般用整数表示，如人数，有的班级是 20 人，有的班级是 21 人，在 20 人和 21 人之间没有其他值存在。

连续型变量(continuous variable)是指在任何两个观测值之间都存在无限多个可能值，它可以分割成无限多个组成部分，如长度，在 2 cm 和 3 cm 之间可以细分成 2.1 cm、2.15 cm、2.155 cm、2.1565 cm、……这样的数据既可以用小数表示，也可以用整数表示。

连续型变量可以用一条连续的实数直线表示，在实数直线上存在着无限个点，在任何两个相邻的点之间依然可以找到无数个点。说到一个连续变量的某个观测值时，往往不是指实数直线上的某个固定的点，而是代表着实数直线上的一个区间。例如，年龄 3 岁，这时的 3 所代表的区间是两岁半到三岁半，即 2.5～3.5。构成这个区间的边界被称为精确界限，2.5 是精确下限，3.5 是精确上限。

在实际应用中，离散型变量和连续型变量并不是截然分开的。在教育研究中，为了研究方便，很多情况下会根据实际情况将连续型变量转化为离散型变量。例如，将不同年龄的研究对象（连续型变量）分为婴儿、幼儿、学龄儿童（离散型变量）等。离散型数据，当取值的范围比较大，而且取值的点比较密集时，可以通过数学模型转换，将离散型数据转化成连续型数据。

3. 按变量的量化程度划分

按变量的量化程度可划分为命名变量、顺序变量、等距变量和等比变量。命名变量（nominal variable）也称为名义变量或类别变量，它由一系列具有不同名称的类型变量所组成。变量之间只包含质的差异，不能提供任何有关量的信息，也就是说，通过命名变量得来的数据并无大小之分，做有关学前儿童的问卷调查时，需要填写被调查者的性别和来自哪些不同区域的幼儿园。其中性别变量就是两个分类的命名变量，将男孩用"1"表示，女孩用"2"表示；不同区域幼儿园变量可量化为多个分类的命名变量，东部为"1"，西部为"2"，南部为"3"等。这类数据不能进行大小比较和其他任何数学运算。

顺序变量（ordinal variable）也称为等级变量，它根据事物某一特点，将事物属性分成等级或顺序。它的量化水平高于命名型数据。相比命名变量，它对观察到的结果不但分了类别，而且按照一定顺序进行了排列。例如，幼儿园教师的受教育水平一般会涉及专科、本科、研究生等，我们知道本科高于专科，研究生高于本科，可是我们却说不出具体高出多少。也就是说，顺序等级可以提供不同个体之间的顺序差异，而不能够说明这种差异的程度和大小。顺序变量中的数据只能进行大小比较，而不能进行加减乘除运算。

等距变量（interval variable）不仅能够代表事物的类别、等级，而且等级之间具有相等的单位。在等距变量中，数值是一个真正的数量，这个数量中各个部分的单位是相等的，因此可以用加减法得到两个数值之间的和或差，加减运算反映了数目的大小差距。但是由于这种等距变量没有物理意义上的绝对零点，它的零点是人为设定的，因此进行乘除运算没有任何意义。所谓没有绝对零点，是指"0"只是表示一种人为划分的界线，并不代表什么也没有。如儿童的智商，它是没有绝对零点的，即使某个儿童在智力测验中得了0分，我们也不能说他的智力为0，只能说他在这一智力测验中的所有测题上没有得分。另外，等距变量的数据只能进行加减运算而不能进行乘除运算。例如，小明的智商是90，小红的智商是120，我们只能说小红的智商比小明高 30，而不能说小明的智商是小红的 3/4。

等比变量（ratio variable）也称为比率变量，它除了具有等距变量的所有特征外，还有绝对的零点。因此，它除了可以进行加减运算，还可以进行乘除运算，加减运算反映了数量间的差异，乘除运算反映了数量间的比例关系。如年龄、时间、身高、体重等。

上述变量的分类之间是有一定联系的。一般来说，计数数据是离散型的，连续型数据是通过测量而获得的；等距数据和等比数据属于连续型数据，顺序数据和命名数据属于离散型数据；离散型数据可以是计数数据，也可以是测量数据，测量数据可以是连续型的，也可以是离散型的。

在教育和心理统计中，很多时候会将顺序型数据按等距数据进行处理。这样做的前提假设是顺序变量的各个等级之间的差是相等的。实际上，当等级数目比较多时，这样做所带来的误差有时并不是很大。

二、相关系数

(一)相关关系的概念

事物之间总是相互联系的，它们之间的关系多种多样，可归结为以下两种情况：第一种是因果关系（causation），即一种现象是另一种现象的因，而另一种现象则是果。例如，在其他条件均没有改变的情况下，因为我努力学习了，所以这次成绩考得很好。第二种是相关关系（correlation），是指事物或现象间存在着一定的相互关系，即一种事物发生变化，常引起另一种事物也发生变化。但不能确定这两类现象之间哪个是因，哪个是果，而且这两者并不同时受第三种因素的影响。例如，学生的学习兴趣与学习成绩之间的关系较密切，但无法找到这两个变量互相影响的方向，我们不能说是由于学习兴趣强决定了学业成绩好，或者由于学业成绩好促使学习兴趣增强。依据各种现象的测量值研究各种现象间关系的密切程度，统计上被称为相关分析。

相关关系至少存在于有联系的成对的两列变量间，即当一个变量取某一个数值时，另一个变量也必有一个或几个数值与其对应。

(二)相关关系的类型

依据不同的分类标准，相关关系可分为不同的类型。

1. 简单相关和复杂相关

按相关因素的多少，可分为简单相关和复杂相关，如图 10-1 所示。研究两个变量间的相关被称为简单相关，如学生的学习成绩与智力水平间的相关。但学生的学习成绩除受智力影响以外，还受到教师的教学态度、学生的学习态度和学习动机等因素的影响，像这样研究两个以上变量间的相关就是复杂相关。

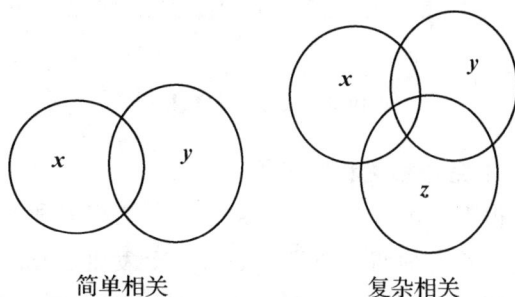

简单相关　　　　　　复杂相关

图 10-1　简单相关和复杂相关

2. 线性相关和曲线相关

按变量分布的形态，可分为线性相关和曲线相关，如图 10-2 所示。线性相关中的变量，其变化的趋势是稳定的，始终保持一致。由两变量成对观测值描的点呈直线趋势，其关系可用直线方程表示。曲线相关中的变量，其变化程度和趋势都是不稳定的，当一种变量有较大增加时，另一种变量不一定有较大增加；当一种变量增加，另一变量先增加，后减少，或者相反，前后变化不一致。若两变量呈曲线关系，由两变量成对观测值描的点呈曲线趋势。

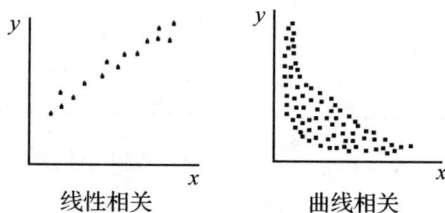

线性相关　　　　　　曲线相关

图 10-2　线性相关和曲线相关

3. 正相关和负相关

按变量变化的方向，可分为正相关和负相关，如图 10-3 所示。正相关是指在两列变量中，当一列变量增加或减少时，另一列变量也随之增加或减少，即两列变量发生变化的方向一致，如学生智力与学习成绩。负相关是指在两个列变量中，当一列变量增加或减少时，另一列变量随之减少或增加，即两列变量发生变化的方向相反，如运动会赛跑的得分与所用的时间。

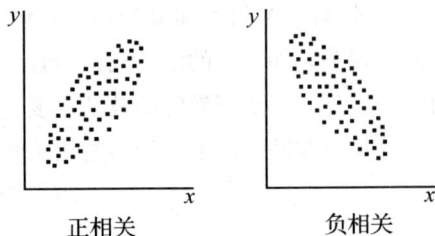

图 10-3 正相关和负相关

4. 完全相关、不完全相关和零相关

按变量的相关程度，可分为完全相关、不完全相关和零相关，如图 10-4 所示。完全相关是指相关的两个变量，如果一个发生变化，另一个对应地成比例地变化。由这两列变量成对观测值在坐标系内描的点都在一条直线上。例如，$y = x + 4$ 则属于完全正相关；$y = 10 - x$ 则属于完全负相关。如果由两列变量成对的观测值在坐标系内所描的点不在一条直线上，呈椭圆形，则这两列变量是不完全相关。教育中的许多相关现象都属于不完全相关。零相关是指两个变量间没有相关关系，即当一个变量变化时，另一个变量不显示出变化倾向，或即使有变化，也无一定规律，如小学生的相貌与学习成绩、身体的高矮与思想品德等。

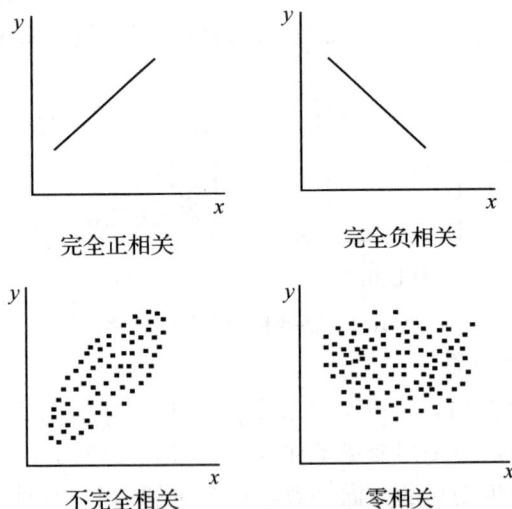

图 10-4 完全相关、不完全相关和零相关

（三）相关系数

相关系数（correlation coefficient）是描述事物的量之间相互变化的方向及密切程度的指标，表明变量间相互伴随变化的趋势。相关系数用 r 表示，它的取值范围在 -1 和 1 之间，正负号仅表明两变量之间变化的方向，无大小意义。而相关系数的绝对值的大小才表明两变量间相关的强度。例如，$r=0.65$ 与 $r=-0.65$ 表示相关强度相同，但相关关系相反。相关系数为 1 和 -1，意味着完全的正相关和负相关，但这两种情况在教育实践中几乎不存在。而且需要注意的是，相关系数不是百分率，也不存在等距关系，因此不能对其直接进行四则运算。例如，相关系数为 0.2、0.4、0.6，我们不能说它们之间的相关程度之差相等，也不能认为它们之间的相关呈倍数关系。

另外，相关系数受变量取值区间大小及观测值个数的影响较大，变量的取值区间越大，观测值个数越多，相关性的结果就越可靠。如果观测值个数较少，本来不相关的两列变量，计算的结果可能相关。例如，学生的身高分别为 155 cm、157 cm、160 cm、165 cm，他们所对应的学习成绩分别为 70分、75分、80分、85分。从有限的数据来看，它们可能呈正相关，但是随着观测值的增加，两列变量根本不存在相关关系。一般来说，求两列变量之间的相关，要求样本容量至少在 30 以上。

在实际研究中，相关系数必须经过显著性检验才能确定其是否有意义。例如，我们会遇到这样的状况：计算出的 r 值很小（$r=0.05$），当样本数很大时，相关显著性检验显著，但是此时的相关是没有实质意义的。因此，根据统计学家科恩（Cohen）的建议，可以对相关系数的大小做粗略的评估：相关系数在 0.10～0.29，说明相关的效应较小；在 0.30～0.49 说明具有中等相关效应；等于或大于 0.50 说明具有大的相关效应。也就是说，当统计显著时，相关系数在 0.30 以上的相关才有实质性的意义。

第二节　观察法中的统计方法

一、观察法中的数据记录

我们以时间取样观察法为例，介绍 SPSS 统计时如何记录数据。

首先，确定观察的总时间。其次，分成若干个观察时段，按照操作性定义对所观察的行为进行分类。在实施观察之前，要制订好观察表格，接着将观察数据填入表格。

【例 10-1】

儿童分离行为的操作性定义：分离行为是指儿童与母亲分离最初 5 分钟内儿童的行为表现。

儿童分离行为观察的行为指标(编码)：①对母亲微笑并说再见；②没明显的表情和言语反应；③明显的不舍得，需要借助外部力量转移注意力，没有哭泣；④哭闹，不让母亲离开。

计分时，采用时间取样法，将 5 分钟的儿童分离行为，分为 30 个观察单位，每个时间间隔为 10 秒，如表 10-1 所示。上述 4 项行为只要在某一个时间间隔内出现时，不管出现几次，便记录 1 次。因此，各项行为出现次数，最低为 0 次，最高为 30 次。

表 10-1　儿童分离行为记录表

姓名：　　　　　　　　　性别：　　　　　　　　　年龄：

时间(秒)	行为次数			
	行为 1	行为 2	行为 3	行为 4
1～10				
11～20				
21～30				
……				
271～280				
281～290				
291～300				

需要注意的是，时间取样观察法在所取的短时间段内(如 1 分钟、30 秒或 15 秒等)，只要行为出现，就记一次(不管它持续时间或出现几次)。因此，确定时间段的长短就比较关键，适宜的时间段应该满足以下两个条件：第一，时间段内比较可能只会出现一种行为；第二，时间段长短足够观察者判断记录该行为。

记录完后，将同类行为的次数相加整理成 SPSS 数据，其格式如表 10-2 所示。

表 10-2　儿童分离行为的统计结果

姓名	行为次数			
	行为 1	行为 2	行为 3	行为 4
张三	10	10	3	12
李四	13	11	12	7
王五	10	13	11	8
……				

二、观察法中的相关系数计算

在采用观察法的研究中，相关系数的计算主要用于信度计算和研究变量之间的相关程度。

(一)信度建立的基本过程

信度是指测量结果的一致性、稳定性或可靠性程度。如果两次测量是相同的，则信度为 1(100％)，如果两次测量完全不相关，则信度为 0，完全不可信。因此，信度系数的计算可归结为计算两种变量的相关。

观察法对数据进行编码时需要报告评分者信度。评分者信度建立的基本过程如下。

①对评分者进行培训，明确操作性定义。

②由两个或两个以上的评分者，按照相同的分析维度，对同一材料独立进行评判分析。

③对他们各自的评判结果使用信度公式进行信度系数计算。

④根据评判与计算结果修订分析维度或对评分者进行二次培训。

⑤重复评判过程，直到取得可接受的信度为止。

在观察初期，可简单地计算两个观察者的一致性系数，用于初步检查数据的准确性。最简单的计算方法为：

$$整体信度 = \frac{观察一致的数目}{观察一致的数目 + 不一致的数目}$$

【例 10-2】

假设有两位观察者对儿童的分离行为进行了观察，其观察的结果如表 10-3 所示。

表 10-3　儿童分离行为的观察结果

| 时间段 | 行为 | | | |
	行为 1	行为 2	行为 3	行为 4
1	甲　乙			
2		甲		乙
3			甲　乙	
4		甲　乙		
5	甲　　乙			
6		甲	乙	
7		甲　乙		
8		甲	乙	
9	甲　乙			
10			甲　乙	
11		甲　乙		
12	甲　乙			
13		甲　乙		
14			甲　乙	
15	甲　乙			

甲乙两位观察者一致的行为次数为 12，不一致的次数为 3，则

$$整体信度 = \frac{观察一致的数目}{观察一致的数目 + 不一致的数目}$$

$$= 12/(12+3) = 0.8$$

整体信度至少达到 0.7 以上，才可以进一步进行编码。否则应停止，明确操作定义及编码规则。有的研究是使用录像对所观察的行为进行记录，事后由两位或两位以上研究者观看录像对行为进行编码。当编码不一致时，需要研究者重新观看录像，对照操作定义，重新编码，直到取得一致的编码。

(二)相关系数的计算

在以观察法为主的研究中，很多情况下需要报告变量之间的相关程度。由于研究目的和所获得数据的类型不同，通常要使用不同方法来计算相关系数。

1. 积差相关系数

如果获得的数据是等距或等比型的，计算两个变量之间的相关可以采用积差相关系数。这种计算方法是英国统计学家皮尔逊(Pearson)于 20 世纪初提出的，因而也称为皮尔逊相关系数。

(1)积差相关系数的计算

皮尔逊积差相关系数用 r 表示，两个变量分别用 X 和 Y 表示，则

$$r = \frac{\sum xy}{NS_X S_Y}$$

式中 $x = X - \overline{X}$，$y = Y - \overline{Y}$，N 为 X、Y 变量成对数据的个数，S_X 为变量 X 的标准差，S_Y 为变量 Y 的标准差。(标准差的计算方法见第十二章"实验法中的统计分析"的相关内容)。

如果使用原始数据计算，不用算出 X 和 Y 的平均数，可以通过下面公式来求：

$$r = \frac{\sum XY - \dfrac{\sum X \sum Y}{N}}{\sqrt{\left[\sum X^2 - \dfrac{(\sum X)^2}{N}\right] \cdot \left[\sum Y^2 - \dfrac{(\sum Y)^2}{N}\right]}}$$

【例 10-3】

计算下面两列数据的皮尔逊相关系数

X：12，10，6，16，8，9，12，11

Y：12，8，12，11，10，8，16，15

解：①可以设计一个表格，共 6 个栏目，从左到右依次为数据编号、X、Y、X^2、Y^2、XY，如表 10-4 所示。

②把成对的观测数据分别登记在第二栏和第三栏中。

③把表的最后一行留出，以记录各栏目数据的连加和数。

④逐个计算 X^2，Y^2，XY 及最后一行的和数。

表 10-4　数据 X、Y 的相关计算

编号	X	Y	X^2	Y^2	XY
1	12	12	144	144	144
2	10	8	100	64	80
3	6	12	36	144	72
4	16	11	256	121	176
5	8	10	64	100	80
6	9	8	81	64	72
7	12	16	144	256	192
8	11	15	121	225	165
$n = 8$	$\sum = 84$	$\sum = 92$	$\sum = 946$	$\sum = 1118$	$\sum = 981$

⑤将所得数据代入公式中，求得：

$$\sum XY - \sum X \sum Y / N = 981 - 84 \times 92/8 = 15$$

$$\sum X^2 - (\sum X)^2 / N = 946 - 84 \times 84/8 = 64$$

$$\sum Y^2 - (\sum Y)^2 / N = 1118 - 92 \times 92/8 = 60$$

$$r = \frac{\sum XY - \dfrac{\sum X \sum Y}{N}}{\sqrt{\left[\sum X^2 - \dfrac{(\sum X)^2}{N}\right] \cdot \left[\sum Y^2 - \dfrac{(\sum Y)^2}{N}\right]}}$$

$$= \frac{15}{\sqrt{64 \times 60}} = 0.24$$

计算积差相关要满足以下条件：第一，两个变量都是连续性数据，即等距或等比数据。第二，两个变量的总体都呈正态分布，或接近正态分布。第三，两个变量之间呈线性关系。

(2)积差相关系数的运用实例

【材料 10-1】

2.4.1　活动速度的编码。

……

第二个指标为儿童在 15 分钟的观察时间内手臂上计步器的计数。当儿童手臂的垂直运动达到一定程度时，计步器上就记录"1"，15 分钟后计步器

上的累加数目就是儿童手臂的活动速度的指标。计步器上的数目越大表明儿童手臂的活动速度越快。随机选取样本的30％固定两个计步器，以考察运动记录器的可靠性，两者的相关为0.917。

材料来源：刘文、夏明珠，《3～5岁儿童气质活动性与父母教养方式的关系》，载《心理与行为研究》，2007(1)。

在材料10-1中，研究者采用实验室观察法和问卷法考察了3～5岁儿童气质活动性与父母教养方式之间的关系。

研究者将儿童的活动性划分为两个方面：活动速度和活动强度。活动速度的一种指标是测量儿童手臂上计步器的计数。为了考察儿童活动速度测量的可靠性，研究者在总样本的30％的被试儿童手上固定两个计步器，两个计步器被认为是两个变量。记录的数据是每个儿童在15分钟内手臂垂直活动的次数，属于等距型数据。而且可以假定，这两个变量来自呈正态分布或接近正态分布的总体。求这两个变量的线性相关关系，可以使用皮尔逊积差相关，研究的结论是这两个变量的相关为0.917。

（3）使用 SPSS 计算积差相关系数的途径

Analyze→Correlation→Bivariate→将需要计算相关的两列变量选入 Variables 中→选择 Pearson 相关→OK。

皮尔逊积差相关对检验的数据有较高的要求，如正态分布、等距或等比数据等，这种检验属于参数检验。在教育研究中，有很多数据不适合使用参数检验，而需要使用非参数检验。非参数检验具有以下特点：第一，一般不需要有严格的前提假设；第二，非参数检验适用于顺序资料（等级变量）；第三，适用于小样本，且方法简单。

2. 斯皮尔曼相关系数

（1）斯皮尔曼相关系数的计算

斯皮尔曼相关又被称为等级相关，斯皮尔曼相关系数用 r_R 或 r_s 表示，用于计算顺序型变量之间的相关。它的计算公式为：

$$r_R = 1 - \frac{6\sum D^2}{N(N^2-1)}$$

其中，D 为成对变量等级之差；N 为等级数据的对数。

【例 10-4】

已知小李老师给幼儿园星星班绘画作品的前八位排序与小王老师的排序

不同，如表 10-5 所示，求两位老师评分的相关。

解：①设计一个表格，共 4 个栏目，从左到右依次为 X、Y、D、D^2。

②把成对的观测数据分别登记在第一栏和第二栏中。

③逐个计算 D 和 D^2。

④求出 D^2 的和数。

表 10-5 绘画作品的前八位排序

小李的等级（X）	小王的等级（Y）	D	D^2
1	2	1	1
2	1	-1	1
3	3	0	0
4	5	1	1
5	4	-1	1
6	8	2	4
7	6	-1	1
8	7	-1	1
			$\sum D^2 = 10$

代入公式中得：

$$r_R = 1 - 6 \times 10 / [8 \times (64 - 1)] = 0.88$$

使用等级相关研究两个变量之间的关系时，不受变量总体分布形态的限制，只考虑变量的等级而不管其数量的大小，所以在科研中应用很广。

(2)斯皮尔曼相关系数的运用实例

在材料 10-2 中，研究者的目的是测查儿童自主性与权威认知之间的关系。其中儿童自主性分为三个维度：依赖、任性、从众。权威认知的测量是采用故事法，通过儿童对故事的权威人物的反应做出评定，它属于顺序型变量。自主性的三个维度——依赖、任性、从众这三种变量都是儿童出现特定行为后，研究者通过对行为的观察进行编码赋分的，从赋分的指标来看：1、2、3、4、5 这五个数字不仅区分了不同的行为类型，还对这五种行为的优劣进行了区分。因此，这三种变量属于顺序型变量。

【材料10-2】

2.3.1 权威认知水平测查。

给儿童呈现故事，通过儿童对故事的反应及其所持的原因来考察儿童的权威认知水平。每个故事都配以图片，权威形象定位为母亲、教师和大学生（陌生成人），以拉丁方顺序把故事呈现给儿童。故事情节如下：你和元元因为玩滑梯的先后顺序而发生争吵，母亲/教师/大学生让元元先玩，你会怎么样？为什么？（具体编码见表1。）

2.3.2 自我依靠实验。

让被试把各种形状的积木放到形状盒中，主试坐在被试对面，观察被试反应。计分按出现行为次数累加，分数越高，依赖水平越高，自我依靠水平越低。（具体编码见表1。）

表1 权威认知水平与依赖、任性、从众行为编码及赋分表

	行为赋分				
	1	2	3	4	5
权威认知	盲目服从或拒绝（我不知道或摇头）	答非所问（如姑姑回来了）	主观评价（我说就是喜欢）	行为、身份及权威定向（某某是大人、怕批评）	知识、回报、关心及公平（某某有知识、妈妈养育我、某某为我好）
依赖行为（自我依靠）	把玩具放进去后看人	手里拿着一块积木和看人	说"这个放不进去了"或"找不到、做不了"	问"这样做对不对"等征求意见的话	直接问"这个应该放在哪儿"或"你告诉我吧"
……					

3.3 五岁儿童自主性三个维度与权威认知间呈显著正相关

由斯皮尔曼相关分析可知，权威认知与依赖、从众水平间呈显著负相关（$p < 0.01$），与任性水平呈极其显著负相关（$p < 0.001$）（见表2）。由于依赖、任性和从众分别与自我依靠、自我控制和自我主张相对应，因此可以推断权威认知水平与自我依靠和自我主张呈显著正相关，与自我控制呈极其显著正相关。

表2 权威认知与自主性三个维度的斯皮尔曼相关

	依赖	任性	从众
权威认知	-0.395^{**}	-0.440^{***}	-0.384^{**}

注：$**$表示 $p<0.01$，$***$表示 $p<0.001$。

资料来源：曲可佳、邹晓燕，《五岁儿童自主性与权威认知的相关研究》，载《应用心理学》，2016(1)。

求依赖、任性、从众分别与权威认知之间的相关，属于求两列顺序型变量之间的相关，应该使用斯皮尔曼相关。从统计结果来看，这三个维度与权威认知的相关系数均在 0.3 以上，且统计结果显著，说明它们之间有实质性的相关效应。

(3)使用 SPSS 计算斯皮尔曼相关系数的途径

Analyze→Correlation→Bivariate→将要计算相关的两列变量选入 Variables 中→选择 Spearman 相关→OK。

3. 肯德尔和谐系数

(1)肯德尔和谐系数的计算

肯德尔和谐系数又称为肯德尔 W 系数，是描述两个以上等级变量之间的一致性程度的量数。常用来表示几个评定者对同一组对象进行等级评定的一致性程度，或同一个评定者对同一组对象先后评定多次，其等级之间的一致性程度。肯德尔和谐系数用 W 表示，其计算公式为：

$$W = \frac{\sum R_i^2 - \dfrac{\left(\sum R_i\right)^2}{N}}{\dfrac{1}{12}K^2(N^3 - N)}$$

式中，R_i 代表每个被评对象获得的等级之和；N 代表被评定对象的数目；K 代表评定者的数目。

【例 10-5】

演讲比赛中，有 4 位评委 A，B，C，D 对 6 位选手的表现做出等级评定如表 10-6 所示，问 4 位评委之间的一致性是多少？

表 10-6　选手表现的等级评定

		选手						
		张	王	李	赵	刘	胡	
评委	A	1	2	3	4	5	6	
	B	3	4	2	1	5	6	
	C	5	4	2	3	1	6	
	D	3	5	1	2	6	4	
	R	12	15	8	10	17	22	$\sum R = 84$
	R^2	144	225	64	100	289	484	$\sum R^2 = 1306$

其中，$N=6$，$K=4$

代入公式，$W = \dfrac{\sum R_i^2 - \dfrac{\left(\sum R_i\right)^2}{N}}{\dfrac{1}{12}K^2(N^3-N)} = 0.46$

（2）使用 SPSS 计算肯德尔和谐系数的途径

在例 10-5 中，4 个评委给 6 位选手打分，要对评委的打分情况进行肯德尔和谐系数的检验。

使用 SPSS，数据按如下方式排列，如表 10-7 所示。

表 10-7　评委的打分情况

	选手 1	选手 2	选手 3	选手 4	选手 5	选手 6
评委 A	1	2	3	4	5	6
评委 B	3	4	2	1	5	6
评委 C	5	4	2	3	1	6
评委 D	3	5	1	2	6	4

Analyze→nonparametrics tests→选 K related samples →把所有变量选中（所有的列）→再选中 Kendall's W →OK。

4. 点二列相关系数

（1）点二列相关系数的计算

在求相关的两列变量中，一个变量是正态连续变量，另一个变量是实质的二分名义变量，即按照事物性质划分为两类的变量，如男与女、对与错、生与死等，或者二分变量来自的总体是否正态连续不清楚时，描述这样两个变量之间的相关程度，应该用点二列相关。

点二列相关系数用 r_{pb} 表示，其计算公式为：

$$r_{pb} = \frac{\overline{X}_p - \overline{X}_q}{S_t} \cdot \sqrt{pq}$$

式中，p 与 q 分别为二分变量中各自占总体的比例，$p+q=1$；$\overline{X}_p$ 为连续变量中与 p 对应部分的平均数，$\overline{X}_q$ 为连续变量中与 q 对应部分的平均数；S_t 为连续变量全部观测值的标准差。

【例 10-6】

随机抽取某区幼儿园儿童 10 名，其中男童 6 名，女童 4 名。他们某次美术成绩的得分如表 10-8 所示。计算儿童性别与美术成绩得分之间的相关程度。

表 10-8 儿童美术成绩的得分

总分	86	79	90	75	92	74	93	89	95	78
儿童性别	女	男	男	女	男	男	女	男	男	女

解：儿童美术成绩为连续变量，儿童的性别是二分变量，求这两列变量之间的相关程度要用点二列相关。

设男童的比例为 p，女童的比例为 q，依据表中数值求得：

$p=6/10=0.6$，$q=4/10=0.4$，$\overline{X}_p=86.5$，$\overline{X}_q=83$，$S_t=7.9$

代入公式 $r_{pb}=\dfrac{\overline{X}_p-\overline{X}_q}{S_t} \cdot \sqrt{pq}=0.22$

(2)使用 SPSS 计算点二列相关系数的途径

与计算皮尔逊相关系数一样，只是其中的一列变量在 SPSS 中自定义为实质二分名义变量。

Analyze→Correlation→Bivariate→将要计算相关的两列变量选入 Variables 中→选择 Pearson 相关→OK。

5. 二列相关系数

(1)二列相关系数的计算

二列相关适用于两列变量都是正态等距变量，但其中一列变量被人为地分成两类。例如，人为地将身体健康状况分为健康与不健康两类，将某一成绩按照特定的分值，高于或等于这一特定分值的为合格，低于这一分值的为不合格。

二列相关系数用 r_b 表示，其计算公式为：

$$r_b = \frac{\overline{X}_p - \overline{X}_q}{S_t} \cdot \frac{pq}{y}$$

其中的变量与点二列相关中的意义相同，y 为标准正态曲线中 p 值对应的高度，查正态分布表能得到。

（2）使用 SPSS 计算二列相关系数的途径

在 SPSS 中不能直接计算二列相关系数。但通过比较二列相关和点二列相关的计算公式，可以发现：

$$r_b = \frac{\overline{X}_p - \overline{X}_q}{S_t} \cdot \frac{pq}{y} = \frac{\overline{X}_p - \overline{X}_q}{S_t} \cdot \sqrt{pq} \cdot \frac{\sqrt{pq}}{y} = r_{pb} \cdot \frac{\sqrt{pq}}{y}$$

因此，可以先采用点二列相关的方法用 SPSS 计算出 r_{pb}，再手工算出 $\dfrac{\sqrt{pq}}{y}$，将二者相乘。

6. Φ 相关系数

（1）Φ 相关系数的计算

当相关联的两个变量均分为两类，其中至少有一个实质是二分型的，描述这样两个变量的相关程度用 Φ 相关。

将数据整理成 2×2 四格表形式，如表 10-9 所示。

表 10-9　Φ 相关系数的计算

	Y_1	Y_2	$\sum$
X_1	a	b	$a+b$
X_2	c	d	$c+d$
$\sum$	$a+c$	$b+d$	$a+b+c+d$

$$r_\Phi = \frac{ad - bc}{\sqrt{(a+b)(a+c)(b+d)(c+d)}}$$

【例 10-7】

从某幼儿园中随机抽取男孩 20 名，女孩 16 名，调查他们参加幼儿舞蹈课的态度情况，他们参加舞蹈课的态度分为积极和不积极，如表 10-10 所示。计算幼儿参加舞蹈课的态度与性别之间的相关程度。

解答过程如下：

表 10-10　幼儿参加舞蹈课的态度分布

	积极	不积极	$\sum$
男	15(a)	5(b)	$a+b=20$
女	6(c)	10(d)	$c+d=16$
$\sum$	$a+c=21$	$b+d=15$	36

$$r_\Phi = \frac{ad-bc}{\sqrt{(a+b)(a+c)(b+d)(c+d)}}$$
$$= (15 \times 10 - 5 \times 6) \div 317.5$$
$$= 0.38$$

(2)使用 SPSS 计算 Φ 相关系数的途径

在例 10-7 中，使用 SPSS，数据按如下方式排列，如表 10-11 所示。

表 10-11　幼儿参加舞蹈课的态度

人数(dance)	态度(attitude)	性别(gender)
15	1(态度 1 为积极)	1(性别 1 为男性)
5	2	1
6	1	2
10	2	2

数据输入后，打开 SPSS 中的 data→weight cases→打开后，将变量"dance"放入 weight cases 中。

然后，Analyze→descriptives→cross tabs→将"gender"选入 row variables→将"attitude"选入 column variables 中。

点选 statistics→选 Phi and Cramer's V→OK。

7. Kappa 相关系数

(1)Kappa 相关系数的计算

在观察法中，对特定行为的观察通常采用两个评分者进行评定，然后求两个评分者的一致性程度。

Kappa 相关系数的计算公式为：

$$k = \frac{\sum f_o - \sum f_e}{N - \sum f_e}$$

其中 $\sum f_o$ 是两次观测的实际一致次数的总和，$\sum f_e$ 是两次观测的期望一致次数总和，N 为观察的总次数。

【例 10-8】

两位观察者小红和小刚对儿童的游戏行为进行观察，儿童的游戏行为分为三类：独自游戏、两人游戏、小组游戏，两位观察者的结果如表 10-12 所示：

表 10-12　儿童游戏行为的观察结果

		小红			
		独自	两人	小组	行合计
小刚	独自	18	4	7	29
	两人	5	25	9	39
	小组	2	4	26	32
	列合计	25	33	42	100

从表中得知，两位观察者在三类行为中实际观测一致的次数为：

$$\sum f_o = 18 + 25 + 26 = 69$$

两次观测的期望一致的次数为：

$$f_e = \frac{（行的和）\times（列的和）}{N}$$

$$\sum f_e = \frac{29 \times 25}{100} + \frac{39 \times 33}{100} + \frac{32 \times 42}{100} = 7.25 + 12.87 + 13.44 = 33.56$$

则两位观察者的一致性程度为：

$$k = \frac{\sum f_o - \sum f_e}{N - \sum f_e} = \frac{69 - 33.56}{100 - 33.56} = 0.53$$

（2）Kappa 相关系数的运用实例

在材料 10-3 中，研究者通过观看录像对母亲和儿童的行为根据操作性定义进行编码，这些行为的编码只有类别上的区别，因此属于类别变量。两位研究者对行为编码，考查评分的一致性，即评分者信度，可以使用 Kappa 相关系数。

【材料10-3】

2.2.1　家庭观察。

家庭观察分为3个步骤：

①对母亲进行半结构访谈，访谈问题包括儿童的日常生活安排、儿童社会活动、家庭教育环境以及父母的抚养观念，同时让儿童自由玩玩具。这个阶段作为观察的预热阶段。

②访谈结束后，请母亲与儿童自由游戏15分钟。

③实验员带去一套磁力拼图玩具。这个玩具是由一个具有磁性的拼盘和一些各种颜色的三角形、长方形、半圆形、扇形组成的。实验员提供两张小图片（30cm×22cm）和两张大图片（34cm×26cm）。先让儿童独立地用拼盘中的图形拼出两张小图片中的图形；如果母亲参与，实验员也不予阻止。然后再请母亲与儿童合作拼出两张大图片中的图形，如果母亲不参与，实验员也不再要求，尽量按照自然情况进行。

整个过程持续大约1小时，由一名实验员进行访谈和提供拼图玩具，另一名实验员进行录像。

2.3　家庭录像资料的编码

2.3.1　反复观看家庭录像，确定母亲和儿童行为的编码维度，以10秒为单位进行编码。

2.3.2　随机选取样本的10%，由两名编码员分别进行独立编码，计算科恩Kappa系数得到评分者信度。在自由游戏情境中，母亲的言语、动作、情绪的评分者信度分别为：0.78～0.85，0.87～0.92，0.63～0.75；儿童的言语、动作、情绪的评分者信度分别为：0.74～0.83，0.88～0.91，0.66～0.78。在拼图游戏情境中，母亲的言语、动作、情绪的评分者信度分别为：0.85～0.90，0.81～0.88，0.78～0.82。儿童的言语、动作、情绪的评分者信度分别为：0.88～0.93，0.86～0.92，0.85～0.90。

资料来源：陈会昌等，《在家庭自由游戏和智力任务游戏中母亲对孩子的态度特征》，载《心理学报》，2003(1)。

(3)使用SPSS计算Kappa相关系数的途径

在例10-8中，使用SPSS，数据按如下方式排列，如表10-13所示。

表 10-13　小刚和小红的观察结果

观测值（behavior）	小刚认为的种类（kindGANG）	小红认为的种类（kindHONG）
18	1	1
5	2	1
2	3	1
4	1	2
25	2	2
4	3	2
7	1	3
9	2	3
26	3	3

数据输入后，打开 SPSS 中的 data→weight cases→打开后，将变量"behavior"放入 weight cases 中。

然后，Analyze→descriptives→cross tabs→将"kindGANG"选入 row variables→将"kindHONG"选入 column variables 中。

点选 statistics→选 Kappa→OK。

8. 克伦巴赫 α 系数

在观察法研究中，常用多级计分来对多种变量进行分类，这时常采用克伦巴赫 α 系数作为信度的报告指标。在材料 10-4 中，对行为的编码属于等距变量，而且对行为的分类有五种，属于多级计分，在计算信度时使用克伦巴赫 α 系数。

（1）克伦巴赫 α 系数的运用实例

【材料 10-4】

（三）研究程序与编码

本研究采用柯卡莎所采用的实验模式，包括三部分：婴儿的易怒性、母亲的回应和婴儿的接受性合作。其中，婴儿接受性合作的分数由婴儿的约束性顺从和对母亲的回应两部分构成。

1. 婴儿易怒性评定

用经典的气质测验评定婴儿的易怒性，在被试家中进行，包括三个情境：

限制胳膊(放下婴儿的胳膊,两次 30 秒的尝试);坐椅子(在椅子上进行一分钟的限制);拿走玩具(拿走很吸引人的玩具,三次 15 秒的尝试)。分别记录婴儿口头、面部及身体的表现,而后对婴儿这三方面进行行为编码、计分,将分数累加,得分越高表示婴儿易怒性越高,得分越低表示易怒性越低。其中,婴儿口头行为表现编码规则为:婴儿没有不满计为 0 分;温和的抗议计为 1 分;明确的抗议,达到两秒计为 2 分;长时间的抗议,急躁,轻声哭泣计为 3 分;明确的哭计为 4 分;大哭,尖声喊叫计为 5 分。婴儿面部行为表现编码规则为:婴儿没有生气表情计为 0 分;温和,仅一个面部区域有反应计为 1 分;适中,有两个面部区域有反应计为 2 分;所有的三个区域都有反应计为 3 分。婴儿身体行为表现编码规则为:没有反抗行为,身体各部位没有反应计为 0 分;轻微挣扎,胳膊和腿只是动一动,没有明确反对计为 1 分;中度挣扎,间断性地尝试用胳膊和腿阻止,但并不强烈计为 2 分;有节制的高度挣扎,使劲伸胳膊、动腿,想要挣脱束缚,但努力不能达到就放弃计为 3 分;高度挣扎,不间断地用力伸胳膊,蹬腿,踩脚等,不肯罢休计为 4 分。

······

三、研究结果与分析

(一)实验信度

克伦巴赫 α 系数表示实验设计中所有项目间相关系数的平均值,通常一般被用来表征信度。本研究中,婴儿易怒性实验的 α 系数为 0.8017,母亲及婴儿回应实验的 α 系数分别为 0.8125 和 0.8065,婴儿约束性顺从实验的 α 系数为 0.8032,表明这些实验均有着良好的信度。

资料来源:王媛、邹晓燕,《婴儿易怒性、母亲回应与婴儿接受性合作之间的关系》,载《学前教育研究》,2011(2)。

(2)使用 SPSS 计算克伦巴赫系数 α 的途径

Analyze→Scale→Reliability→Cronbach α→OK。

三、观察法中的平均数差异检验

在观察法中,对所观察的行为进行信度上的验证后,接下来是对观察取得的数据进行分析。根据不同的研究目的以及变量的个数和类型,主要用到如下的统计方法,如图 10-5 所示。

(自)变量	(因)变量	统计方法
一个变量（连续型）		皮尔逊积差相关、一元回归
一个变量（2种类别）		t 检验
一个变量（3种以上类别型）	一个连续型的变量	F 检验（单因素一元方差分析）
多个变量（类别型）		F 检验（多因素一元方差分析）
多个变量（连续型）		积差相关矩阵、多元回归
多个变量（类别型）	多个连续型的变量	F 检验（多因素多元方差分析）
多个变量（连续型）		路径分析、结构方程
一个变量（类别型）	一个类别型的变量	χ^2 检验（列联表相关）
多个变量（类别型）		

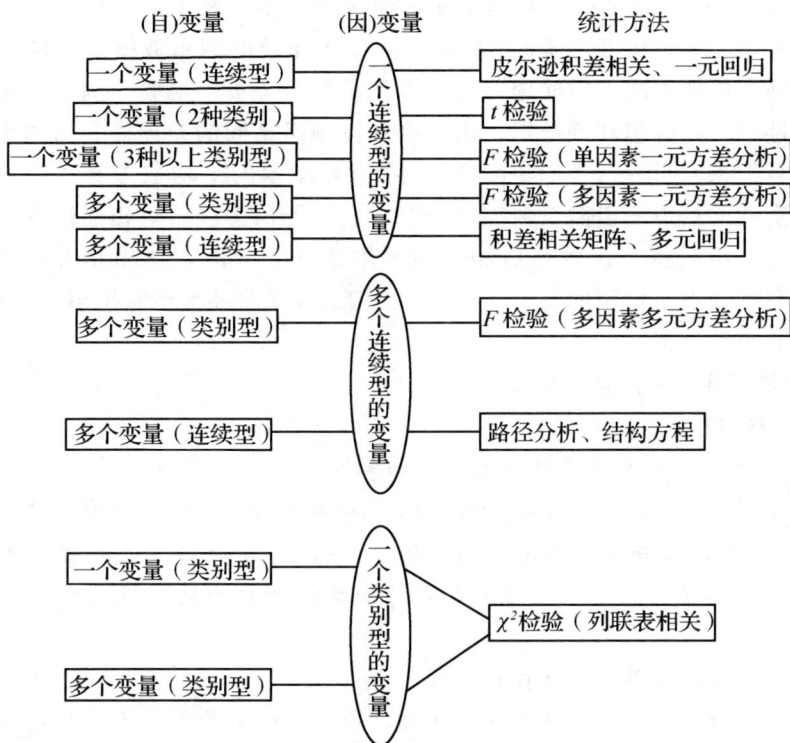

图 10-5　观察法中的统计思路图

其中的 t 检验、F 检验和 χ^2 检验属于推断统计。推断统计的基本逻辑是，在教育学和心理学的研究中，限于人力、财力和物力，我们不可能考查到总体中的每个个体，或者没有必要去考查每个个体，此时只需要从总体中抽取样本来进行研究。用样本的情况来估计总体的情况就是推断统计。

进行推断统计时，要选择适当的假设检验的方法。假设检验方法的选取与总体的分布形态、总体的分布特征（平均值和方差）、样本统计量及样本大小等因素有关。我们着重介绍 t 检验、F 检验和 χ^2 检验的使用，具体相关的基础知识请参阅第十二章"实验法中的统计分析"。

（一）t 检验

t 检验的应用非常广泛，当用于比较两个样本平均数的差异是否显著时，

可以使用 t 检验。根据两组数据是来自同一个样本还是不同的样本，可以分为独立样本 t 检验和相关样本 t 检验。当用于比较的两组数据来自两个不同且完全独立的样本时，应使用独立样本的平均数差异 t 检验。例如，用来比较男女性别、高分组和低分组、实验组和控制组之间的差异等。当用于比较的两组数据来自同一个样本时，应使用相关样本的平均数差异 t 检验。例如，在实验前获得一组测量数据，采取一定的干预手段后对相同样本进行测量并获得一组数据，比较前后测之间平均数的差异时，使用相关样本 t 检验。在观察法中，常用的是独立样本 t 检验。相关样本 t 检验见第十二章"实验法中的统计分析"。

1. 独立样本 t 检验的步骤

【例 10-9】

在一项关于儿童性别对知觉判断的影响研究中，随机选取男女两组被试，其中男生组 60 人，对知觉判断的平均结果 $\overline{X}_1 = 80$，标准差 $S_1 = 18$；女生组 52 人，对知觉判断的平均结果 $\overline{X}_2 = 73$，$S_2 = 15$。已知男女生所来自的总体方差是一致的。问性别因素对知觉判断的平均结果是否存在显著差异？

解：①选择检验方式并提出假设。

由于本题没有提到总体的分布状况，所以我们需要假定两总体符合正态分布，且总体方差未知，应使用 t 检验。

虚无假设为 $H_0: \mu_1 = \mu_2$，备择假设为 $H_1: \mu_1 \neq \mu_2$。

②计算各统计量及 t 值。

$$SE_{D\overline{X}} = \sqrt{\frac{S_{n_1}^2}{n_1} + \frac{S_{n_2}^2}{n_2}} = \sqrt{\frac{18^2}{60} + \frac{15^2}{52}} = = 3.12$$

$$t = \frac{\overline{X}_1 - \overline{X}_2}{SE_{D\overline{X}}} = \frac{80 - 73}{3.12} = 2.24$$

③确定显著性水平和临界值。

取 $\alpha = 0.05$，$\mathrm{d}f = n_1 + n_2 - 2 = 60 + 52 - 2 = 110$，查 t 分布表（双尾），$t(0.05/2, 110) = 1.98$。

④统计决断。

由于 $t = 2.24 > 1.98$，$p < 0.05$，所以拒绝虚无假设，接受备择假设，认为两组差异显著。

2. t 检验的运用实例

在材料 10-5 中，研究者考查权威认知水平的高低分组的儿童在自主性的三个维度：自我依靠、自我控制和自我主张的差异是否显著。也就是根据权威认知的得分将儿童区分为高分组和低分组，再分别考查自我依靠、自我控制、自我主张以及自主性（三者总分）这四个变量的高、低分组之间平均数的差异是否显著，因此应使用独立样本 t 检验。

【材料 10-5】

　　3.3　五岁儿童自主性三个维度与权威认知间呈显著正相关

　　由斯皮尔曼相关分析可知，权威认知与依赖、从众水平间呈显著负相关（$p<0.01$），与任性水平呈极其显著负相关（$p<0.001$）（见表1）。由于依赖、任性和从众分别与自我依靠、自我控制和自我主张相对应，因此可以推断权威认知水平与自我依靠和自我主张呈显著正相关，与自我控制呈极其显著正相关。此外，通过独立样本 t 检验可知，儿童权威认知水平高低组在依赖（$t=22.534$、$df=39.191$、$p<0.001$），任性（$t=16.805$、$df=39.815$、$p<0.001$），从众（$t=3.577$、$df=58$、$p<0.001$）和三者总分（$t=15.731$、$df=39.669$、$p<0.001$）上差异显著（见表2）。由此可以说明：权威认知水平高的儿童，自我依靠、自我控制和自我主张水平高；权威认知水平低的儿童，自我依靠、自我控制和自我主张水平低。

　　表1（略）。

表 2　自主性及三个维度的独立样本 t 检验

三个维度及总分	t	df	$Sig.$
依赖（自我依靠）	22.534	39.191	0.000***
任性（自我控制）	16.805	39.815	0.000***
从众（自我主张）	3.577	58	0.000***
总分（自主性）	15.731	39.669	0.000***

　　注：＊＊＊表示 $p<0.001$。

　　资料来源：曲可佳、邹晓燕，《五岁儿童自主性与权威认知的相关研究》，载《应用心理学》，2006(1)。

3. 使用 SPSS 实现 t 检验的途径

　　在例 10-9 中，使用 SPSS，数据按如下方式排列，如表 10-14 所示。

表 10-14　性别对知觉判断的影响结果

知觉判断(perception)	组别(group)
89	1(女生组)
87	1(女生组)
80	1(女生组)
…	…
…	…
67	2(男生组)
78	2(男生组)
73	2(男生组)

Analyze→Compare Means→independent→将"perception"选入 depend variable，下面显示的 ID(??)中选"group"→group1 填"1"，group2 填"2"→option(默认值)→OK。

(二)F 检验

1. F 检验的作用

t 检验是用于比较两组变量之间平均数的差异，当观测的变量多于两组时，需要比较各变量之间平均数是否存在差异，就应该使用 F 检验。如果 F 检验的结果显著，则需要做事后检验，即找出显著存在于哪两组之间。

除此之外，F 检验还可以用于比较两个独立样本方差间的差异显著性检验。例如，从幼儿园大班随机抽取两个班级，组成实验班和对照班，对实验班采用新的游戏法教学，对照班还采用传统游戏法教学，一个学期后统一测验。如果问新教学法是否有效，这时就应该使用独立样本 t 检验，但是有个前提条件是我们得事先保证这两个班在实验前是来自没有差异的总体，也就是所谓的方差齐性检验。这时就需要使用 F 检验了，在实际研究中，有时还要求同时比较多个方差之间是否齐性。这两种情况都可以使用下面的公式：

$$F_{\max} = S_{\max}^2 / S_{\min}^2, \quad (k, \mathrm{d}f)$$

式中 k 为方差的个数，$\mathrm{d}f = n - 1$，$S_{\max}^2$，$S_{\min}^2$ 分别为各样本方差中数值最大和最小者。方差分析的原理和计算过程在第十二章"实验法中的统计分析"中有论述，我们在这里只介绍它的运用。

2. F 检验的运用实例

【材料 10-6】

3　结果与分析

3.1　3～5 岁儿童活动性与父母教养方式之间的关系

从表 1 的结果可知，3～5 岁儿童活动性与父母教养方式之间存在着密切的关系。3～5 岁不同活动性的儿童，其父母在溺爱性和放任性这两个维度的父母教养方式上差异显著。高活动性组的儿童，其父母的溺爱性和放任性得分最高。LSD Post Hoc 后继检验发现在父母教养的溺爱性中，中分组与高分组的差异显著，$MD = -2.60$，$p < 0.05$；在父母教养的放任性中，低分组与高分组的差异极其显著，$MD = -3.97$，$p < 0.01$，中分组与高分组的差异也显著，$MD = -3.17$，$p < 0.05$；在父母教养的不一致性中，中分组与高分组之间差异显著，$MD = -2.47$，$p < 0.05$。

表 1　3～5 岁儿童活动性与父母教养方式之间的关系

		低分组(15 人)	中分组(34 人)	高分组(12 人)	F
溺爱性	M	14.00	13.25	15.53	3.307*
	SD	2.591	3.046	3.380	
民主性	M	41.80	42.29	41.08	0.573
	SD	2.210	3.689	3.801	
放任性	M	18.20	19.00	22.17	4.276*
	SD	3.629	3.085	5.289	
专制性	M	19.47	20.09	20.58	0.338
	SD	2.774	3.688	4.010	
不一致性	M	12.80	12.53	15.00	2.187
	SD	3.385	3.277	4.513	

注：* 表示 $p < 0.05$。

资料来源：刘文、夏明珠，《3～5 岁儿童气质活动性与父母教养方式的关系》，载《心理与行为研究》，2007(1)

在材料 10-6 中，研究者要考察儿童活动性与父母教养方式之间的关系。父母的教养方式分为五种类型：溺爱、民主、放任、专制、不一致。儿童的活动性水平分为高、中、低三组。研究者考查活动性高、中、低三组的儿童在溺爱性、民主性、放任性、专制性、不一致性的维度上是否存在差异。结果表明，在溺爱性和放任性维度上分别存在差异，为了探明差异到底存在于高、低组之间还是高、中组之间，还是中、低组之间，因此要做事后检验。

2. 使用 SPSS 实现 F 检验的途径

【例 10-10】

为了研究三种不同教材的质量，抽取三个实验班（每班 5 人），分别使用其中一种教材，而对其他无关因素加以控制。经过一段时间的教学后进行测试，得到三种实验处理的数据如下：使用教材 A 的学生成绩为 70，74，72，68，71；使用教材 B 的学生成绩为 75，80，77，68，75；使用教材 C 的学生成绩为 70，72，66，72，70。使用这三种教材的实验班的教学质量是否存在差异？

使用 SPSS，将数据按如下方式排列，如表 10-15 所示。

表 10-15　使用三种教材的学生成绩

成绩（textbook）	组别（group）
70	1（教材 A）
74	1（教材 A）
72	1（教材 A）
68	1（教材 A）
71	1（教材 A）
75	2（教材 B）
80	2（教材 B）
77	2（教材 B）
68	2（教材 B）
75	2（教材 B）
70	3（教材 C）
72	3（教材 C）
66	3（教材 C）
72	3（教材 C）
70	3（教材 C）

Analyze→compare means→ONE WAY ANOVA→将"textbook"选入 dependent list 中，"group"选入 Factor 中，点选 Contrasts→其中的 Polynomial 可以进行均值的多项式比较→Continue。

点选 Post Hoc 进行方差分析的事后检验→常用的有 LSD，Bonferroni，Scheffe，可根据研究需要进行选择→Continue。

点选 Options→Statistics 中选 Descriptive 和 Homogeneity-of-variance→选 Mean plot→Continue→OK。

(三)χ^2 检验

前面介绍的 t 检验和 F 检验都是参数检验的方法。这些统计问题之所以属于参数检验，是因为它们具有共同前提：总体分布的形态是正态分布。如果涉及两个总体，还要求两总体的方差同质。而且对数据的性质也有要求，t 检验和 F 检验适用于等距或等比数据。但是在实际研究中，我们常会遇到一些问题不符合参数检验的前提，倘若仍使用参数检验，则会导致错误的结论。因此，在这种情况下，要使用非参数检验。χ^2 检验是最常见的非参数检验。

1. χ^2 检验的种类

非参数检验对总体的分布情况要求低，也不要求对总体的均数、方差等参数进行假设，因而所使用的范围要比参数检验广泛得多。在参数检验的假设无法满足时，我们可以运用非参数检验。即便是总体分布符合参数检验的要求，但获得的数据是顺序型或类别型的，如两个班级学生的学习成绩比较，一般是利用参数检验来对分数进行比较。但是可能会无法得到学生的分数，而只能获得他们的成绩排名，这时就只能用非参数检验来进行统计。

χ^2 检验按研究目的、适用情境和计算方法的不同，分为 χ^2 匹配度检验和 χ^2 独立性检验两种。

(1)χ^2 匹配度检验

χ^2 匹配度检验是用于检验一个因素两项或多项分类的实际观察次数与理论分布次数是否接近的方法。例如，求某一年在某地的医院中，男婴、女婴的出生数量是否相当。再如，有 A，B，C，D，E 五种饮料，哪种最受人欢迎？

（2）χ^2独立性检验

χ^2独立性检验主要用于解决两个类别型或顺序型变量是否相关的问题。

在参数检验时，两样本的均数比较用的是t检验，但t检验要求数据至少是等距的，且是正态分布，两总体方差同质。当两个变量的数据是类别型或顺序型时，就需要用卡方独立性检验。例如，检验不同类别的人对某一事件的不同看法是否存在差异，就属于χ^2独立性检验。

2. χ^2检验的步骤

【例 10-11】

研究者调查了 300 位幼儿教师对不同教育理念的喜好态度，其中教育理念分为传统教育、蒙氏教育、奥尔夫教育、瑞吉欧教育，喜好态度分为支持和反对。具体状况如表 10-16 所示。

表 10-16　幼儿教师对不同教育理念的喜好态度

教育理念	态度	
	支持	反对
传统教育	51	11
蒙氏教育	31	29
奥尔夫教育	14	4
瑞吉欧教育	56	104

问幼儿园教师对这四种教育理念的态度是否有差异。

解：由于本研究是对态度的考察，数据为类别型，其实质是用来处理一个变量是否服从某一假设比例的非参数检验。

如果是考察样本中不同类别的大小是否均衡，就应该采用均匀分布作为期望次数（expected frequency）；如果考察某个样本的不同类别的比例是否符合总体的类别比例，期望次数就由总体的各类别比例来确定。

①先求出行的和与列的和。

②求期望次数。

某单位格的期望次数与该单位格所在行的和之比，等于该单位格所在列的和与全部总和之比，用公式表示：$frs = mr \times nc / N$。

其中，frs 为所求单元格的期望次数；mr 为所求单元格所在行的和，nc

为所求单元格所在列的和，N 为全部总和。

表 10-17 幼儿教师对不同教育理念喜好态度的期望次数

教育理念	支持教育	反对教育	行的和
传统教育	51(31.4)	11(30.6)	62
蒙氏教育	31(30.4)	29(29.6)	60
奥尔夫教育	14(9.1)	4(8.9)	18
瑞吉欧教育	56(81.1)	104(78.9)	160
列的和	152	148	300

$$f_e = \frac{行的和 \times 列的和}{总数\ N}$$

传统教育的支持期望次数 $= 62 \times 152/300 = 31.4$，反对次数 $= 62 - 31.4 = 30.6$。

蒙氏教育的支持期望次数 $= 60 \times 152/300 = 30.4$，反对次数 $= 60 - 30.4 = 29.6$。

……

依次类推，将期望次数写在相应的括号中，如表 10-17 所示。

③求 χ^2，$\chi^2 = \sum \frac{(f_o - f_e)^2}{f_e}$。

其中，f_o 为观察次数，f_e 为期望次数

$\chi^2 = \frac{(51-31.4)^2}{31.4} + \frac{(11-30.6)^2}{30.6} + \cdots + \frac{(104-78.9)^2}{78.9} = 45.78$

④求自由度，查卡方表确定临界值。

$\mathrm{d}f = (行数 - 1) \times (列数 - 1) = (4-1) \times (2-1) = 3$；$\chi^2(0.01, 3)$ 的临界值 $= 11.341$

⑤统计决断。

χ^2 观测值 $= 45.78 > 11.341$，$p < 0.01$。因此，幼儿教师对四种教育理念的态度有明显差异。

3. χ^2 检验的运用实例

在材料 10-7 中，研究者对五种不同年龄段儿童的游戏类型进行观察，计算不同游戏发生的次数，进而计算出频次和百分数，作为儿童不同的社交

类型。社交类型的数据属于类别型变量，研究者的目的是求各年龄之间社交类型是否不同，因此应该使用 χ^2 检验。

【材料 10-7】

2.2　方法与步骤

本研究采用时间取样观察法，以录像同时收集中美学前儿童在自由游戏或引导游戏的自然情境中的资料，并对中美方研究人员进行统一培训。

……

分类编制：我们使用伯根根据皮亚杰和帕顿所规定的两种维度上的游戏难度模式，将游戏分为 15 类而制订的游戏分类表，见表 1 。………

表 1　游戏分类表

	实践	象征	规则	记录
旁观	1	2	3	
个体	4	5	6	
平行	7	8	9	
联系	10	11	12	
合作	13	14	15	

2.3　统计与评分

……计算社交类型和认知类型的每种类型的频数和百分率，社交、认知综合类型的每种类型的频数和百分率，进行 χ^2 检验。

……

3　结果与讨论

3.1　学前儿童在游戏中的社交类型与认知类型的发展

我们通过对中国大连市学前儿童在自由游戏或引导游戏中所表现出来的社交类型和认知类型层次分类的频数、百分率进行研究，其中百分率＝频数/(人数×19)，所得结果见表 2 。

表 2 中国大连学前儿童社交类型和认知类型层次分类的百分率

游戏种类		1岁半 (10人)		2岁 (20人)		3岁 (20人)		4岁 (20人)		5岁 (20人)		χ^2
		频数	百分率	频数	百分率	频数	百分率	频数	百分率	频数	百分率	
社交类型	旁观	66	34.7	78	20.5	63	16.6	60	15.8	47	12.4	38.18**
	个体	98	51.6	63	16.6	12	3.2	9	2.4	9	2.4	362.27**
	平行	14	7.4	185	48.7	159	41.8	139	36.9	117	30.8	66.92**
	联系	1	0.5	18	4.7	69	18.2	101	26.6	99	26.1	104.02**
	合作	0	0	2	0.5	34	8.9	50	13.2	94	24.7	112.4**
认知类型	实践	171	90	266	70	194	51.1	206	54.2	190	50	48.31**
	象征	8	4.2	80	21.1	131	34.5	138	36.3	145	38.2	69.54**
	规则	0	0	0	0	12	3.2	15	3.9	31	8.2	25.86**

注：**表示$p < 0.01$。

由表 2 可见，社交类型随年龄的增长而发展变化，其中旁观游戏在 2 岁前较多，进入 2 岁明显减少，3 岁后趋于稳定（$p < 0.01$）。个体游戏的分布随年龄的增长而降低（$p < 0.01$），2 岁下降很快，到了幼儿园阶段个体游戏处于次要地位。平行游戏 2 岁突然增多，然后随年龄发展逐年减少（$p < 0.01$）。联系游戏随年龄的增长而发展（$p < 0.01$），3、4 岁发展很快，4 岁小朋友能够主动寻找游戏的伙伴。合作游戏随年龄的增长而发展（$p < 0.01$），5 岁儿童发展很快。依此，我们认为反映低社交水平的旁观、个体、平行游戏随年龄增长而减少，反映高社交水平的联系、合作游戏随年龄增长而增多。托儿所儿童以个体、平行游戏为主，幼儿园儿童，特别是 4、5 岁儿童逐渐以联系、合作游戏为主。学前儿童社会交往能力发展水平随年龄的增长而提高，这一结论与帕顿的游戏水平模式相一致，是否也可以说年龄可以作为预测社会性难度的有效标准。

……

资料来源：杨丽珠等，《学前儿童在游戏中社交和认知类型发展的研究》，载《心理学报》，1995(1)。

4. 使用 SPSS 实现 χ^2 检验的途径

（1）χ^2 匹配度检验

χ^2 匹配度检验是检验一个因素两项或多项分类的实际观察次数与理论分布次数是否接近。例如，分别对幼儿园小班、中班、大班儿童的游戏类型进行观察，发现出现个体游戏的次数分别为 36 次、20 次和 14 次，问三个年级的个体游戏之间是否有不同？例子中的单因素为"年级"，分为三个水平：小班、中班和大班。实际观察次数为 36、20、14，理论观察次数是指假设条件成立的情况下，三个年级个体游戏次数不存在差异，即 20、20、20。

使用 SPSS，数据按如下方式排列：

frequency

36

20

14

Analyze→nonparametric Tests→Legacy Dialogs→chi-square→将变量"frequency"选入 Test variable list 中→OK。

（2）χ^2 独立性检验

χ^2 独立性检验用于解决两个变量是否相关的问题，这两个变量的数据类型是类别型或顺序型的。

在例 10-11 中，两个变量分别为"教育理念"和"态度"。将四种教育理念用英文"kind"表示，对不同教育理念的态度用"attitude"表示，不同教师对教育理念所持态度的人数用"count"表示。

使用 SPSS，数据按如下方式排列，如表 10-18 所示。

表 10-18　不同教育理念的喜好态度

人数（count）	教育理念（kind）	态度（attitude）
51	1	1
31	2	1
14	3	1
56	4	1
11	1	2
29	2	2
4	3	2
104	4	2

数据输入后，data→weight cases→打开后，将变量"count"放入 weight cases 中。

Analyze→descriptives→cross tabs→将"kind"选入 row variables→将"attitude"选入 column variables 中。

点选 statistics→选 chi-square→OK。

本章·小结

观察法所获得的数据种类各异，不同类型的数据在进行统计时所选择的方法也是不同的。求变量的相关程度在观察法中最为常用，当求两列变量相关时，常用皮尔逊相关系数、斯皮尔曼相关系数、点二列相关系数、二列相关系数、Kappa 相关系数和 Φ 相关系数，求多个变量之间的相关可以使用肯德尔和谐系数和克伦巴赫 α 相关系数，每种相关系数的计算都有其适用的条件。

在观察法中还需要针对不同的研究目的进行平均数的差异比较。当用于比较两个样本平均数的差异是否显著时，可使用 t 检验。根据两组数据是来自同一个样本还是来自不同的样本，t 检验可分为独立样本 t 检验和相关样本 t 检验。当需要比较三组及以上变量之间平均数是否存在差异时，应该使用 F 检验。

t 检验和 F 检验都是参数检验的方法。这些统计问题属于参数检验，是因为它们都有共同前提：总体分布的形态是正态分布。如果涉及两个及以上的总体，则要求总体的方差同质。而且对数据的性质也有要求，t 检验和 F 检验适用于等距或等比数据。在实际研究中，如果不符合参数检验的前提，则要使用非参数检验。χ^2 检验是最常用的非参数检验，χ^2 检验按研究目的、适用情境和计算方法的不同，分为 χ^2 匹配度检验和 χ^2 独立性检验两种。χ^2 匹配度检验用于检验一个因素两项或多项分类的实际观察次数与理论分布次数是否接近。χ^2 独立性检验主要用于解决两个类别型或顺序型变量是否相关的问题。

关键术语

变量；连续型变量；离散型变量；等距变量；等比变量；相关；积差相

关系数；等级相关系数；点二列相关系数；二列相关系数；Φ 相关系数；肯德尔和谐系数；t 检验；F 检验；χ^2 检验

思考题

1. 连续型变量如何表示？

2. 按照变量的量化程度，变量可划分成哪几个等级？

3. 观察法中的评分者信度建立的过程有哪些？

4. 求两种变量的相关都有哪些计算方法？

5. t 检验有哪些分类？

6. 独立样本 t 检验的适用范围是什么？

7. F 检验的适用条件是什么？

8. χ^2 检验的适用条件是什么？

9. χ^2 检验有哪几种？

建议的活动

1. 查阅近年来在我国学前教育界较有影响力的相关杂志，如《学前教育研究》《幼儿教育》《早期教育》等，试找出使用观察法探究的问题，指出哪些部分使用相关法，哪些部分使用了平均数的差异检验。

2. 结合本章所学内容，设计一个使用观察法来考查幼儿游戏类型与幼儿气质类型之间关系的研究。

拓展阅读

1. 车宏生、王爱萍等：《心理与社会研究统计方法》，北京，北京师范大学出版社，2006。该书的第一章和第三章分别介绍了变量的概念和相关分析。与本章内容相关密切。

2. 薛薇：《统计分析与 SPSS 的应用》，北京，中国人民大学出版社，2014。该书以案例为背景阐述数据分析的思路，并介绍了利用 SPSS 实现数据组织、整理、描述和分析。

第十一章 问卷法中的统计分析

学习目标

1. 了解探索性因素分析和验证性因素分析的目的。
2. 掌握探索性因素分析的步骤。
3. 掌握验证性因素分析的步骤。
4. 掌握项目分析的步骤。
5. 了解问卷的信度、效度的种类。
6. 了解如何使用相应的软件进行探索性因素分析和验证性因素分析。

导 读

　　问卷法中的统计分析可以分为两个层面，一是正式问卷形成之前，对预测问卷指标的分析，如项目分析、信度和效度的分析等；二是对正式问卷的统计分析，依据研究目的选择不同的统计方法。本章先介绍探索性因素分析和验证性因素分析的基本知识，再介绍如何通过 SPSS 实现项目分析、信度和效度的分析以及探索性因素分析，最后介绍如何使用 AMOS 和 LISREL 两种软件来实现验证性因素分析。

第一节　问卷法中的统计基础

一、概　述

问卷法中除了使用常规的相关法、t 检验和 F 检验对问卷指标进行分析外，还要使用因素分析法将众多的观测变量精简成为少数几个有代表性的因素。因素分析按照研究者对因素的确定性程度，可分为探索性因素分析和验证性因素分析。探索性因素分析和验证性因素分析是基于不同的研究目的的。

二、探索性因素分析

探索性因素分析（Exploratory Factor Analysis，EFA）是在事先不知道哪些因素对所研究的变量特征有影响的基础上，完全依据问卷所得的数据，利用统计软件以一定的原则进行因素分析，最后抽取出因素的过程。探索性因素分析的目的主要是找出影响观测变量的因素个数，以及各个因素和各个观测变量之间的相关程度。也就是说，通过探索性因素分析后可以寻找到或确定几个较少的假想"因素"来反映多个观测变量中蕴含的大部分信息，从而浓缩或化简观测数据。浓缩后的因素代表了数据间的基本结构，通过得到的因素估计值使研究者更方便地掌握数据的本质特征以及因素和观测变量之间的关系。

探索性因素分析的步骤主要有以下七个方面。

(一)收集观测变量

在编制问卷之前，通常会有一个研究假设，也就是对所研究的问题有结构上的预设，也可以说是维度。然后根据维度编写题目。但在完全没有结构上的预设时，可以使用开放式问卷对这一问题进行探讨，从而对维度的数量做到心中有数。一般来说，收集到的样本个数（被试数量）与观测变量（维度）的个数之间的比例应在 5∶1 以上，而且总样本数不得少于 200，原则上越大越好。例如，一个问卷的题目数为 30，如果对这个问卷进行因素分析，按照 5∶1 的比例，要求有 150 个被试作为样本，但是要求总样本数不得少于 200。因此，最好收集 200 份以上的被试测试结果。

(二)构造相关矩阵

为了寻找问卷的内在结构，就要求各个变量(维度)之间有中等到中高程度的相关。如果变量间的相关程度过高，会产生多元共线性问题，说明变量可以合并或者去掉；如果相关过低，则会导致 SPSS 提取出的因素数目与原观测变量的数目差别不大，达不到因素分析的缩减的目的。在 SPSS 中使用 KMO 值来表征变量的内部相关程度，KMO 的取值范围为 0～1。越接近 1，说明做因素分析的效果越好。一般来说，KMO 大于 0.6 才说明数据适合做因素分析。

(三)确定原始因素的解决方法

SPSS 统计程序提供了 8 种原始因素解决的方法，其中最常用的是主成分分析(Principal Components Analysis)和主轴因素分析(Principal Axis Factor Analysis)。这两种方法究竟选择哪一种并没有一定的理论基础，而且在数据质量较好的情况下，两种结果相似性很高。在实际应用中，最常用的方法是主成分分析。

(四)确定因素个数

探索性因素分析中研究者确定因素个数的准则如下。

①Kaiser 准则(Kaiser's criterion)。抽取特征根大于或等于 1 的主成分作为初始因素。

②碎石准则(scree plot criterion)。SPSS 提供的碎石图是按照因素特征值从大到小排列的，从中可以直观地了解哪些因素是最主要的。碎石图的横轴是因素个数，纵轴是特征值。从第一个因素开始，曲线迅速下降，然后下降变得平缓，曲线变平缓之前的所有点数被认为是应该抽取的因素个数。

③方差解释标准(variance explained criteria)。一般来说，所有因素解释的累积方差百分比应大于 40%，而单个因素解释的方差百分比一般大于 5% 才能抽取该因素。

在实际应用中，要综合考虑以上三个准则。即使从统计的角度抽取的因素是理想的，还是需要考虑这个因素是否有实际意义，是否容易命名等。

(五)因素旋转

由于原始因素综合性太强,难以找出实际意义,因此一般都需要对因素进行旋转以便于对因素结构进行合理解释。旋转方法有正交旋转(orthogonal rotation)、斜交旋转(oblique rotation)。在实际应用中,较普遍使用正交旋转中的直交旋转(varimax)。

(六)解释因素结构

SPSS 因素分析输出结果有载荷矩阵表,它将在同一因素上有较高载荷的变量排列在一起。解释因素结构主要依据实际情况以及旋转后因素的载荷矩阵。具体做法是找出在每个因素上有显著载荷的变量,根据这些变量的意义赋予因素一个合适的名称。

(七)报告因素模式和因素结构

根据结果调整旋转方法,重复上述过程,直至取得理想结果。最后报告因素的个数以及每个因素的意义。

三、验证性因素分析

验证性因素分析(Confirmatory Factor Analysis,CFA)的主要目的是检验观测变量的因素个数和因素载荷是否与预先建立的理论预期一致。它是研究者已经知道因素以及这些因素之间的相互作用的情况下,检验所搜集的数据是否按事先预定的结构方式起作用,从而检验事先定义的因素模型与实际观测数据的拟合程度。

验证性因素分析的步骤如下。

(一)定义因素模型

验证性因素分析是以预先建立的理论为基础,这个理论是经过深思熟虑的,最终形成一个有待验证的理论假设模型。这个模型需要确定包含哪些因素,各因素之间的关系如何;模型中每个因素都与哪些实际的观测变量相对应,以备检验这种结构是否与收集而来的观测数据一致。

(二)理论模型转化为计算机可识别的模型图

配合特定的分析软件将研究者所提出的假设与理论模型转化成计算机可

识别的路径图模型。常用的分析软件有 LISREL 和 AMOS。

(三)收集数据

与探索性因素分析一样，验证性因素分析使用的样本规模也是越大越好。一般来说，样本应不少于 200。

(四)模型估计

模型估计是研究者使用搜集到的实际测量数据来检验所提出的理论模型是否恰当。可以使用不同的估计方法进行参数估计，不同的方法所得到的结果也会有差异。最常用的估计方法是最大似然法(ML 法)。它的优点是在小样本的变量有不太理想的峰度时，仍然可以获得理想的参数估计。

(五)模型评价

模型评价的指标有很多，常用的有拟合度、卡方值、近似误差均方根等。

(六)选择模型

在一个研究中，除了一个基本模型之外，还可能存在一些替代模型。这些替代模型有的是研究者根据理论提出的备选模型，有的是经过实测数据分析所建议的修正模型。研究者需要通过权衡各项指标及理论解释的合理性，最终选择最适合的模型。

第二节　问卷法中的统计方法

问卷是由题目构成的，每个题目质量的高低决定着整个问卷质量的高低。确定了题目后，组成的问卷就存在信度和效度的问题。

一、项目分析

对每个题目进行分析是编制和修订测验的重要环节。问卷的项目分析包括定性分析和定量分析两个方面。定性分析主要是依靠测验编制者丰富的经验和所受的训练，对项目的内容和形式是否得当进行评判。定量分析主要是指对项目难度和区分度等进行分析。通过项目分析，可以帮助我们筛选和修订项目，从而提高问卷的可靠性和有效性。项目分析的主要指标包括项目的难度和区分度。

(一)项目的难度

项目难度是指测验项目的难易程度。也就是被试在这个题目上的通过率或得分率。根据问卷中不同的题型，可选择不同的统计方法。

1. 是非题、选择题项目的难度

该类项目的难度计算公式为 $P=R/N$。

其中 P 为题目难度，R 为通过或得分的人数，N 为总人数。例如，100人参加的某一测验，第 2 题和第 3 题通过的(正确的)人数分别为 30 人和 70人。则第 2 题的难度为 $P=R/N=30/100=0.30$，第 3 题的难度为 $P=R/N=70/100=0.70$。第 2 题的难度值小，但实际难度大；第 3 题的难度值大，但实际难度小。难度的高低与难度值的大小正好相反。

当被试人数较多时，逐题统计太耗时间，可先将被试依照测验的总分从高到低排列，然后将总分最高的 27% 和最低的 27% 的被试确定为高分组和低分组，分别计算两组在某一项目上的难度，最后使用公式 $P=(P_H+P_L)/2$ 求得该题目的难度。

上式中，P_H、P_L 分别为高分组与低分组的被试在该题目上的难度。

对于选择题，由于允许猜测，备选答案数目越少，猜测的作用越大，就越不能反映题目的真实难度。为平衡猜测对难度的影响，可使用下列公式校正：

$$CP=(K\times P-1)/(K-1)$$

其中 CP 为校正后的难度，P 为校正前的难度，K 为选择项的数量。

2. 填空题、问答题等项目的难度

该类项目的难度计算公式为 $P=\overline{X}/X_{MAX}$。

其中 $\overline{X}$ 为全体被试在某一题目上的平均分，X_{MAX} 为该题目的满分。

(二)项目的区分度

区分度是指测验项目对被试的心理特性的区分能力。区分度高的项目，能将不同水平的被试区分开来；区分度低的项目，则不能很好地鉴别被试水平，水平高和水平低的被试得分差异不大。计算项目区分度的统计方法主要有鉴别指数法和相关系数法。

1. 鉴别指数法

区分度分析的一种简便方法是比较测验总分高和总分低的两组被试在该项目难度上的差别，即

$$D = P_H - P_L$$

式中 D 为鉴别指数，P_H 为高分组的被试在该题上的难度，P_L 为低分组的被试在该题上的难度。

高低分组确定的具体方法是先将被试依照测验总分从高到低排列，然后将总分最高的 27％ 和最低的 27％ 的被试确定为高分组和低分组。

当采用鉴别指数时，鉴别指数在 0.40 以上为很好；鉴别指数在 0.30～0.39 为良好，题目修改后会更佳；鉴别指数在 0.20～0.29 为尚可，但需修改；鉴别指数在 0.19 以下为差，必须淘汰。

2. 相关系数法

为了验证某一题目是否有高的区分度，还可使用该题目与总分的相关系数作为指标，被称为题总相关。题总相关的计算方法主要有：积差相关法，适用于项目和总分都是多级记分、分数分布符合正态分布的情况。点二列相关法，适用于一个变量是二分类别变量而另一个变量是正态的连续变量的情况。二列相关法，适用于当测验总分和项目得分都是正态分布，而项目得分由于某种原因被人为分成二分类别变量的情况。Φ 相关法，适用于项目和总分两个变量是二分类别变量的情况。这些相关系数的适用范围及计算方法在第十章"观察法中的统计分析"中都有介绍。

在实际应用中，当测验的总项目数小于 20 时，最好不直接计算该项目与总分相关，而应该计算项目与其他项目总分（去除该项目后的总分）的相关作为区分度的指标。

(三)项目分析的运用实例

在材料 11-1 中，研究者先说明了所编制问卷的项目来源，形成项目后，进行预测。将预测的结果进行项目分析，采用了两种方法来验证项目的区分度。

一种是将问卷总分排序，求高分组和低分组在每一题上的平均分的差异是否达到显著水平；另一种方法是计算每一题与总分之间（题总）相关。

【材料 11-1】

2.2 青少年学业情绪问卷的项目形成

问卷项目的搜集和编写工作主要通过两种途径进行。一是文献回顾。检索国内外相关文献，收集国内外相关研究中与学业或学习有关的情绪问卷，主要参考问卷为文献综述中所列各类问卷的部分项目。这些问卷包括：SFT（The School Failure Tolerance Scale）中的 Negative Affect 分量表，MSAI（Multidimensional School Anger Inventory）等。二是访谈和半开放性问卷调查结果。初步编制的四个分问卷的基本情况如下：积极高唤醒学业情绪分问卷 24 个项目；积极低唤醒学业情绪分问卷 16 个项目；消极高唤醒学业情绪分问卷 27 个项目；消极低唤醒学业情绪分问卷 37 个项目。问卷计分为 5 点量表形式，从完全不符合到完全符合，依次计 1～5 分。

2.3 青少年学业情绪问卷的预测及结果

为考察问卷结构的合理性和项目的适宜性，本研究首先对问卷进行了预测。预测被试来自浙江省杭州市一所普通高中和一所普通初中、山东省烟台市一所普通高中以及辽宁省鞍山市一所普通初中的学生，采用在一个年级中随机抽取两个整班的方式，共抽取 346 名被试，平均年龄 15.56 ± 2.05 岁。

2.3.1 项目分析。

以各个分问卷总分最高的 27% 和最低的 27% 作为高分组与低分组界限，求出两组被试每题得分的平均数差异，将没有达到显著水平的题目剔除。计算每个题目与总分之间的相关，将相关较低（$r < 0.3$）的题目剔除。项目分析后保留 101 个题目。其中，积极高唤醒学业情绪分问卷 24 个项目；积极低唤醒学业情绪分问卷 16 个项目；消极高唤醒学业情绪分问卷 24 个项目；消极低唤醒学业情绪分问卷 37 个项目。

资料来源：董妍、俞国良，《青少年学业情绪问卷的编制及应用》，载《心理学报》，2007(5)。

在材料 11-2 中，研究者也同样使用了鉴别指数法和相关系数法这两种方法，只是在求题总相关时，所用到的是该项目与所属维度总分的相关，而不是问卷总分的相关。这种相关适用于问卷的题目总数较多，而且每个维度的实质差异较大的情况。

【材料 11-2】

3.1 区分度

对第二次施测获得的 474 个样本，每一个条目运用条目与所属维度、每一条目得分的高低组比较两种方法计算区分度，取舍条目的标准为相关系数低于 0.3 和 t 检验的 $p < 0.01$，又结合专家的修改意见，最后 243 个条目的区分度既符合要求，在理论上也经过了推敲。

资料来源：沈德立等，《青少年心理健康素质调查表的编制》，载《心理发展与教育》，2007(1)。

(四)使用 SPSS 计算鉴别指数区分度的途径

①先将总分从高到低进行排序。

使用 Sort "total"。

②样本总数 N 乘 27% 得出高分组和低分组的人数，将这两组进行独立样本 t 检验。

使用 SPSS，数据按如下方式排列，如表 11-1 所示。

表 11-1 高分组和低分组的分数

姓名(name)	总分(total)	组别(group)
wang	88	1(高分组)
yang	67	1
……	……	……
jin	32	2(低分组)
liang	30	2

将高分组和低分组的总分放在一列，另一列为组别，再加入一个变量 "group"，可以设 "1" 代表高分组，"2" 代表低分组。

Analyze→compare means→independent samples T test→将 "total" 变量选入 test variable 中，Grouping Variable→中点 group("1""2")→将 "1" 组填入 1，"2" 组填为 2→OK。

③在 SPSS 结果中看 t 值和它的显著性水平，p 值小于 0.05 或 0.01 的说明区分度高。

(五)使用 SPSS 实现相关系数区分度的途径

使用 SPSS 求题总相关，最重要的是根据不同的数据类型使用不同的相关系数。

使用 SPSS，数据按如下方式排列，如表 11-2 所示。

表 11-2　被试各项目的得分及总分

姓名(name)	题目 1(item1)	题目 2(item2)	……	总分(total)
wang	3	5	……	65
yang	5	3	……	67
yuan	2	1	……	57
jin	3	4	……	32
……	……	……	……	……

Analyze→Correlate→Bivariate→先将"item1"和"total"两列变量选入 variables 中→其中有 Pearson，Kendall's，Spearman 相关(若两组变量都是等距以上变量)→选 Pearson 相关→OK。

依次重复上述步骤，每次将一个项目与 total 作为两列变量，求二者之间的相关。

每个题目与总分之间的相关，相关较低($r < 0.3$)的题目应剔除。

二、问卷的信度

信度是反映一份问卷或评定量表稳定性的指标。信度指标通常用相关系数表示，即用同一被试样本所得的两组资料的相关系数作为测量一致性的指标，也称为信度系数。估计信度系数的方法很多，常见的有再测信度、复本信度、内部一致性信度、评分者信度等。

(一)再测信度

1. 再测信度的计算

再测信度是用同一种测验前后两次施测同一组被试的测验得分的相关系数。它反映测验分数的稳定程度，其相关系数又称为稳定性系数。

两次测验的时间间隔随测验的目的、性质和被试的特点而异，一般人格测验常用的再测间隔是两周到四周较宜，间隔时间最好不超过六个月。

【例 11-1】

用同一量表对 15 名儿童进行两次测验的成绩如下，求相关系数。

第 1 次：16，15，13，13，13，11，10，10，10，9，9，8，8，7，6

第 2 次：16，15，14，12，11，13，12，10，11，11，9，10，8，7，7

可以认为这两次测验的分数为等距变量，且总体为正态分布，则可用皮尔逊相关系数来计算。

$$r = \frac{\sum XY - \dfrac{\sum X \sum Y}{N}}{\sqrt{SS_X SS_Y}} = 0.91$$

2. 再测信度的运用实例

在材料 11-3 中，研究者使用了多种信度的计算方法，其中再测信度对不同的对象（大学生、高中生、初中生）在间隔不同的时间段内实施了两次测验，然后对问卷分不同维度来求两次测验的相关。如果一个问卷中考查的维度之间实质差异很大，则信度可以分维度进行考察。考察方法就是求两个变量间的相关。

【材料 11-3】

3.1　青少年学生自立人格量表的信度

用 876 人的样本计算了量表各维度的克伦巴赫 α 系数与分半信度；分别对 55 名有效的大学生、57 名有效的高中生、53 名有效的初中生间隔 2 个月零 12 天、2 个月零 7 天、2 个月零 4 天进行重测并计算再测信度。信度结果见表 1。

表 1　青少年学生自立人格量表的信度

	11	12	13	14	15	P1	P2	P3	P4	P5
克伦巴赫 α 系数	0.69	0.66	0.62	0.60	0.61	0.70	0.70	0.68	0.67	0.67
分半信度	0.67	0.68	0.66	0.64	0.65	0.73	0.65	0.70	0.67	0.68
再测信度（大学生）	0.62	0.70	0.64	0.66	0.65	0.62	0.65	0.70	0.65	0.73
再测信度（高中生）	0.79	0.77	0.72	0.66	0.60	0.79	0.68	0.74	0.62	0.63
再测信度（初中生）	0.68	0.60	0.65	0.68	0.62	0.65	0.78	0.73	0.63	0.67

注：11 至 15 分别表示人际独立、主动、责任、灵活与开放；P1 至 P5 分别表示个人独立、主动、责任、灵活与开放。

资料来源：夏凌翔、黄希庭，《青少年学生自立人格量表的信度与效度》，载《心理科学》，2009(4)。

3. 使用 SPSS 计算再测信度的途径

Analyze→Correlate→Bivariate→将所需要计算的变量选入 Variables 中→根据变量的不同类型选择相关的计算方法(其中有 Pearson,Kendall's,Spearman)→选择(若两组变量都是等距以上变量)Pearson→OK。

(二)复本信度

复本信度是用两个等值但题目不同的(复本)测验施测同一组被试,用测验得分的相关系数表示信度。这种相关系数反映两个复本测验在内容上的等值程度,所以又称为等值性系数。如果两个复本的施测间隔一段时间,则被称为重测复本信度或稳定等值系数。

复本信度的计算方法与再测信度一样,这里不再赘述。

(三)内部一致性信度

内部一致性信度有两种,一种是分半信度,另一种是同质性信度。

1. 分半信度

分半信度是将同一测验分成对等的两半并施测同一组被试,用得到的测验分数的相关系数表示信度。它是复本信度的特例,可用来估计测验内部的一致性。这种相关系数又称为内部一致性系数。在实际进行分半时有两种方法,一种是将题目进行奇偶分半,一种是随机产生一半的题目,剩下的为另一半。

如果题目的计分是连续型变量,则可使用 Pearson 积差相关求两部分题目的相关系数。需要注意的是,分半信度实际上只是一半测验项目的相关系数,要评估整个测验的信度,再需要用斯皮尔曼-布朗公式校正,公式如下:

$$r_{xx} = \frac{2r_{hh}}{1+r_{hh}}$$

其中 r_{xx} 为整个测验的信度估计,r_{hh} 为两半测验分数的相关系数。

2. 同质性信度

同质性是指测验的所有题目测量的是同一种特质或能力。同质性信度是用测验内部(测量同一特质或属性)的不同分测验(异质而有关联的测验题目)之间的得分的相关系数表示的。若各测验题目的得分有较高的正相关时,则测验为同质的。相反,若各测验题目的得分相关很低或为负相关时,则测验为异质的。

同质性信度是最常用的信度指标。当题目是二值(0,1)计分时,可使用库德-理查逊公式，当题目是多重计分时，可使用克伦巴赫 α 系数。

3. 同质性信度的运用实例

在材料 11-4 中，从研究者对分量表的命名可以看出，各个分量表所考查的实质性内容差异很大，因此信度可以分维度报告。研究者报告的是各个分量表的同质性信度和分半信度。

【材料 11-4】

3.2　信度

对第二次试测结果的 8 个分量表分别进行了内部一致性系数和分半信度计算，由表 1 可见，各分量表的信度系数都较好，只有归因分量表的系数稍低。

表 1　第二次试测 8 个分量表的 α 系数和分半信度值

	适应	人际素质	个性素质	动力	自我	认知风格	归因风格	应对风格
α 系数	0.75**	0.80**	0.91**	0.89**	0.75**	0.65**	0.51**	0.82**
分半信度	0.68**	0.76**	0.78**	0.80**	0.70**	0.66**	0.54**	0.70**

注：** 表示 $p < 0.01$。

资料来源：沈德立等，《青少年心理健康素质调查表的编制》，载《心理发展与教育》，2007(1)。

---

4. 使用 SPSS 计算同质性信度的途径

Analysis→Scale→Reliability Analysis→将各分量表作为变量选入 Item 中→在 Model 的下拉菜单里点选 alpha 即计算内部一致性系数；点选 Split half 即计算分半信度；点选 Guttman 适用于二值(0，1)计分项目；点选 Parallel 可用于平行测验的信度估计，条件为各项目的方差齐性；点选 Strict Parallel 要求各项目的方差齐性和均数相等→根据变量的不同类型点选合适的同质性信度→OK。

(四)评分者信度

两位或多位评分者对随机抽取的若干份测验按评分标准分别给分，然后根据每份测验的两个分数计算相关系数，即可获得评分者信度。可使用肯德尔和谐系数来求相关。也可以根据变量类型使用 SPSS 来求相关。如果是两位评分者，变量的类型是等距或等比变量，则可求皮尔逊相关；如果变量的类型是顺序型变量，则可求斯皮尔曼相关；如果变量的类型是类别型变量，则可求 Kappa 相关。

每一种信度的估计方法都有不同的误差来源，因此在实际的研究报告中，会同时报告多种信度，多种信度系数可以相互印证。

多种信度的误差来源如表 11-3 所示。

表 11-3　不同信度的误差来源

信度类型	误差（变异）来源
再测信度	时间误差
复本信度（连续施测）	内容误差
复本信度（间隔施测）	时间、内容误差
分半信度	内容（项目）误差
同质性信度	项目异质误差
评分者信度	评分者间误差

三、问卷的效度

测验的效度是指测量的正确性和有效性，即它能够测出所要测量的心理特质与行为特征的程度。换言之，效度指测验能在多大程度上达到测量目的。它是科学测量工具最重要的质量指标。一个测验若无效度，则其他任何优点都无法发挥其真正的功能。

当然，效度也不是绝对的，而是相对的。任何一种测验只是对一定的目的来说是有效的，对其他目的和用途却不一定有效。例如，智力量表测量智商时是有效的，而测量气质类型时是无效的。另外，由于测验是根据行为样本对所要测量的目标做间接推断，因此效度只能达到某种程度，不可能全有效或全无效。

考察效度的方法很多，根据其侧重的问题不同，可将测验的效度分为三类，即内容效度、结构效度、效标效度。

（一）内容效度

内容效度是指测验题目对有关内容或行为范围取样的适当性，也就是测验所选的项目是否符合所要测量的内容，其代表性是否适当。要编制内容效度高的测验，必须注意：第一，要有一个定义完好的内容范围，即对测量目标应有明确的界定。第二，测验题目对所界定的内容范围应是代表性取样。内容效度的估计方法有逻辑分析法和统计分析法。

1. 逻辑分析法——专家判断法

逻辑分析法是指请有关专家对测验题目与原来的内容范围是否符合进行分析并做出判断的方法。通常请专家在问卷内容上做定性的分析。

在材料 11-5 中，专家对内容的肯定，意味着问卷有高的内容效度。

【材料 11-5】

3.3　效度

3.3.1　内容效度。

条目编制所依据的理论是所有专家一起讨论制定的，事先计划了条目的数量，条目编制成以后经过两次预测，并根据理论构想和测验数据进行了修改，具有较好的内容效度。

资料来源：沈德立等，《青少年心理健康素质调查表的编制》，载《心理发展与教育》，2007(1)。

2. 统计分析法

克伦巴赫认为内容效度可以进行数量估计。在实际研究中常用的方法为再次测验的相关、两个复本的相关以及问卷分半的相关。相关系数不仅提供了信度的指标，也可用来估计内容效度。若相关系数大，则内容效度高。

【材料 11-6】

4.1.3　效度。

任何一份测验，效度是最重要的衡量其是否可以做测量工具的手段。《青少年心理健康素质调查表》经过几次试测，采用了两种效度考核的办法。

关于内容效度，首先对心理健康素质的概念进行反复讨论，分析它与相关概念，如素质、心理素质、素质教育、心理健康的区别与联系；分析它的内部结构，不仅考虑从要素的角度分析它包括哪些部分，而且考虑这些要素之间的层次关系和立体结构，经反复讨论，在各位专家之间达成一致意见。其次，从每一个条目的内容，从每一个维度、每一个分量表去考虑调查表整体的内容效度，制定统一要求，努力做到每一条目含义明确、用词简洁，表面效度良好。再次，充分体现合编量表的优点，既要每一位专家先根据自己研究领域的特长，充分体现个人的思想观点与智慧，同时又在各自编写条目的基础上集中讨论每一条目。最后，质与量结合的方法删改条目，保证量表取样的内容效度。试"测"，重在量的方法，是量的测量；专家讨论，"评"估，重在定性的评价，充分依靠专家的知识经验、直觉、洞察力等考虑问题。我们在编写条目和合成量表的过程中，随时注意这两种方法的结合。应该说，我们所编调查表具有较高的内容效度。

资料来源：沈德立等，《青少年心理健康素质调查表的编制》，载《心理发展与教育》，2007(1)。

材料 11-6 较为详细地阐述了问卷内容效度的考查过程。研究者通过"质"（逻辑分析法）和"量"（统计分析法）的结合，论证问卷的内容效度。

(二)结构效度

结构效度又称为构想效度、构思效度，是指测验能够测量到理论上的构思或特质的程度，即测验的结果是否能证实或解释某一理论的假设、术语或构思，解释的程度如何。所谓的构思是指一些抽象的假设性的概念、特性或变量。构思不能直接测量，需要借助一定的测评工具来反映。

构想效度的估计方法有很多，总的来说，可分为测验内方法和测验间方法两大类。

1. 测验内方法

测验内方法主要是通过研究测验内部构造来分析测验的构思效度。具体来说，包括测验内容效度（主要是各分量表之间的相关分析）、被评估者解答测验题目时的反应过程及因素分析法（探索性和验证性因素分析）。

【材料 11-7】

3.3.2 结构效度。

各分量表的效度检验已在各分量表编制报告中论及，不再赘述。这里仅考察构成《青少年心理健康素质调查表》的各分量表之间的相关。表 1 显示了各分量表之间的相关，相关的程度不同，说明所测心理健康素质各部分之间既各自独立又相互关联。

表1　各分量表之间的相关

	人际素质	个性素质	动力系统	自我	认知风格	归因风格
人际素质						
个性素质	0.70**					
动力系统	0.28**					
自我	0.65**	0.74**	0.42**			
认知风格	0.17**	0.21**	0.10**	0.15**		
归因风格	0.38**	0.51**	0.42**	0.44**	0.12**	
应对风格	0.54**	0.49**	0.03**	0.27**	0.18**	0.22**

注：**表示 $p < 0.01$。

资料来源：沈德立等，《青少年心理健康素质调查表的编制》，载《心理发展与教育》，2017(1)。

除了从定量的角度对结构效度进行了计算，研究者还进一步从定性的角度对问卷的结构进行了阐述。

2. 测验间方法

【材料11-8】

结构效度方面计算了各分量表之间的相关。绝大部分分量表之间呈中等程度相关，符合心理测量学中量表编制的一致性和异质性的要求。有个别分量表之间的相关较高，如自我与人际素质、个性素质的相关，个性素质与人际素质的相关。这是因为自我分量表要测量的是个人对自己的认知、评价与调控，个性素质分量表所测量的是与心理健康密切相关的个性中的积极素质，人际素质测量的是人际交往的能力与品质。作为素质，个人只有有了全面、客观、积极的自我，才会在对人、对事的态度和行为方式上积极向上。而认知风格分量表与各分量表之间的相关都很低，是因为它的编制是从现代认知理论的观点出发，注重测量在认知过程中的方式、方法，而不是影响心理健康的有无负性自动思维或不合理的观念和认知方式。在分量表的相关中，没有包括适应分量表，因为适应分量表测状态，其他分量表测素质。在考察素质内容的结构效度时，不把其包括在内。

资料来源：沈德立等，《青少年心理健康素质调查表的编制》，载《心理发展与教育》，2007(1)。

测验间方法是同时考虑几个测验间的相关性，考察这些测验是否在测量同一构思，主要有相容效度和区分效度两种测验间方法。

相容效度是指理论上测量相同构思的测验，彼此之间应该有高相关。因此新测验与原有测验间的相关，可以作为衡量新测验所大致测量的相同行为的程度的标准。这种相关系数称为相容效度。

材料 11-9 就是使用相容效度来证明新问卷的结构效度的。CPAI-2 是已经被证明有很高效度的测查人格方面比较权威的问卷，如果新编问卷中的各维度与其相关程度高，则说明新编问卷的效度也高。

【材料 11-9】

3.2.2　与 CPAI-2 中的责任感、容人度、新颖性 3 个分量表的相关。

自立人格各维度与 CPAI-2 中的责任感、容人度、新颖性的相关情况见表 1。

从前述对 CPAI-2 中的责任感、容人度、新颖性 3 个分量表的简介可以看出，从理论上分析，CPAI-2 中的责任感应该与个人责任、个人主动、个人独立以及人际责任都有关系，但与个人灵活存在一定矛盾；容人度与人际开放、人际灵活关系密切，新颖性与个人开放关系密切。

从表 1 可以看出，CPAI-2 中的责任感与个人责任、个人主动、个人独立、人际责任确有显著的正相关，特别是与个人责任、个人主动的相关系数还比较高；与个人灵活则有显著的负相关。容人度与人际开放、人际灵活，新颖性与个人开放，都有相关系数值较高的显著相关。这初步检验了自立人格量表中的个人责任、个人主动、个人独立、人际责任、个人灵活、人际开放、人际灵活与个人开放维度的效度。

表 1　自立人格量表各维度与 CPAI-2 的责任感、容人度、新颖性的相关

	11	12	13	14	15	P1	P2	P3	P4	P5
责任感	0.131	0.151	0.330**	0.225*	0.275**	0.260*	0.581**	0.572**	−0.270*	0.051
容人度	0.256*	0.248*	0.072	0.338**	0.417**	0.156	0.096	0.184	0.105	0.247**
新颖性	0.250*	0.209*	0.206*	0.300**	0.157	0.182	0.185	0.203	−0.072	0.562*

注：11 至 15 分别表示人际独立、主动、责任、灵活与开放；P1 至 P5 分别表示个人独立、主动、责任、灵活与开放。＊＊表示 $p < 0.01$，＊表示 $p < 0.05$。

资料来源：夏凌翔，黄希庭，《青少年学生自立人格量表的信度与效度》，载《心理科学》，2009（4）。

区分效度是指如果两个测验测量的是不同的特质，即使使用相同的方法进行测量，它们之间的相关也应该是低的。材料 11-10 就是使用区分效度来证明

新问卷的结构效度的。研究者编制的自立人格量表的各维度与拖延有明显相反的特征，而且研究者有意克服印象管理的干扰。如果新编问卷与拖延和印象管理相关程度高，则说明它们测量的是同一特质，如果相关程度低，或呈负相关，则说明测量的是不同的特质。研究结果说明新问卷有很好的区分度。

【材料 11-10】

3.2 青少年学生自立人格量表的效度

3.2.1 与拖延量表、印象管理分量表的相关。

青少年学生自立人格量表各维度与拖延量表、印象管理分量表的相关情况见表1。从表1可以看出，自立人格量表各维度与拖延都是负相关关系，特别是个人主动与拖延的负相关为-0.727，与理论构想吻合。

表1　自立人格量表各维度与拖延量表、印象管理分量表的相关

	I1	I2	I3	I4	I5	P1	P2	P3	P4	P5
拖延	-0.432^{**}	-0.280^{**}	-0.292^{**}	-0.213	-0.152	-0.159	-0.727^{**}	-0.285^{**}	-0.087	-0.103
印象管理	0.051	-0.021	0.272^{**}	0.028	0.137^{**}	0.016	0.139^{**}	0.215^{**}	-0.032	-0.133^{**}

注：I1 至 I5 分别表示人际独立、主动、责任、灵活与开放；P1 至 P5 分别表示个人独立、主动、责任、灵活与开放。** 表示 $p < 0.01$。

自立人格是一种被中国文化所赞许的优秀人格特征，因此被试在填答问卷时很容易受社会期望效应的影响。在编制自立人格量表时参考有关的社会期望量表编制了印象管理（impression management）分量表，其包含4个项目。从表1可以看出，自立人格量表的5个维度与印象管理无关，有3个维度虽然有显著相关但是相关系数都不超过0.14，属低相关。虽然人际责任、个人责任与印象管理的相关相对较高，但也未超过0.28，再考虑到计算所使用的是876人的大样本，因此这种相关系数值尚可接受。其实，人际责任、个人责任与印象管理相对较高的相关也是可以容忍的，因为测量责任性的问卷都难免会使用与印象管理类似的项目。例如，国外的研究也发现，一些诚实量表与测谎量表也有相关。因此，总的来看，自立人格量表比较好地克服了印象管理的干扰。

资料来源：夏凌翔、黄希庭，《青少年学生自立人格量表的信度与效度》，载《心理科学》，2009(4)。

(三)效标效度

效标效度是指一个测量对处于特定情境中的个体行为进行预测时的有效

性。因为效标效度需要有实际证据，所以又称为实证效度。其中被预测的行为是检验效度的标准，简称效标（criterion）。

根据效标资料是否与测验分数同时获得，又可分为同时效度和预测效度两类。

效标效度的估计方法主要有相关法、区分法、命中率法。

1. 相关法

相关法是评估效标效度最常用的方法，它是求测验分数与效标资料间的相关，这一相关系数被称为效度系数。在材料 11-11 中使用一个已经被证明有良好信效度的 PANAS 量表作为效标，新编的问卷与其有着显著的相关关系，则说明新编问卷的效标关联效度高。

【材料 11-11】

3.5.3 各分问卷的效标效度。

由于缺乏同类学业情绪的测评工具，我们使用了以沃森（Watson）等人编制的 PANAS 量表原版为基础修订的正性负性情绪量表，作为指标考察青少年学业情绪问卷的效度。中文版的 PANAS 量表具有较好的信效度，具有正性与负性二维结构。本研究结果发现，积极学业情绪与正性情绪呈显著正相关，与负性情绪呈负相关；消极学业情绪与正性情绪呈显著负相关，与负性情绪呈显著正相关，说明问卷具有较好的效标关联效度。

资料来源：董妍、俞国良，《青少年学业情绪问卷的编制及应用》，载《心理学报》，2007(5)。

2. 区分法

区分法是分析高分组与低分组分布的重叠量的方法。它主要是计算每一组内得分超过（或低于）另一组平均数的人数百分比，或者计算两组分布的共同区的百分比。重叠量越大，说明两组分数差异越小，即测验的效度越差。

在材料 11-12 中，通过同伴提名法找出实际生活中受欢迎程度高和低的人作为效标，然后使用这两部分人在新编问卷中的得分，计算高分组和低分组之间的 t 检验，确定这两组是否差异显著。如果两组差异显著，则说明高低分组的重叠量低，新编问卷有高的区分效标效度。

【材料 11-12】

3.2.3　以人际关系为指标。

采用同伴提名法来测量个体受欢迎的程度，以某个学生被提名的次数除以其所在班级学生的总人数的比率值作为该生受欢迎程度的指标。将 6 个班的学生一起纳入分析，计算比率值最大的 27％的学生与最小的 27％的学生在自立人格量表 10 个维度上得分的差异，结果发现，仅在人际主动维度上受人欢迎与不受人欢迎的学生的得分有显著的差异（t 值为 2.835，$p <$ 0.01）。这与理论构想基本相符，也与日常经验以及有关研究结果相符。第一，根据理论构想，个人自立与人际自立相对独立，因此人际关系好坏与个人自立的得分应该没有关系。第二，根据理论构想，人际自立主要是帮助个体有效解决人际关系问题、保持人际关系正常，同时还会维护自己的人际独立性，因此人际自立的人并不一定会成为群体中最受欢迎的人。第三，喜欢主动与人交往的人更容易受欢迎符合日常经验，对儿童社交策略的研究也发现受欢迎的儿童更善于发动交往。因此，在人际主动维度上受欢迎与不受欢迎的学生的得分有显著差异表明该维度的效度较好。

资料来源：夏凌翔、黄希庭，《青少年学生自立人格量表的信度与效度》，载《心理科学》，2009(4)。

3. 命中率法

命中率法是当问卷用来做取舍的依据时，用其正确决定的比例作为效度指标的一种方法。

在材料 11-13 中，研究者使用新编制的问卷对样本进行测验，分别统计在一般条件、苛刻条件和宽松条件下的人数，结果发现所占比例分别为 2.28％、0 和 11.53％。将这一部分状况与实际情况进行比较，确定两者之间是否吻合。

【材料 11-13】

3.2.4　以完全具备自立人格特质的人数为指标。

自立人格被构想为一个 10 因素的一阶结构，10 个维度相对独立。据此可以推论：能够在自立人格的所有维度上都得高分的人应该非常稀少。这也可以作为检验量表效度的一个指标。

首先计算了 876 人的样本在量表 10 个维度的平均分，然后统计在 10 个维度的得分均超过平均分的人，结果仅发现 20 人，所占比率为 2.28%。进一步苛刻条件，统计在 10 个维度的得分均超过 4.1 的人，结果未能发现任何人。放宽条件，统计在人际自立分量表的 5 个维度上的得分均超过平均分的人，结果发现了 101 人，所占比率为 11.53%；统计在个人自立分量表的 5 个维度的得分均超过平均分的人，结果发现了 45 人，所占比率为 5.14%。可见，这一结果符合上述理论推断，即能够在自立人格的所有维度上都得高分的人非常少，也就在一定程度上支持了自立人格的 10 个维度相对独立的理论观点。

资料来源：夏凌翔、黄希庭，《青少年学生自立人格量表的信度与效度》，载《心理科学》，2009(4)。

通过以上的介绍，我们明确了三种效度之间的差异。但实际上它们之间有着一定的内在联系：内容效度和结构效度既是实证效度的保证，又需要实证效度的支持；考察内容效度和实证效度可以帮助确定结构效度；用于测量某种构想的测验可以作为实证效度的预测源来使用。总之，内容效度、构想效度和实证效度既相互区别，又相互联系。根据不同的需要，一个测验可以采用不同的效度。一般来说，学业测验主要关注内容效度，教育或心理测验主要关注结构效度。

(四)使用 SPSS 计算效度的途径

使用 SPSS 进行问卷的效度分析，主要是计算相关来衡量两种变量之间的符合程度，或者计算 t 检验来衡量两种变量的差异是否显著，以确定两者是否达到足够的区分度。这些方法在前面有很多叙述，这里不再重复。

四、探索性因素分析

经过项目分析后的问卷中题项之间的相关程度发生了一定的变化，被试对某些题项的理解有可能与主试的设计意图并不完全吻合，因此有必要使用探索性因素分析的方法，将具有错综复杂关系的变量综合为少数几个核心因素，以探求观测数据的基本结构。

(一)探索性因素分析的主体框架

1. 进行 KMO 和 Bartlett 球形检验

KMO 值是相关系数与偏相关系数的一个比值。KMO 值最大接近 1。KMO 值越大，表示变量间的共同因素越多，越适合进行因素分析，一般 KMO 值大于 0.6 就可以进行因素分析。Bartlett 球形检验系数达到显著水平，即表明相关矩阵不是一个单位矩阵，可进行因素分析。

2. 确定问卷的因素

确定因素主要有以下几个指标：第一，特征值大于 1；第二，根据碎石图初步确定因素；第三，删除项目负荷值(loading)低于 0.40 的；第四，删除难以做到题项单极化的，即一个题项在两个或两个以上因素中的贡献率都比较大；第五，每个因素中应至少包括三个以上题项；第六，累计解释方差应在 40% 以上，单个因素解释的方差应大于 5%。

3. 给因素命名

根据每个因素下所有题项代表的意义，结合原来的理论构想，对因素进行合理命名。

(二)问卷法中探索性因素分析的运用实例

在材料 11-14 中，研究者阐述了进行探索性因素分析的过程，先进行 KMO 和 Bartlett 球形检验，接着确定问卷的因素，最后给因素归类并命名。

【材料 11-14】

2.3.2　探索性因素分析。

在积极高唤醒学业情绪分问卷中，对施测的 24 个题目进行 Bartlett 球形检验，结果显著，$\chi^2 = 2747.38$，$p<0.01$，并且 KMO $=0.887$，表示适合进行因素分析。采用主成分分析法对问卷进行初步分析，发现特征值大于 1 的因素有 4 个，可解释项目总变异的 43.83%。通过观察碎石图发现，前三个因素的特征值有一个陡降，从第四个因素开始特征值分布变得比较平缓，每个因素对累积的解释总变异的百分比增加很少，分别抽取 3、4 因子数进行结果比较，发现三因子量表的结构比较合理，故决定抽取 3 个因子。接着，将由这 3 个因子决定的负荷低于 0.4 的 8 个项目去掉，对剩余的 16 个项目再次进行因素分析，发现 3 个因子的特征根均大于 1，可解释

的方差累积贡献率为 49.29%，进行极大方差旋转，旋转后的各项目负荷均在 0.47 以上。根据探索性因素分析的结果可以将积极高唤醒学业情绪分问卷分为三个维度，根据每个维度所包含的项目可对其命名。因子一：自豪，包含 5 个项目；因子二：高兴，包含 7 个项目；因子三：希望，包含 4 个项目。

资料来源：董妍，俞国良，《青少年学业情绪问卷的编制及应用》，载《心理学报》，2007(5)。

(三)使用 SPSS 实现探索性因素分析的途径

Analyze→Data Reduction→Factor 进入因素分析界面，将需要因素分析的变量(题目)选入。

点选 Descriptives，其中的 Statistics，点选 Initial Solution，Correlation Matrix 中点 KMO and Bartlett's test of Sphericity→Continue。

Extraction 萃取按钮：其中的 Method 选 Principal components；Analyze 点选 correlation matrix 和 scree plot，Extract 中选 Eigen values ever1→continue。

Rotation 旋转按钮：Method 中选 Varimax；Display 选 Rotated solution→continue。

Scores 选 Save as variables；Method 中选 Regression→continue。

Options 选择按钮中：Coefficient Display Format→Sort by size 因素按照负荷量大小排列，Suppress absolute values less than 因素负荷小于某值不显示→Continue→OK。

(四)因素分析的结果解析

1. KMO 和 Bartlett 球形检验

KMO 值若小于 0.5，则不适合进行因素分析，大于 0.6 勉强可以进行因素分析，大于 0.7 可以进行因素分析，大于 0.8 适合进行因素分析，越接近 1 越适合进行因素分析。Bartlett 球形检验系数达到显著水平，即表明相关矩阵不是一个单位矩阵，故可进行因素分析。

提高 KMO 值的方法是加大样本量，一般地，题目数与样本量的比值为 1:5～1:10，或者样本量在 200～300 以上较为理想。

2. 因素解释的变异量

结合 Total Variance Explained 和 scree plot 两个结果，确定 Rotation Sums of Squared Loadings 列中 total 的特征根大于 1 的变量个数和 Cumulative 列中累积解释变量的百分数（一般应超过 40％）。如果使用碎石图，则观察图中折线在第几个变量的地方出现明显的拐点。

3. 因素载荷表

根据 Rotated Component Matrix，因素载荷量小于 0.4 的可以删除。

通过因素载荷表还可以发现哪些题项聚合在同一个因素中，原来理论假设中的题项和经过因素旋转后的题项类属的维度都会有所改变。例如，有些题项原本在理论假设的因素 1 中，经过旋转后，可能变到因素 4 中；有些题项原本在因素 2 中，但经过旋转后，可能单独出现在另一个新的因素中，需要对这些题项一一仔细分析，思考它们归入哪个因素中更合理。

4. 理论假设的结构

如果对以上的分析结果不满意，还可以重新修改参数，删减题项，再"探索"问卷的理论假设结构，直到找到与理论假设最接近的结构。

5. 因素分析的步骤

在重复上述步骤时，基本上所有的选项都不改变，除了 Extraction 萃取按钮：其中 Method 选 Principal components；Analyze 点选 correlation matrix 和 scree plot，Extract 中不选 Eigen values ever1 而选 number of factors。

6. 因素分析停止的指标

因素数目接近理论假设；每个因素下的题目不少于 3；题目聚合在假设的同一因素下；KMO 值适宜；解释变异量较高（应不低于 40％）。

7. 因素的命名

根据每个因素下所有题目代表的意义，结合所测心理特质的操作性定义，给各个因素命名来代表这些因素。

在材料 11-15 中，研究者分析了合作与竞争两个分量表中各因素解释的变异量，分量表中各因素的载荷表，反复删减题目，对因素进行命名。

【材料 11-15】

2.2.4 结果。

经主成分分析提取因子，方差最大旋转后，初测量表的 51 个条目得到两个因子，特征值都在 7 以上，解释百分比分别为 9.146％ 与 9.116％。第三个因素的特征值迅速下降为 2.116。碎石图也显示，从第三个点开始，曲线变得平缓。根据特征值与碎石图结果，抽取两个因素是最为合理的。删除四个明显反负载的条目后，对剩下的 47 个条目抽取两个因素，共解释方差 32.643%。

这一结果极好地拟合了研究者对于量表结构的理论假设，证明了量表确实由两个因素构成：合作与竞争。进一步的相关分析发现，这两个因素的相关系数为 $r=-0.033$，验证了研究者关于合作与竞争是两个独立维度的假设。

对合作分量表的 23 个项目进行主成分分析，方差最大旋转后，共获得 5 个特征值大于 1 的因子。根据特征值和碎石图分布，抽取 1 到 5 个因素都是合理的。分别抽取 2、3、4、5 个因子，发现 3 个因子的模型最为理想。同时，综合对合作的定义，决定抽取 3 个因子。进一步指定抽取 3 个因子，反复删除载荷在 0.40 以下以及双负载条目，最后保留了 13 个条目，累积解释方差百分比为 59.524%。具体项目以及项目在因子上的载荷参见表 1。

表 1 合作分量表的结构

编号	项目	因素 1	因素 2	因素 3
17	在与同事一起工作的时候，我愿意多听取他的意见，即使这些意见我并不赞同	0.461		
20	在与他人共同完成任务时，我能够整合他人的意见	0.641		
43	在工作中，我通常会考虑双方利益	0.786		
45	在处理事情时，我一般都能够考虑多方的意见	0.750		
48	在工作中，我通常能够站在他人的立场上考虑他人的利益	0.782		
13	我相信好的伙伴能使我战胜一切对手		0.644	
14	一个人要想取得好成绩，必然依靠他人的帮助		0.836	
28	任何工作的开展与完成都离不开他人的帮助与合作		0.677	
37	为了成功，一个人必须与他人合作		0.799	
3	与大家一起工作让我很愉快			0.816
11	在工作中，我喜欢与他人协同工作			0.744
33	我喜欢与他人一起工作获得共同的成功			0.716
39	我相信在工作中合作比竞争更有助于提高成绩			0.649

注：表中的编号为初测问卷中项目的编号。

　　因子 1 描述了合作倾向中的包容性维度：主要表现为……该因子解释方差百分比为 37.560％ 。因子 2 描述了互惠性维度……

　　……

　　对竞争分量表的 25 个项目进行主成分分析，方差最大旋转后，获得 7 个特征值大于 1 的因子。抽取 1 到 7 个因子都是合理的。分别抽取 2、3、4、5、6、7 个因子，发现 3 个因子的模型是最理想的。同时综合考虑在研究一中对竞争的定义，决定抽取 3 个因子。最后保留了 10 个项目，分为 3 个因子，累计解释方差 56.779％。具体项目以及项目在因素上的载荷参见表 2。

表 2　竞争分量表的结构

编号	项目	因素 1	因素 2	因素 3
16	当我的竞争者由于他们的成绩获得奖励时，我会嫉妒	0.770		
18	我不能容忍自己在争论中输掉	0.759		
12	当我在运动竞赛中失利，我会非常伤心	0.704		
2	如果别人表现得比我好，会让我烦恼	0.597		
21	我喜欢竞争，因为它给我一个发现自身潜能的机会		0.775	
26	我喜欢与他人竞争所带来的挑战		0.722	
35	我喜欢竞争，因为它能够让我发挥最佳状态而非获得胜过别人的感觉		0.700	
7	只有比其他同事表现得更好，才能够证明我的价值			0.749
9	有时我将考试视为一次证明我比其他人更聪明的机会			0.738
6	即使在一个团队中为了共同的目标一起工作，我也希望能超过团队中的其他人			0.659

　　注：表中的编号为量表初测版本中项目的编号。

　　资料来源：谢晓非等，《合作与竞争人格倾向测量》，载《心理学报》，2006(1)。

　　探索性因素分析后，有可能删除了某些题项，这时需要综合考虑问卷的指标，有时有必要再重新进行问卷的项目分析及信、效度的验证。在材料 11-16 中，研究者将探索性因素分析的结果与项目分析进行了综合考虑。

【材料 11-16】

综合上述考虑，抽取了 5 个因素做主成分分析。删除低负载(载荷小于0.3)和双负载(在两个因素上的载荷之差小于 0.3)的题目，剩余 47 题。由于删题较多，总分发生变化，故重做 47 题的鉴别度，删除鉴别度小于 0.2的题目 3 道。然后用剩下的 44 题重新做 5 因素主成分分析，发现每个维度的题目载荷都在 0.3 以上，无双负载，共解释了 45% 的总体方差。由于题目较多，删除载荷 0.5 以下的题目 4 道，解释的总方差上升到 48%。然后做 40 个题目在每个因素上的项目鉴别度和题总相关，结果如表 1 所示。

表 1　因素载荷、项目鉴别度和题总相关

因素	题号	载荷	鉴别度	题总相关
F1	41	0.82	0.61	0.83
	64	0.74	0.51	0.70
	63	0.71	0.53	0.66
	5	0.69	0.53	0.68
	35	0.66	0.47	0.74
	76	0.66	0.45	0.58
	82	0.64	0.40	0.65
	71	0.63	0.54	0.64
	33	0.57	0.39	0.62
	39	0.52	0.47	0.62
	…	…	…	…

资料来源：胡月琴、甘怡群，《青少年心理韧性量表的编制和效度验证》，载《心理学报》，2008(8)。

在材料 11-17 中，研究者对问卷的信、效度考查指标进行了综合的说明。

【材料 11-17】

4.2　自编中学生人格问卷的有效性和可靠性

信度和效度是保证问卷使用的有效性和可靠性的重要指标。本研究为保证问卷的信、效度采取了多种方法。

4.2.1　信度。

信度系数主要评价了问卷各维度的内部一致性。克伦巴赫 α 系数、各维度与总分的相关以及分半信度系数均达到了心理测量学所认可的标准。但是由于时间有限，没有收集其再测信度资料。

4.2.2　效度。

研究者主要采用因素分析法检验了中学生人格五因素问卷的构想效度；用该问卷与 NEO 人格问卷的相关证明了其相容效度；用该问卷与父母评定的相关，作为其实证效度；编制问卷前的访谈保证了其内容效度。

首先，用探索性因素分析提取出的五个因素与设计问卷时划分的维度之间一致性非常高，这表明问卷设计符合人格五因素的构想。但是因素分析提取的五因素的解释率不够高，某些维度间两两相关很显著。从理论上来说，所提取的因素之间的相关应该比较低才更好。但是人格测量有其特殊性。人格结构具有整体性，其不同侧面之间是有联系的，而不可能完全独立。例如，做事踏实可靠（属于谨慎性）的人往往也比较被他人信任，因此其宜人性也比较高。

其次，NEO 人格问卷是目前运用广泛并经过了信、效度反复验证的，自编问卷与 NEO 人格问卷的相关非常显著，这也能证明自编问卷的有效性。

最后，青少年自我评价与父母评定的相关显著可以说明自编问卷有一定实证效度。

……

另外，在准备阶段，我们对 30 名中学生进行访谈，并以访谈结果作为编制问卷的基础，这在一定程度上保证了问卷的内容效度。

资料来源：周晖等，《中学生人格五因素问卷的编制》，载《心理发展与教育》，2000(1)。

五、验证性因素分析

验证性因素分析是和探索性因素分析不同的分析过程。探索性因素分析是使用问卷的方法测量并用 SPSS 软件探索所研究特质的结构，形成具有一定维度的特质问卷。验证性因素分析是使用已探索出的有一定结构的问卷对被试施测，并用相关的分析软件验证原有的维度是否符合这次施测的被试。也就是说要检验这个问卷是否有效的一种方法。

(一)使用 AMOS 软件实现验证性因素分析的过程

以《3～5 岁儿童独立性结构的验证性因素分析》研究为例，研究者将独立性的结构概括为三个维度：自我依靠、自我控制和自我主张。经过初始问卷编制、项目分析等过程，形成 47 个项目(自我依靠 20 个项目，自我控制 20 个项目，自我主张 7 个项目)的问卷。经过大样本的测试，保存成 SPSS 文件(independent. sav)。

在 AMOS 中，⬭ 表示潜变量，▭ 表示观测变量，→表示变量之间的因果关系，⟷表示变量间的相关关系。在本例中，自我依靠、自我控制和自我主张三个维度为潜变量，它们之间的关系为相关关系；47 个项目为观测变量，与各自对应的维度之间是因果关系；每个观测变量中还存在误差，被称为残差变量，用 e 或 δ 表示；残差变量属于潜变量，与观测变量之间也是因果关系，所有的关系系数在最开始都假设为 1。儿童独立性初始结构模型如图 11-1 所示。

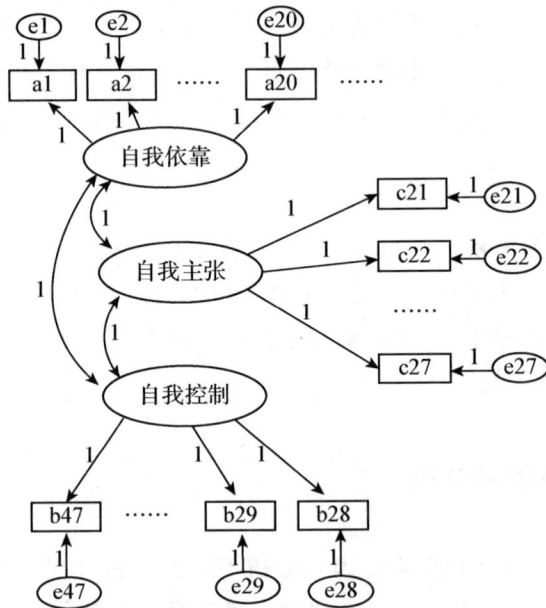

图 11-1　儿童独立性初始结构模型

1. 各变量的绘制

打开 Amos Graphics 的初始界面。在初始界面中，使用工具栏所提供的相关工具将假设模型在空白的建模区绘制出来。

在使用 AMOS 绘制模型之前，建议事先在纸上绘制出基本理论模型和变量之间的影响关系路径图，并确定潜变量与观测变量的名称。

（1）绘制潜变量

使用⬭表示潜变量，在 AMOS 的建模区域开始绘制。为了保持图形美观，可以先绘制出一个潜变量，再使用"复制"工具绘制其他的潜变量，以保证潜变量大小一致。在潜变量上点击右键选择"Object Properties"，为潜变量命名。

（2）设置潜变量之间的关系

使用→表示变量之间的因果关系，使用←→表示变量间的相关关系。

（3）为潜变量设置对应的观测变量和残差变量

可以使用工具栏中🔱绘制，也可以使用▭和→组合进行绘制。在绘制好的观测变量上点击右键选择"Object Properties"，为观测变量命名。其中"Variable Name"一项对应的是数据中的变量名称。同样地，在残差变量上击右键选择"Object Properties"，为残差变量命名。

2. 数据文件的导入

选择 File 菜单中的 Data Files，然后点击 File name 按钮，找到需要读入的数据文件"independent. sav"，双击文件名，最后点击"ok"。

3. 参数估计方法的选择

AMOS 提供了多种模型运算的方法。可以通过点击"View"菜单，在"Analysis Properities"中的"Estimation"项选择相应的估计方法，常用最大似然估计（Maximum Likelihood）方法。

4. 路径系数的标准化

在 Analysis Properties 中的 Output 选项中选择 Standardized Estimates。

标准化系数是将各变量的原始分数转换为 Z 分数后得到的估计结果，可以对不同变量间的标准化路径系数进行直接比较。

5. 模型运算

使用 Analyze 菜单中的 Calculate Estimates 进行模型运算。使用 View

the output path diagram 或者工具栏中相应的工具来查看参数估计的结果图。

AMOS 还提供了表格形式的模型运算结果信息。这些信息包括分析基本情况(analysis summary)、变量基本情况(variable summary)、模型信息(notes for model)、估计结果(estimates)、修正指数(modification indices)和模型拟合(model fit)。

6. 模型评价

模型评价的指标主要有以下几种。

(1)路径系数/载荷系数的显著性

AMOS 提供了一种简单便捷的方法,即 CR 值(Critical Ratio)及对应的 p 值。p 值需要达到显著水平。

(2)模型拟合指数

模型拟合指数的指标很多,主要如表 11-4 所示。

表 11-4　模型拟合指数的指标与评价标准

	拟合度指标	评价标准
绝对指标	χ^2	
	GFI	大于 0.9
	RMR	小于 0.05,越小越好
	SRMR	小于 0.05,越小越好
	RMSEA	小于 0.05,越小越好
相对指标	NFI	大于 0.9,越接近 1 越好
	TLI(NNFI)	大于 0.9,越接近 1 越好
	CFI	大于 0.9,越接近 1 越好
简约指标	AIC	小于独立模型及饱和模型的 AIC
	ECVI	小于独立模型及饱和模型的 ECVI

7. 模型的修正

模型的拟合指数以及路径系数的显著性检验是衡量一个模型的技术指

标，但对于研究者来说，更重要的是模型一定能被相关领域的知识所解释。

经过前几个步骤的验证，如果模型效果并不理想时，研究者可根据初始模型的参数显著性结果和 AMOS 提供的模型修正指标进行模型扩展（Model Building）或模型限制（Model Trimming）。模型扩展是指解除某些路径的限制或添加新路径，使模型结构更合理；模型限制是指删除或限制某些路径，使模型结构更简洁。

模型扩展通常在提高模型拟合度时使用，AMOS 的修正指标为"修正指数"（Modification Index），操作过程是在 Analysis Properties 中的 Output 项选择 Modification Indices，它后面的 Threshold for Modification Indices 为输出的初始值，默认值为 4。

模型限制在提高模型可识别性时使用，AMOS 的修正指标为"临界比率"（Critical Ratio），操作过程是在 Analysis Properties 中的 Output 项选择 Critical Ration for Difference。

8. 最优模型的选择和解释

修正模型时，一般一次只修正一个或少量参数，每次修正后对常用的拟合指标进行对比，直至满意为止。

（二）使用 LISREL 软件实现验证性因素分析的过程

建立模型有两种途径：一种是用 syntax 写语句，这种方法适合于 LISREL 熟练掌握者；另一种是通过 path diagram 建立模型，适合初学者。这里主要介绍 path diagram 的使用。

同样地，LISREL 软件也对变量的类型以及线条的含义有所规定。例如，◯表示潜变量，▭表示观测变量，→表示因果关系，←→表示相关关系。按照相关规定将理论假设模型画出，并标注它们之间的关系，如图 11-2 所示。潜变量是理论结构中的维度名称，X_1、X_2、X_3 是维度 1 中的测题题项，Y_1、Y_2 是维度 2 中的测题题项，$\lambda_1 \sim \lambda_5$ 是测题题项与维度之间的相关系数，关系系数在最开始都假设为 1。$\delta_1 \sim \delta_5$ 是误差项。然后使用收集到的数据进行验证。

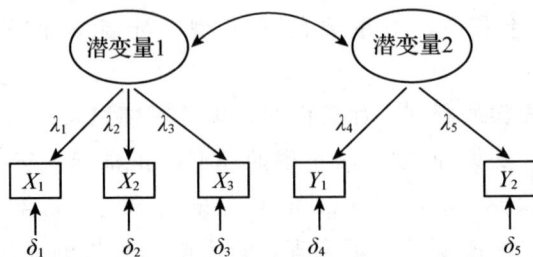

图 11-2 在 LISREL 软件中变量及相互关系的表示方法

1. 数据的预先处理

以"independent. sav"数据为例。使用 LISREL 需要将这个数据生成协方差矩阵，并存放在系统 C 盘中，否则 LISREL 可能无法找到。

打开 File→Import External Data in Other Formats，根据对话框，选择 Statistics 中的 Output→在 Moment Matrix 对话框中，选择 Covariances（协方差矩阵），勾选 save to file 和 LISREL system data，并以 . cov 为后缀命名，如 independent. cov，勾选 save the transformed data to file，并以 dsf 为后缀命名→OK。

2. 导入外部数据

打开 File→New→path diagram→保存成同名后缀为 . pth 的文件，如 indenpent. pth。保存之后就会出现绘图窗口。左边小框为观测变量和潜变量的窗口。

选择 Setup→title and comments 出现对话框，可以给每个题目加注释，不填也可以→next→Group names→不填也可→next→出现 Labels 窗口，左边为 Observed Variables（观测变量），点击 add/read variables→出现对话框→点选 read from file，可以选择 LISREL system file 或者 prelis system file，两者的变量名都相同→file name→点击 browse，出现对话框，如果前面选择了 LISREL system file，则出现 dsf 文件，如果前面选择 prelis system file，则出现 psf 文件→OK。

右边为 Latent Variables（潜变量），点击 add latent variables，直接命名潜变量即可。点击 next，进入 data 对话框→在 statistics 中的下拉框选择 covariances→在 file 的下拉框中选择 external ASCII data→点击 Browse，选择 C 盘里建的文件夹，找到 independent. cov→在 Number of 填入实际的样本

量→OK。

3. 建立模型

上一步骤点击 OK 后，自动生成对话窗口，在 Observed（观测变量）中，点击 Y 列下的方块；下方的 Latent（潜变量），在右侧的 Eta 列下点选，拖动相应的潜变量和观测变量到右边的画图区，并根据变量之间的关系使用双向箭头和单向箭头，最后建立好模型。

4. 运行程序

点 Setup→built LISREL syntax 生成程序语句→run LISREL，如果模型和协方差矩阵没有问题，潜变量间的路径系数、指标和潜变量间的载荷即可估计出来，并生成一个结果文件"independent. out"。

5. 呈现结果

在 independent. out 文件中可以看到路径系数和载荷，另外还可以看到模型的拟合指数等结果信息。

（三）验证性因素分析常用的指标及意义

1. 拟合优度的 χ^2 检验（χ^2 Goodness-of-Fit test）

它是最常报告的拟合优度指标，与自由度一起使用可以说明模型正确性的概率，$\chi^2/\mathrm{d}f$ 是直接检验样本协方差矩阵和估计方差矩阵之间的相似程度的统计量，其理论期望值为 1。$\chi^2/\mathrm{d}f$ 越接近 1，表示模型拟合越好。在实际研究中，$\chi^2/\mathrm{d}f$ 接近 2，表示模型拟合较好，样本较大时，接近 5 也可接受。

2. 拟合优度指数（Goodness-of-Fit Index，GFI）和校正拟合优度指数（Adjusted Goodness-of-Fit Index，AGFI）

这两个指数值为 0～1，越接近 1 表示拟合越好，越接近 0 表示拟合越差。一般认为 GFI≥0.90，AGFI≥0.8，表示模型拟合较好（也有人认为 GFI 的标准为至少大于 0.80，或者大于或等于 0.85）。GFI 的最大优点是不受样本大小的约束，可适用于不同模型之间的相互比较。

3. 比较拟合指数（Comparative Fit Index，CFI）

该指数在对假设模型和独立模型比较时使用，其值为 0～1，越接近 1 表示拟合越好，越接近 0 表示拟合越差。一般认为，CFI≥0.90，模型拟合较好。

4. Tucker-Lewis 指数（Tucker-Lewis Index，TLI）

该指数是比较拟合指数的一种，取值为 0～1，越接近 1 表示拟合越好，越接近 0 表示拟合越差。如果 TLI＞0.9，则认为模型拟合较好。

5. 近似误差均方根（Root-Mean-Square Error of Approximation，RMSEA）

RMSEA 是评价模型不拟合的指数，越接近 0 表示拟合越好，离 0 越远表示拟合越差。一般认为，如果 RMSEA＝0，表示模型完全拟合；RMSEA＜0.05，表示模型接近拟合；0.05≤RMSEA≤0.08，表示模型拟合合理；0.08＜RMSEA＜0.10，表示模型拟合一般；RMSEA≥0.10，表示模型拟合较差。

RMSEA 被认为是评价模型拟合效果最好的指标，对模型中自由参数的数目敏感，即受模型复杂性影响较大。

6. 均方根残差（Root-Mean-Square Residual，RMSR）

该指数通过测量预测相关和实际观察相关的平均残差，衡量模型的拟合程度。如果 RMSR＜0.1，认为模型拟合较好。

【材料 11-18】

3.5 研究结果

3.5.1 正式问卷的验证性因素分析。

在积极高唤醒学业情绪分问卷中，首先采用极大似然估计，对构想三因素模型进行验证性因素分析。从模型估计的结果中发现，1 个题目具有小于 0.3 水平的负荷，同时，根据修正指数去掉交叉载荷较高的 1 个题目，对剩余的 16 个题目重新进行估计，得到最终模型。其余分问卷也是分别采用极大似然估计，对构想的多因素模型进行了验证性因素分析。各分问卷拟合指数见表 1，参数估计结果见表 2，所有题目标准化载荷都达到 0.3 以上，并且达到显著水平。

表 1　正式青少年学业情绪问卷验证性因素分析模型整体拟合指数

学业情绪分问卷	拟合指数	χ^2	df	χ^2/df	GFI	AGFI	SRMR	NNFI	CFI	IFI
积极高唤醒	修正前	695.29	132	5.27	0.92	0.90	0.059	0.91	0.93	0.93
	修正后	441.11	101	4.37	0.94	0.92	0.056	0.93	0.94	0.94
积极低唤醒		336.15	74	4.54	0.95	0.93	0.048	0.94	0.95	0.95
消极高唤醒		456.80	116	3.94	0.94	0.92	0.049	0.95	0.96	0.96
消极低唤醒		1129.82	269	4.20	0.91	0.89	0.089	0.059	0.97	0.97

表2　因素标准化载荷估计结果						
学业情绪分问卷	项目	自豪	项目	高兴	项目	希望
积极高唤醒	T12	0.33	T3	0.31	T9	0.33
	T44	0.56	T20	0.51	T24	0.51
	T56	0.37	T27	0.52	T26	0.64
	T58	0.81	T36	0.55	T59	0.63
	T72	0.74	T47	0.60		
			T57	0.39		
			T75	0.59		
消极高唤醒	T22	0.59	T41	0.56	T53	0.53
	T23	0.59	T43	0.33	T68	0.64
	T46	0.53	T45	0.47	T70	0.49
	T8	0.37	T34	0.64	T51	0.74
	T61	0.51			T52	0.57
……						

资料来源：董妍、俞国良，《青少年学业情绪问卷的编制及应用》，载《心理学报》，2007(5)。

在材料11-18中，研究者编制的青少年学业情绪问卷，为了检验问卷的构想效度，使用了验证性因素分析。验证性因素分析常用的指标 χ^2/df 均在4左右，属于可接受的范围；几个主要的指标 GFI、CFI、RMSEA 均在理想的范围内。

总之，因素分析包括探索性因素分析和验证性因素分析，缺少任何一个，因素分析都是不完整的。一般来说，如果研究者没有坚实的理论基础支持，可以先做探索性因素分析，产生一个大致的理论结构，在此基础上再使用验证性因素分析，这样的做法比较科学，但必须要用两组不同被试的数据来做。

如果样本足够大的话，可以将数据样本随机分成两半，先用一半数据做探索性因素分析，然后把分析取得的因素用在另一半数据中做验证性因素分析。

如果验证性因素分析的拟合效果非常差，那么必须用探索性因素分析来找出数据与模型之间的不一致原因。

为了对问卷中的指标有个整体的了解，材料 11-19 呈现出了相对完整的过程。研究者先通过文献分析，结合访谈和半开放式问卷，大致确定问卷的结构和项目，接着对预测结果进行项目分析，探索性因素分析确定具体项目，形成半正式问卷。再使用这一问卷对另一批被试进行测试，对测试结果进行验证性因素分析，形成正式问卷，得到最终模型。并报告这一正式问卷的信度、效度等指标。

【材料 11-19】

2 青少年学业情绪问卷的初步编制

2.1 青少年学业情绪问卷的结构

……通过访谈、对学生作文的分析以及阅读文献，归纳出的学业情绪有：高兴、厌倦、无助、生气、难过、满意、憎恨、羡慕、痛苦、沮丧等。在此基础上，又结合文献编制了半开放式问卷，以进一步了解学生的各种学业情绪有哪些具体表现。

……首先，根据半开放式问卷的调查，选取超过 40% 人数的具体情绪。其次，根据……理论以及佩克伦(Pekrun)等人的研究，我们对具体学业情绪进行了分类。我们认为积极高唤醒学业情绪分问卷可能包含的具体情绪有高兴、愉快、自豪、羡慕、希望等；积极低唤醒学业情绪分问卷可能包含的具体情绪有放松、满意、平静等；消极高唤醒学业情绪可能包含的具体情绪有生气、焦虑、羞愧等；消极低唤醒学业情绪可能包含的具体情绪有厌倦、无助、沮丧、难过等。另外，在半开放式问卷中，我们让学生写出了每种学业情绪的具体表现，得到了编制问卷的基础信息。

2.2 青少年学业情绪问卷的项目形成

问卷项目的搜集和编写工作主要通过两种途径进行。一是文献回顾。检索国内外相关文献，收集国内外相关研究中与学业或学习有关的情绪问卷，主要参考问卷为文献综述中所列各类问卷的部分项目。这些问卷包括……二是访谈和半开放性问卷调查结果。初步编制的四个分问卷的基本情况如下：积极高唤醒学业情绪分问卷 24 个项目；积极低唤醒学业情绪分问卷 16 个项目；消极高唤醒学业情绪分问卷 27 个项目；消极低唤醒学业情绪分问卷 37 个项目。……

2.3　青少年学业情绪问卷的预测及结果

为考察问卷结构的合理性和项目的适宜性，本研究首先对问卷进行了预测。……

2.3.1　项目分析。

以各个分问卷总分最高的 27% 和最低的 27% 作为高分组与低分组界限，求出两组被试每题得分的平均数差异，将没有达到显著水平的题目剔除。……

2.3.2　探索性因素分析。

……

3　正式青少年学业情绪问卷的分析及应用

3.1　被试

用于正式学业情绪问卷验证性因素分析及信、效度检验的被试是浙江省杭州市一所普通初中和一所高中的学生，……

3.2　研究工具

①青少年学业情绪问卷。在项目分析和探索性因素分析的基础上，根据与学生交流访谈所反馈的信息，增加了 6 个项目，共 74 个项目，形成学业情绪的验证性因素分析问卷，并进行验证性因素分析。……②正性负性情绪量表。……

3.3　施测过程

采用集体施测方式，以指导语指导被试填答问卷。

3.4　数据处理

运用 SPSS 11.5 与 LISREL 8.53 进行数据处理。

3.5　研究结果

3.5.1　正式问卷的验证性因素分析。

在积极高唤醒学业情绪分问卷中，首先采用极大似然估计，对构想三因素模型进行验证性因素分析。从模型估计的结果中发现，1 个题目具有小于 0.3 水平的负荷，同时根据修正指数去掉交叉载荷较高的 1 个题目，对剩余的 16 个题目重新进行估计，得到最终模型。其余分问卷也是分别采用极大似然估计，对构想的多因素模型进行了验证性因素分析。……

3.5.2　各分问卷的信度。

学业情绪四个分问卷的克伦巴赫 α 一致性系数分别为：……分半信度分

别为：……相关显著性均达到 0.01 水平。

3.5.3　各分问卷的效标效度。

……我们使用了以沃森（Watson）等人编制的 PANAS 量表原版为基础修订的正性负性情绪量表，作为指标考察青少年学业情绪问卷的效度。中文版的 PANAS 量表具有较好的信效度，具有正性与负性二维结构。本研究结果发现，积极学业情绪与正性情绪呈显著正相关，与负性情绪呈负相关；消极学业情绪与正性情绪呈显著负相关，与负性情绪呈显著正相关，说明问卷具有较好的效标关联效度。

资料来源：董妍、俞国良，《青少年学业情绪问卷的编制及应用》，载《心理学报》，2007(5)。

本章·小·结

问卷法中的统计分析分为两个层次，一个是正式问卷形成之前，对预测问卷的指标进行考察，如项目分析，信度、效度的分析等；另一个是对正式问卷的统计分析，依据研究目的可选择不同的统计方法。

问卷应该存在内部的逻辑性，通常可以用因素分析来论证。按照研究者对因素的确定性程度，因素分析可分为探索性因素分析和验证性因素分析。探索性因素分析和验证性因素分析是基于不同研究目的的。探索性因素分析是在事先不知道哪些因素对所研究的变量特征有影响的基础上，完全依据问卷所得的数据，利用统计软件以一定的原则进行因素分析，最后抽取出因素的过程。验证性因素分析的主要目的是检验观测变量的因素个数和因素载荷是否与预先建立的理论预期一致。它是研究者已经知道因素以及这些因素之间的相互作用的情况下，检验所搜集的数据是否按事先预定的结构方式起作用，从而检验事先定义的因素模型与实际观测数据的拟合程度。

问卷由题目构成，每个题目质量的高低决定着整个问卷质量的高低。研究者问卷的项目分析可以从定性和定量两个方面进行。定性分析是对项目的内容和形式是否得当进行的分析。定量分析包括难度、区分度的分析。确定题目后，组成的问卷就存在信度和效度的问题。信度种类有再测信度、复本信度、内部一致性信度和评分者信度。效度的种类有内容效度、结构效度和效标效度。

关键术语

探索性因素分析；验证性因素分析；项目分析；难度；区分度；信度；再测信度；复本信度；内部一致性信度；评价者信度；内容效度；结构效度；效标效度

思考题

1. 探索性因素分析和验证性因素分析的目的有什么不同？

2. 探索性因素分析的步骤有哪些？

3. 验证性因素分析的步骤有哪些？

4. 项目分析包括哪些指标？

5. 什么是难度？

6. 什么是区分度？

7. 计算区分度的统计方法有哪几种？

8. 信度和效度分别有哪几种？

建议的活动

1. 查阅学前教育的相关杂志，试找出一篇关于问卷编制的研究，体验问卷法的相关指标的考察过程。

2. 结合本章所学内容，试自编一个问卷来考察幼儿与家长的互动模式。

拓展阅读

1. 风笑天：《社会调查中的问卷设计》，北京，中国人民大学出版社，2014。该书系统地介绍了问卷设计的一般过程及其设计原则、问卷的结构与常见的问题形式、问卷设计的具体方法与技术以及问卷设计中的常见错误等内容。

2. 吴明隆：《结构方程模型——AMOS 的操作与应用》，重庆，重庆大学出版社，2010。该书主要对 AMOS 的操作与应用知识做了介绍，包括结构方程模型的基本概念、模型适配度统计量的介绍、Amos Graphics 界面介绍、参数标签与测量模型、验证性因素分析等内容。

第十二章　实验法中的统计分析

学习目标

1. 掌握取样的方法。
2. 了解描述性统计中图表的种类及适用条件。
3. 理解假设检验的相关概念。
4. 了解假设检验的步骤。
5. 了解假设检验的种类。
6. 理解方差分析的逻辑。
7. 了解配对 t 检验的种类。
8. 了解多因素方差分析、重复测量方差分析的适用条件。

导读

　　实验法可以分为实验室实验法和自然实验法两种。实验室实验法是在实验室使用一定的设施，控制一定的条件，并借助专门的实验仪器来进行研究的一种方法。自然实验法是在被试的原有环境中，有目的、有计划地创设和控制一定的条件来进行研究的一种方法。自然实验法比较接近生活与教育实际，易于实施，兼有实验法和观察法的优点，所以被广泛应用于教育心理学、儿童心理学和学前教育学的研究中。

第一节　实验法中的相关统计概念

在做教育研究之前，我们要先确定研究对象，这就会涉及确立总体和选取样本，以及如何进行取样的问题，同时还需要了解统计中常用的术语和符号。

一、总体、样本

总体（population）是指具有某些共同的、可观测特征的一类事物的全体，构成总体的每个基本单元称为个体（individual）。在教育研究中，总体是特定研究所关注的所有个体的集合，我们往往根据研究兴趣和目的规定研究的总体，其特征和范围也随目的和要求的变化有所不同。比如，小学生阅读障碍的研究所关心的是小学生这个总体，而大学生幸福感的研究关注的就是大学生这个总体。

研究中最理想的状况是对总体中的每个个体加以测量，但在实际研究中，往往无法对整个总体进行研究，有时是无法办到，有时是人力、财力的限制，有时是根本就没有必要。因此，我们往往是从总体中抽取一些个体作为真正的研究对象。从总体中选择出的个体的集合被称为样本（sample）。

二、取　样

在无法对总体进行全面考察的时候，我们需要从总体中抽取能代表总体的样本作为考察对象。为了使样本能够有效地代表总体，需要对样本进行随机取样。取样的方法主要有以下几种。

（一）简单随机取样

这是最基本的一种随机取样方法，这种取样方法充分体现了随机性原则，即群体中每个个体相互独立，且每个个体被抽到的机会均等。常用的简单随机取样方法有两种：抽签或使用随机数码表。简单随机取样只适用于总体数目较少且总体的个体之间差异程度较小的情况。

223

1. 抽　签

研究者首先给总体中每一个个体编上一个号码并做成签，把签充分混合，然后按照所需样本容量大小，从中随机抽取出一部分签，签上的号码所对应的个体便构成一个样本。例如，从 30 名儿童中随机抽取 10 名儿童来测量他们的身高，则可把 30 名儿童先编上号，并将号做成 30 个签，混合后从中随机取出 10 个签，与这 10 个签对应的儿童就组成所需的样本。

2. 随机数码表

当总体较大，用抽签的方法不太方便时，可用随机数码表。随机数码表是由 0～9 这 10 个数字随机排列而成，统计学书籍的附录中一般都会有随机数码表。

采用随机数码表进行简单随机取样时，首先给被取样的总体中的每个个体编号；然后从数码表的任意一处开始往下数，凡是小于或等于总体中最大编号的号码选入样本，重复的删去，取够为止。现在也有应用计算机的随机数码发生器来编随机数码表或进行简单随机取样的。

(二)等距取样

当总体的数目非常大时，研究者可以用等距取样，也称为机械取样。它是先把总体内每一个个体进行编号排序，然后依据固定的间隔抽取一部分个体构成样本，间隔距离的大小依据所需样本容量与总体中个体数目的比率而定。例如，从 400 名儿童中随机抽取 80 名，如果 400 名儿童随机编成 400 个号码，那么从每 5 名儿童中抽取一个，可以将 5 号、10 号、15 号、……400 号儿童抽取出来，便可组成一个容量为 80 的样本。这种方法简便易行，可以均匀地抽到总体中每部分的个体。一般情况下，等距取样比简单随机取样代表性强。但当总体中不同特性个体的分布不均匀或呈一定周期性时，等距取样可能产生系统性误差。假设在 400 名儿童中，如果预先编码中的整 10号的儿童是班干部的话，又恰巧在使用等距取样时选取的是 10 号、20 号、30 号、……400 号，则这个样本全部由班干部组成，也就产生了系统性误差。

(三)分层取样

分层取样是研究者先按照与研究内容有关的因素将总体各单位(或个体)分为不同的层次，然后按比例或不按比例从每一层次中用简单随机取样或等距取样的方法抽取一定数量的个体构成样本。例如，某幼儿园抽样调查儿童的体重情况，全园共有儿童 200 人，其中小班 50 人，中班 70 人，大班 80 人。若抽取 100 人进行调查，那么不同年级可被视为不同的"层"，每个年级按人数比例抽取。因为三个年级儿童人数占全园的比例分别为 25％、35％、40％，则每年级抽取的人数分别为 25 人、35 人、40 人，每个年级抽取的人数可再通过简单随机取样或等距取样的方法确定。

分层取样可以抽到总体内各种类型或水平层次的个体。因此，分层取样误差较小，样本对总体的代表性强，尤其当总体结构复杂或总体内各单位水平差异较大时，分层取样是最恰当的取样方法。分层取样的原则是各层内个体差异越小越好，而各层间的差异越大越好。

(四)阶段取样

当总体容量巨大时，在实际中对于大范围的调查研究，研究者一般采取阶段取样方法，也就是要分若干个阶段或步骤来进行随机取样。例如，以全国儿童体重的发展状况为研究对象，第一步需要确定调查的城市，也就是以城市为抽取单位，从全国所有城市中随机抽取一部分；第二步需要从这些城市中随机抽取幼儿园；第三步需要从这些幼儿园中抽取儿童来作为研究对象。

当研究的目标群体较复杂时，我们就可能同时需要这四种随机取样的方法。阶段取样强调群体中横向水平的复杂性，分层取样强调群体中纵向水平的复杂性，等距取样用于数量较大并且容易编码的群体中，在间隔一定距离取样时，不会造成系统性误差，简单随机取样是最简单的取样方法。

三、参数、统计量和取样误差

对于在研究中所获得的数据，我们有必要来区分它们是来自总体的还是来自样本的。在统计学中，有不同的术语和符号来区分总体和样本的特征值。

参数(parameter)是描述总体特征的数值。例如，我们描述某地区幼儿园儿童的平均身高和方差，就要把这一地区的幼儿园儿童作为一个总体来进行描述，这些数值称为总体参数。它可以从一次测量中获得，也可以从总体的一系列测量中推论得到。

统计量(statistic)是描述样本特征的数值。例如,我们选取某一幼儿园的中班儿童作为样本,计算他们的平均身高,这就是一个统计量。一旦选取了样本,我们就可以知道统计量,但在总体范围内换一个样本,统计量可能就改变了。也就是说,参数是一个固定的数值,而统计量会随着所选取的不同样本而变化。

为了区分一个特征是描述总体的还是样本的,我们往往用不同的数学符号来表示参数和统计量。例如,描述总体的平均值和标准差,用 μ 和 σ 来表示;描述样本的平均值和标准差,用 $\overline{X}$ 和 S 来表示。

取样误差(sampling error)是指样本统计量与相应的总体参数之间的差距。取样误差受样本量的影响,从理论上来说,样本量越大,取样误差越小。如果对总体进行的调查是全面调查,则取样误差为 0。

四、常用的统计符号

在涉及具体的统计符号时,后面会针对各自的具体内容加以解释,在此只列出最基本的几个统计符号,如表 12-1 所示。

表 12-1 常用的统计符号

	参数(总体)	统计量(样本)
群体大小	N	n
平均数	μ	$\overline{X}$
标准差	σ	S
方差	σ^2	S^2
相关系数	ρ	r

第二节 实验法中的描述统计图表

收集数据是研究的最基本功能之一,从收集的数据中发现特定的趋势并进行比较,就要对这些数据进行描述统计。

描述统计最基本的任务是将数据进行分类整理，了解数据的大致分布。一批数据在某一量度上的每一个类目所出现的次数情况，称为次数分布。次数分布可以表达为图或表的形式。

一、次数分布表

(一)次数分布表的种类

1. 简单次数分布表

【例 12-1】

某幼儿园小班儿童的体重 X 如下（单位：千克）：15.5，17.0，16.0，16.0，15.0，14.5，15.5，15.0，19.5，15.8，16.0，14.5，15.5，15.0，14.7，15.8，15.5，13.8，15.5，15.8，15.0，15.8，17.0，18.0。这个班级的教师希望了解体重的大体分布，试做一个次数分布表。

解：先将数据（X）从大到小（或从小到大）排成一列，如果有相同值的数据则归在一组，另一列列出每个数据的次数（f），这样就得到了最简单的次数分布表。

这些数据的最大值为 19.5，最小值为 13.8。我们按高低顺序把它们依次列出来，数出每个数值出现的次数，在另一列"次数（f）"中对应填上。

表 12-2　24 位儿童体重的次数分布

体重(X)	记号	次数(f)
19.5	/	1
18.0	/	1
17.0	//	2
16.0	///	3
15.8	////	4
15.5	/////	5
15.0	////	4
14.7	/	1
14.5	//	2
13.8	/	1

用次数分布表对数据进行整理后，我们可以很快了解数据的大体分布。由表 12-2 可以看出，儿童体重多集中在 15.5 千克，太重和太轻的人数较少，这些儿童的体重分布正常。

2. 分组次数分布表

例 12-1 中的数据只有 24 个，简单次数分布表能清晰地表达数据分布状况。但是如果数据个数很多，用简单次数分布表来整理会很烦琐。事实上，当数据的范围很大时，我们没有必要了解每一个数据出现了多少次，更好的方法是把数据分成区间，计算出各区间内数据的次数，这样会显得更加清晰。按照这种方式得到的次数分布表称为分组次数分布表。

进行分组次数分布统计，关键是如何划分区间。如果区间太小，则会得到很多组，数据不能精简和归纳；如果区间太大，又会过于笼统，得不到有用的信息。因此确定组距是关键。

全部数据的最大值与最小值的差距被称为全距。每组数据的最大值与最小值的差距被称为组距。对于一组数据，大致组数的确定可使用经验公式：

$$K=1.87(N-1)^{\frac{2}{5}}$$

其中 N 为数据的总个数。这个公式可使用 EXCEL 的函数功能计算，一种方法是先计算 $(N-1)^{\frac{2}{5}}$，$N-1$ 用口算，得出一个具体的数，假设为 49，然后在 EXCEL 的任意单元格输入"$=49^{\wedge}(2/5)$"，再按回车键；另一种方法是先计算出 $(N-1)^{\frac{2}{5}}$，再在 EXCEL 任意单格中输入"$=POWER(49, 2/5)$"，再按回车键。具体的分组标准，需要综合考虑全距以及样本大小。为了便于直观感受和理解，应当控制组数在 10 个左右，不少于 5 组，也不要超过 15 组。

当确定组数后，再根据全距，可大概确定组距：组距＝全距/组数。实际上，组距的确定还需要考虑其他因素。首先，组距应为较简单的数字，如 2，5，10，20 等整数；其次，每组数据的起点值应是较简单的数字，且为组距的倍数。

【例 12-2】

某学校三年级学生的一次数学考试成绩如下，请将这些分数做一个次数分布表。

85　97　79　84　90　93　85　73　80　88　84　99　97　83　73　66
78　58　72　94　82　76　83　72　83　93　91　81　76　68　79　87　72

85　60　69　75　86　62　80　68　70　78　75　70　76　85　88　91　95

解：首先，我们来计算这些分数的全距、组数和组距。最大的数是99，最小的数是58，因此全距为99－58＝41。共50个数据，代入经验公式 $K=1.87(N-1)^{\frac{2}{5}}$ 中，得到 $K \approx 8.87$，为便于直观感受，可将数据分为10组，组距应为4.1。按照组距应取简单数字的原则，将组距调整为5。

其次，确定实际的分组区间，也就是每组的上下限。最小数是58，所以第一个区间要包含58，我们可以设第一分组区间为55～59，则第二组为60～64，依此类推。

最后，列出各组的区间，将每个分阶段对应到各组当中，得到各组的次数，如表12-3所示。

表 12-3　某学校三年级学生数学成绩的分组次数分布

成绩(X)	次数(f)
95～99	4
90～94	5
85～89	9
80～84	9
75～79	9
70～74	7
65～69	4
60～64	2
55～59	1

连续变量中一个特定的数值并不是代表一个点，而是一个区间。在55～59这个区间中，58这个分数实际上代表的是57.5～58.5这一段区域，而57.5是精确下限，58.5是精确上限，用数学符号表示为 $[57.5, 58.5)$，意思是这一区间从57.5到58.5，包含57.5，不包含58.5。

3. 累积次数分布表

次数分布表可以让我们了解数据在各个区间内的大体分布，但当我们想要了解一些原始数据不能提供的信息时，如位于某个数据以上或以下的数据个数，或者某一分数在数据集合中的位置等信息，就可以用累积次数分布表。

累积次数分布表实际上就是在简单或分组次数分布表的基础上，再加一列累积次数（cumulative frequency，cf），也就是将各个 X 所对应的次数进行累加。累积次数分布表可以有两种方向的累积：按照数据大小从大到小累积，或者从小到大累积。

我们将表 12-2 中的数据进行累积次数的统计，如表 12-4 所示。

表 12-4　累积次数分布

体重（X）	记号	次数（f）	累积次数（由大到小）	累积次数（由小到大）
19.5	/	1	1	24
18.0	/	1	2	23
17.0	//	2	4	22
16.0	///	3	7	20
15.8	////	4	11	17
15.5	/////	5	16	13
15.0	////	4	20	8
14.7	/	1	21	4
14.5	//	2	23	3
13.8	/	1	24	1

从表 12-4 中，我们就可以判断某个数据在整个数据范围中的大概位置。例如，按照体重从高到低排序，体重为 15.5 千克的儿童大概位于第 16 名的位置。

对于比例和百分比，也可以进行累积，这样就可以看出累积相对次数，即在某一数据以上或以下的数据所占的百分比，如表 12-5 所示。累积百分比的计算公式：

$$c\% = cf/N \times 100\%$$

其中，$c\%$ 为累积百分比，也称为某个分数的等级或百分位数等级，是指在整个分布中，在某一值以下或等于该值的分数的百分比，对应的分数就称为百分位数或百分点。

表 12-5　24 位儿童体重的累积百分比

体重(X)	次数(f)	累积次数（由小到大）	累积百分比($c\%$)
19.5	1	24	100
18.0	1	23	95.8
17.0	2	22	91.7
16.0	3	20	83.3
15.8	4	17	70.8
15.5	5	13	54.2
15.0	4	8	33.3
14.7	1	4	16.7
14.5	2	3	12.5
13.8	1	1	4.2

在累积次数分布表中，百分位数等级给出了位于某个 X 值或这个值以下的个体所占的百分比。例如，体重为 15.5 千克这个数值的百分位数等级为 54.2%。

(二)次数分布表的运用

1. 次数分布表的运用实例

【材料 12-1】

3.1.2　儿童数数行为的错误分析。

由表 1 可以看出，在各项数数任务中均有一部分儿童不能正确完成数数任务，通过对儿童数数过程中错误表现的考察可以进一步了解儿童数数规则的掌握情况。结合录像带的分析发现，儿童早期数数过程中的错误类型主要有：违反一一对应原则，儿童表现为漏数、跳数、重复数等错误；违反固定顺序原则，即数数时数词的顺序错误；违反基数原则，儿童不能报出总数；综合类错误，指儿童在数数中集中体现上述两种以上的错误。此外，在测查中有些儿童数数时没有明显的外部行为，但他们不能正确回答出数列的数目，由于这些儿童的错误无法通过其外在表现判断，我们将其归入不能判断类。

如表 1 所示，3、4 岁儿童数数的错误主要为违反基数原则的错误，但是随着数列数目的增大，犯点数错误和综合类错误的人数增加。对各错误类型

的 χ^2 分析发现，除数 3 之外，不同年龄儿童在各项数数任务上的错误表现均存在显著差异 $[\chi^2_{\text{数}7}(4)=20.10，p<0.05；\chi^2_{\text{数}10}(4)=22.46，p<0.05；\chi^2_{\text{数}15}(4)=23.93，p<0.05；\chi^2_{\text{数}30}(4)=18.40，p<0.05]$。

表 1　儿童早期数数行为的错误分析(%)

	数 3		数 7		数 10		数 15		数 30	
	3 岁	4 岁	3 岁	4 岁	3 岁	4 岁	3 岁	4 岁	3 岁	4 岁
违反一一对应	0	0	3.4	14.9	4.3	17.7	4.2	19.4	13.6	11.4
违反固定顺序	0	4	1.1	0	2.1	2.0	2.1	5.6	0	18.2
违反基数	51.4	72	55.7	38.3	43.6	29.4	47.9	47.2	13.6	38.6
综合类错误	8.5	4	25	6.4	36.2	13.7	43.8	5.6	72.7	22.7
不能判断类错误	10.2	20	14.8	40.4	13.8	37.3	2.1	22.2	0	9.1

资料来源：张华等，《3、4 岁儿童数数的规则及其策略运用的研究》，载《心理科学》，2004(6)。

在材料 12-1 中，研究者将儿童数数过程中所犯的错误进行类型划分，再求出每种错误类型的百分比，列出表格。最后在 3、4 岁两个年龄之间进行错误类型的 χ^2 检验。

2. 使用 SPSS 实现次数分布的过程

Analyze→Descriptive Statistics→Frequencies→将要统计的变量选入 Variable 中(可以点选 Statistics 中的选项)→OK。

3. 使用 SPSS 实现累积百分比的过程

Analyze→Descriptive Statistics→Frequencies→将要统计的变量选入 Variable 中→点选 Statistics→Percentile value 中选 Percentile：输入 0→点 add→Continue→OK。

二、次数分布图

在次数分布表的基础上，我们可以进一步画出次数分布图，从而更清晰直观地给出数据的分布趋势。次数分布图可分为如下不同的类型。

(一)次数分布图的种类

1. 直方图

直方图(histogram)是用横轴表示数据 X，纵轴表示次数 f，以每个数据上的直方条来表示次数分布的统计图。直方条的高度代表了各个数据的次数，宽度代表数据的精确区间。它一般用于表示连续性数据的次数分布。

【例 12-3】

根据表 12-6 中的数据绘出统计图。

表 12-6　学生在某道题上的得分分布

得分(X)	次数(f)
7	2
6	3
5	5
4	4
3	2
2	2
1	1

根据直方图的定义可直接绘出直方图，如图 12-1 所示。

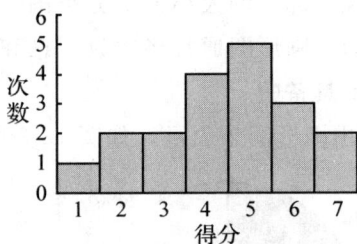

图 12-1　学生在某道题上的得分分布直方图

对于分组次数的直方图的绘制步骤如下。

①将次数分布表中的数据组距的上、下限或组中值等距标在横轴上。

②在纵轴上标明次数的单位。

③将各组的上下限作为两边，按各组的频数用横线标出各组在纵轴上的高度，组成一个个相连的矩形。

2. 条形图

条形图（bar chart）是用来表示离散型数据的分布图。它的画法与直方图非常类似，都是用直条的长短表示各分组或各类别的次数或相对次数，不同的是其横坐标为离散变量的各类别，因此并无单位，条形之间是分开的。

【例 12-4】

某研究中分别取教育系 23 人、历史系 45 人和心理系 28 人作为研究对象，请绘出它的分布图。

与直方图类似，横轴表示系别，纵轴表示人数（次数），不同的是条形图的每个直方条之间存在一段距离，如图 12-2 所示。

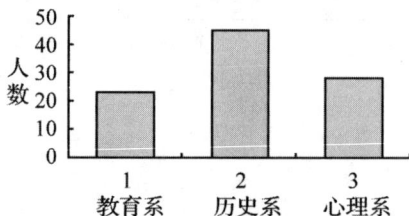

图 12-2　研究对象构成条形图

3. 圆形图

圆形图（pie chart）又被称为饼图，是用一个圆形中的扇面来表示各部分在整体中所占的比例以及各部分的大小关系分布图。它和条形图一样都用于离散性数据资料，不同的是圆形图通常将次数信息和相对次数信息全部融合在一起，这是条形图所不具备的。

将例 12-4 中的数据用圆形图来表示，如图 12-3 所示。

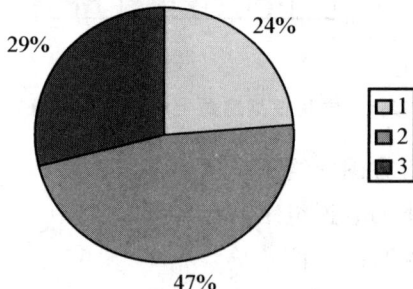

图 12-3　研究对象构成圆形图

4. 线形图

线形图(line chart)是通过线条来表示某种事物的发展、变化趋势的统计图，它适用于连续性数据。

它与直方图的绘制方法相似，不同的是线形图不以直方条的高度代表次数，而将每个 X 值对应的次数点相连成折线。

将例 12-3 中的数据用线形图来表示，如图 12-4 所示。

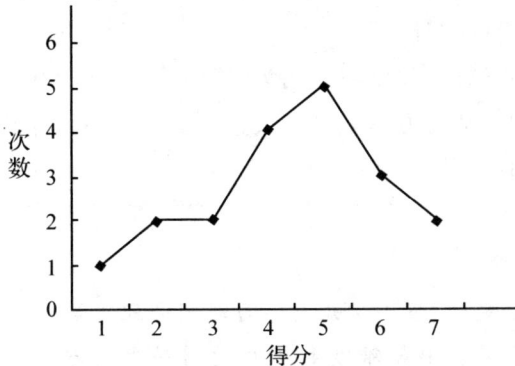

图 12-4　学生在某道题上得分分布的线形图

5. 茎叶图

茎叶图(stem-and-leaf display)是将数据按位数进行比较的统计图，具体来说，将大小基本不变或变化不大的位数作为一个主干(茎)，将变化大的位数作为分枝(叶)，列在主干的后面，如图 12-5 所示。

茎	叶
8	2 7 1
7	4 5 8 6
6	3 0 2
5	4 1 6 9
4	3
3	2 6

图 12-5　茎叶图

它类似于横置的直方图，茎叶图既能给出数据的分布状况，又能给出每一个原始数据，从而保留了原始数据的信息，一般适用于小批量数据；直方图不能保留原始的数据信息，通常适用于大批量数据。

(二)次数分布图的运用

1. 条形图的运用实例

在材料12-2中，研究者考察了4个年级(小学二、四、六年级以及大学二年级)的学生在3种词对难度(容易的词对、中等难度的词对、困难的词对)下的学习时间上的差异。

以4个年级为横轴，以学习时间为纵轴，由于4个年级之间有间隔，所以横轴不是连续的。从直方图上可以很直观地发现不同年级的学生在3种词对难度下学习时间的不同。

【材料12-2】

2.3　实验结果

2.3.1　"速度定向"下小学儿童学习时间分配决策水平的发展。

统计儿童在容易、中等难度和困难的材料上的学习时间的绝对值，得到图1。

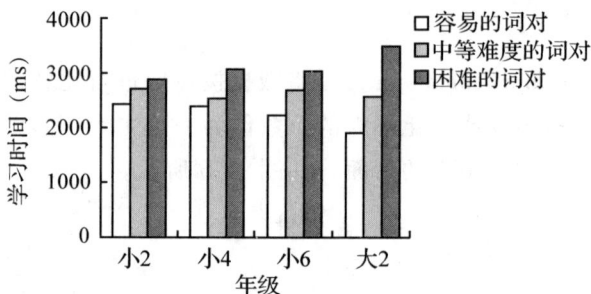

图1　速度定向下儿童在不同难度材料上分配的学习时间

资料来源：刘希平、方格，《不同任务定向下小学儿童学习时间分配决策水平的发展》，载《心理学报》，2006(6)。

2. 线形图的运用实例

【材料12-3】

3　儿童数数规则的掌握

首先从儿童数数的精确性和数数错误两个方面来考察儿童对数数规则的

掌握情况。

3.1　3、4岁儿童数数的精确性

本研究将儿童在数数过程中遵循一一对应、固定顺序原则，并能够正确报出数列的数目作为评价儿童数数精确性的指标。结果如图 1 所示，随着数目的增大，3、4岁儿童数数精确性呈逐步降低趋势。差异检验表明，4岁儿童在各项数数任务上的精确性均显著高于 3 岁儿童 $[t_{数3}(232)=2.516$，$p=0.013$；$t_{数7}(232)=3.127$，$p=0.002$；$t_{数10}(232)=3.610$，$p=0.000$；$t_{数15}(232)=4.449$，$p=0.000$；$t_{数30}(232)=4.825$，$p=0.000]$。

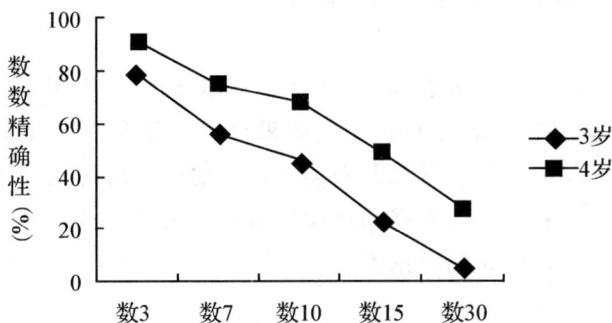

图1　3、4岁儿童数数的精确性

资料来源：张华等，《3、4岁儿童数数的规则及其策略运用的研究》，载《心理科学》，2004(6)。

在材料 12-3 中，研究者准备 5 张印有排列整齐物体(如花、水果和小鸟等)的图形板，图形板上的数列分别为 3，7，10，15，30。让儿童数图形板上物体的数量，并回答一共有多少个物体。将数数精确性作为测查指标。以线形图形式表示数据发展变化的趋势。但是究竟两个年龄段儿童之间的数数精确性是否存在差异，还需要进一步做 t 检验。

3. 使用 SPSS 实现次数分布图对数据的统计过程

Graphs→Legacy Dialogs 点开后有 Bar，3-D Bar，Line，Pie，Histogram 选项，可根据数据类型以及统计目的选择合适的统计图→将要统计的变量选入 Variable 中→点 title 加上图的名称→OK。

还可以将统计表和统计图合在一起进行显示。

Analyze→Descriptive Statistics→Frequencies→将要统计的变量选入

Variable 中→Chart→Chart type→其中有 None，Bar chart，Pie chart，Histograms，根据数据类型选择→OK。

4. 使用 SPSS 实现茎叶图对数据的统计过程

Analyze→Descriptive Statistics→explore→将因变量选入 Dependent list 中，自变量选入 Factor list 中。

点选 Plots→stem-and-leaf→OK。

需要补充的是，在对数据进行统计分析之前，常常需要观察数据的分布情况。因为很多统计方法适用的前提条件是要求总体正态分布，这时可以用直方图观察数据的分布。也可以用 P-P 图来检验，使用 SPSS 的步骤如下：

Graphs→P-P→将所需要检验的变量名称选入 variable 框中，在 Test Distribution 中设置检验的分布类型，如果要看数据是否呈正态分布，则选 Normal，还可选 t 分布，或其他分布类型，其他项可均为默认→OK。

从输出的结果看，如果数据的点状分布基本为直线状，则变量为正态分布。如果杂乱无章，则说明数据不符合正态分布。

第三节　实验法中的统计量数

只对数据进行次数分布的描述是不够的，因为无法对数据进行比较和计算。因此，我们需要寻找数据分布特征的量化指标。描述一组数据的量化指标主要有集中量数、差异量数。

一、集中量数

集中量数是表示数据集中趋势的量数。常用的集中量数有算术平均数、中数、众数等。

(一)算术平均数

算术平均数(mean)是最常用的，也是最易理解的一个集中量数指标。算术平均数是指所有观察值的总和除以数据总个数所得的商，简称为平均数、均值或均数，只有在与其他的一些平均数进行区别时才被称为算术平均数，

常用 μ 来表示总体平均数，用 $\overline{X}$ 或 M 表示样本均数。计算公式如下：

$$\mu = \frac{\sum\limits_{i=1}^{N} X_i}{N}, \overline{X} = \frac{\sum\limits_{i=1}^{n} X_i}{n}$$

式中 μ 和 $\overline{X}$ 分别表示总体数据和样本数据的算术平均数，N 和 n 分别表示总体和样本的大小，$\sum$ 为求和符号。

根据算术平均数的计算公式，可以推导出以下性质：

数据中如果每一个数据都加一个常数 C，则算术平均数也需要加 C，即

$$\frac{\sum\limits_{i=1}^{n}(X_i + C)}{n} = \overline{X} + C;$$

数据中如果每一个数据都乘一个常数 C，则算术平均数也需要乘 C，即

$$\frac{\sum\limits_{i=1}^{n}(X_i \cdot C)}{n} = \overline{X} \cdot C。$$

【例 12-5】

已知一组数据值分别为 80，90，75，68，57，求该组数据的算术平均数。

解：根据公式将已知数据代入，计算平均数。

$\overline{X} = (80+90+75+68+57)/5 = 74$

(二)中　数

中数（median）又称为中位数，是一组按大小顺序排列的数据中处于中间位置的数据值，用 Md 表示。

对于没有经过处理的原始数据来说，寻找它们的中数需要先将所有数据按照大小顺序排成一个数列。以下三种情况，中数有各自不同的求法。

1. 数据的总个数为奇数

假设数列共包含 n 个数（n 为奇数），一般来说，如果处于数列中间的数与相邻的数都不相等，则中间的那个，即第 $\frac{n+1}{2}$ 个数就是这 n 个值的中数，比它大和比它小的数都有 $\frac{n-1}{2}$ 个。

【例 12-6】

求 13，32，24，27，18 的中数。

解：将数据按从小到大的顺序排列为：13，18，24，27，32。

一共有 $n=5$ 个数据，n 是奇数，$\frac{n+1}{2}=3$，则第 3 个数是最中间的数，在这里是 24，而且跟 24 相邻的数分别是 18 和 27，都不等于 24，因此，24 是这 5 个数的中数，即 $Md=24$。

2. 数据的总个数为偶数

如果 n 是偶数，那么数列中没有一个相应的值将该数列分成相等的两半，按照惯例，可以取位于中间的两个数（第 $\frac{n}{2}$ 和第 $\frac{n}{2}+1$ 个值）的平均数作为中数。

【例 12-7】

求 13，32，24，27，18，26 的中数。

解：将数据按从小到大的顺序排列为：13，18，24，26，27，32。现在 $n=6$，是偶数，$\frac{n}{2}=3$，$\frac{n}{2}+1=4$，第 3，第 4 个数分别为 24 和 26，它们与相邻的数都不相等，因此，可以用这两个数的平均数作为中数，即 $Md=(24+26)/2=25$。

3. 分布的中间有相等的数

如果按照大小顺序排列好后，位于数列中间的数与其相邻的数有相等的情况，则要进行一定的处理。其原则是将重复的数字看成一个连续体，利用中间数据的精确上下限使用插值法。

【例 12-8】

求数列 12，13，13，14，15，15，15，15，15，16 的中数。

解：在这个例子中，$n=10$，第 5 个和第 6 个数的均值是中数，然而第 5 个数是 15，它与第 6，7，8，9 个数相等，不能用例 12-7 的方法来计算了。

我们首先将数列做成分布表，如表 12-7 所示。

表 12-7 数列各数值的频次分布

X	f	%	c%
16	1	10	100
15	5	50	90
x			50
14	1	10	40
13	2	20	30
12	1	10	10

再将 15 看作一个连续体，其精确下限是 14.5，所对应的累积百分数为 40%，精确上限是 15.5 所对应的累积百分数为 90%，中数是 50% 的百分等级所对应的值设为 x，如图 12-6 所示。

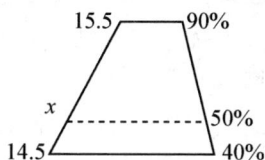

图 12-6 用插值法求中数

使用插值法来求中数：

$$\frac{15.5 - x}{15.5 - 14.5} = \frac{90 - 50}{90 - 40}$$

得出 $x = 14.7$。

(三)众 数

众数(mode)是指出现次数最多的那个数，用 Mo 来表示。

对于原始数据来说，只要列出次数分布表，根据定义，哪个是众数就会一目了然。需要注意的是，众数可能不止一个，如 1，3，3，3，4，4，5，5，6，9，9，9，10，众数是 3 和 9。

(四)三种集中量数的比较

1. 算术平均数

考虑集中量数时，算术平均数应作为首选，它在计算时将所有的数值都纳入考虑范围。与中数和众数相比，它的反应最灵敏、最客观且最有代表性。此外，算术平均数也可以进行代数运算。

不过，在数据中存在一些极端值时，算术平均数的代表性就会受到一定的影响。假设使用社会每一个个体收入的算术平均值来衡量整个社会的收水平，就会出现高估的现象。因为社会中的少量富豪的收入水平远远高于一般大众的收入水平，从而导致算术平均数比较高，误导了人们对社会收入水平的认识。另外，它不能对模糊数据进行计算。例如，已知 10 个人中 9 个人的收入数据，另一个人的收入大于 20 万，如何衡量这组数据的集中程度，用算术平均数就无法解决。

2. 中　数

中数只和位置有关，因此对数据变动的反应不够灵敏。然而，这恰好又是它的优点，即不受极端数的影响，从这个方面来看，中数要优于算术平均数。

3. 众　数

在命名型的数据中，一般来说只能用众数。它的优点是能在数据不同质的情况下使用，能避免极端值干扰，它的缺点是不稳定、代表性差、不够灵敏、不能做进一步的代数运算。

综合三种集中量数的优缺点，如表 12-8 所示。

表 12-8　三种集中量数的比较

	平均数（M）	中数（Md）	众数（Mo）
优点	反应灵敏，计算严密，计算简单，简明易解，适合于进一步计算	计算简单，容易理解，不受极端值影响，能在有模糊数据的情况下使用，可在顺序型数据的情况下使用	能在数据不同质的情况使用，能避免极端值干扰
缺点	易受极端数据的影响，不能在出现模糊数据时计算，不适用于计算顺序型和类别变量	代表性低，不够灵敏，稳定性低，需要排序，不能进一步做代数运算	不稳定，代表性差，不够灵敏，不能做进一步的代数运算

二、差异量数

仅有集中量数还不足以说明一组数据的特征。例如，现有 A、B 两组学生，A 组的身高（厘米）分别为 170，172，168，170；B 组的身高（厘米）分别为

160，162，170，188。如果计算两组身高的平均值，会得到相同的结果都是
170 厘米。如果让这两组学生站在一起，会发现他们的身高分布很不一样，A
组的学生身高相差不多，而 B 组的学生则高的高，矮的矮，相差很大。

描述一组数据的离中趋势的量数，被称为差异量数。常用的差异量数有
全距、标准差和四分位距。

(一)全　距

全距(range)也称为极差，是指数据中最大值与最小值的差值，用 R 来
表示。全距的计算比较简单，不过由于只跟数据最两端的值有关，而忽视了
其他中间的值，因此代表性比较差，易受极端值的影响。

在连续型全距的计算中，需要注意使用数据的精确上下限，即

$$R＝X_{max}精确上限－X_{min}精确下限$$

其中，X_{max}、X_{min} 分别表示数据中的最大值和最小值。

【例 12-9】

计算数据 1，2，2，4，5 的全距。

解：最大和最小的数据分别为 5 和 1，5 所对应的精确上限为 5.5，1 所
对应的精确下限为 0.5，则全距为 $R＝5.5－0.5＝5$。

当数据是离散型时，可直接将最大值与最小值的差值作为全距；而当数
据是连续型时，应严格按照上述精确上下限的方法来进行计算。

(二)标准差

标准差(standard deviation)描述了分布中的每一个个体与某一标准之间
的距离，也就是每一个个体偏移某一标准的距离。这个标准便是该分布的均
值。它是一种最重要也是最常用的差异量数。

一般来说，标准差的值大约是各点到均值的平均距离。因此，我们也可
以把标准差看作分布中的点到均值的标准距离或典型距离。

要找出计算标准差的数学公式，必须先从标准差的统计意义入手。我们
首先应该找出计算任意点到均值的距离的方法。

1. 离　差

一组数据中的某点到均值的距离称为离差(deviation)。

$$离差＝X－\mu$$

例如，在某次考试中，均值为 80，若小红的得分是 90 分，那么小红分数

的离差就是 $90-80=10$；若小军得了 75 分，那么他的离差就是 $75-80=-5$。由此看出，离差值由两部分组成：正负号和其后的数值。符号表示了某分数与均值之间的位置关系。当分数的值大于均值时，离差为正值，而当分数的值小于均值时，离差为负值。离差的数值则表明了某分数与均值之间的绝对距离。

在找出了分布中每点到均值的距离后，下一步是计算出这些距离的平均值，因为我们的目标是点与均值间的标准距离。然而，均值是一个分布的平衡点，平均值以上的所有点到均值的距离应该等于平均值以下的所有点到均值的距离，于是将离差是正数的一半加起来，再将离差是负数的一半加起来，它们应该相互抵消，最后离差之和为零。

$$\sum (X-\mu)=0$$

既然离差之和始终为零，也就是说，无论分数是紧密地聚集在一起还是分散开来，离差的平均值就只能带给我们一个常数 0，所以用离差来衡量不同分布中的点与均值之间的典型距离显然是不可行的。

2. 和　方

离差之所以无法代表离中趋势，是因为其正值和负值相互抵消。如果将所有的离差值平方得到和方（sum of square）就可以解决正负号所带来的难题，用公式来表示为：

$$SS=\sum (X-\mu)^2$$

经过数学变换可得出用原始数据计算和方的公式：

$$SS=\sum X^2-\frac{(\sum X)^2}{N}$$

3. 方差和标准差

随着数据个数的增多，和方会越来越大。为了解决和方在很大程度上受样本量大小影响的不足，人们引入了方差的概念。

方差（variance）是指和方除以数据个数所得的数值，用公式表示为：

$$\sigma^2=\frac{SS}{N}$$

方差实际上就是离差平方的平均值，因此也被称为均方（mean square）。由于我们的最终目标是确定原始分数到均值的标准距离，也就是对距离的一种度量，因此需要将总体方差开方，从而得到了标准差。标准差（standard deviation）是指方差的平方根，其公式为：

$$\sigma = \sqrt{\frac{SS}{N}}$$

这样，经过离差、和方、方差等概念的一步步推导，我们最终得出了标准差这一重要的差异量数。将之前的步骤归纳起来，我们可以得出计算标准差的步骤：①计算出和方 SS；②用 SS 除以容量 N 确定方差；③取方差的平方根确定标准差。

【例 12-10】

求一组数据 7，9，3，9，4，6，8，10 的方差和标准差。

解：由已知求和方：

$$SS = \sum X^2 - \frac{(\sum X)^2}{N} = 44$$

所以，方差为：

$$\sigma^2 = \frac{SS}{N} = \frac{44}{8} = 5.5$$

标准差为：

$$\sigma = \sqrt{\frac{SS}{N}} = \sqrt{5.5} = 2.35$$

(三)四分位距

四分位距（interquartile range）是指数据中间 50% 数据的全距，中间 50% 的数据是由两个四分位数 Q_1 和 Q_3 所分开的，用 IQR 表示。因此，

$$IQR = Q_3 - Q_1$$

其中，Q_1 指占总数据 25% 的百分位数，Q_3 指占总数据 75% 的百分位数。

此外，还有一个常用的概念称为半四分位距（semi-interquartile range），或者四分差，是四分位距的一半，用 $SIQR$ 表示，其计算公式为：

$$SIQR = \frac{Q_3 - Q_1}{2}$$

(四)三种差异量数的比较

全距是最简单的一种差异量数，计算简单，不过它仅仅涉及两个数，包含的信息太少，代表性有局限，尤其受极端数据的影响大。

标准差是应用最广的差异量数，它包含了所有的信息，代表性强，而且可使用代数方法来进行运算。

四分位距常常与中数一起使用，不过它只包含了一半的数据，代表性稍差，但在有极端数据时比较适用。

综合三种差异量数据的优缺点，如表 12-9 所示。

表 12-9　三种差异量数的比较

	全距	标准差	四分位距
优点	计算简单	信息多，代表性强，可进一步计算	适用于极端数据
缺点	信息少，代表性差，易受极端数据影响，不可进一步计算	难理解，难计算	代表性稍差

(五)标准差的应用——差异系数

标准差是最常用的一种差异量数，它可以用于比较两个相似群体的相同单位的数据差异。例如，对于两个班的学生，一个班的学生身高的标准差为 0.30m，另一个班的学生身高的标准差为 0.10m，由此可知前一个班的学生身高差异大。但是对于两个不同单位的数据该如何比较呢？同样是一个班的学生，身高平均值为 1.52m，标准差为 0.30m，而他们的体重平均值为 45kg，标准差为 5kg。那么这个班的身高和体重的差异哪个大？

由于身高和体重使用的是不同单位的数据，因此不能将 0.30m 和 5kg 直接来比较，而对于相同单位的数据，也不可以直接进行比较。例如，某班的期末考试成绩，语文的平均分为 74 分，标准差为 10 分，数学的平均分为 80，标准差为 6 分，无法将 10 分与 6 分来进行比较，因为虽然数据的单位一样，但它们考查的是两个不同的科目。

因此，遇到以上情况，我们需要用差异系数(coefficient of variation，CV)来考查差异的大小，其计算公式为：

$$CV = \frac{S}{\overline{X}} \times 100\%$$

其中 S 为标准差，$\overline{X}$ 为平均值。

在上例中，我们可以计算身高的差异系数：

$$CV = \frac{S}{\overline{X}} \times 100\% = \frac{0.30}{1.52} \times 100\% = 19.70\%$$

体重的差异系数：

$$CV = \frac{S}{\bar{X}} \times 100\% = \frac{5}{45} \times 100\% = 11.11\%$$

可以看出，身高的差异比体重的差异大。

三、集中量数和差异量数的运用

（一）集中量数和差异量数的运用实例

【材料 12-4】

3 结果

3.1 初步统计

教师评价情绪调节策略的问卷发出 166（83×2）份，回收 166 份问卷。完成情绪观点采择任务时，2 名男孩表现出不理解问题、答非所问（得分也在 3 个标准差之外），所以他们的情绪观点采择得分被定义为缺失，其整套数据不进入分析。最后共有有效被试 81 名，情绪调节策略有效问卷共 162（81×2）份。表 1 给出了所有儿童在情绪理解、情绪调节各变量以及同伴接纳上的得分情况。如表 1 所示，4 岁儿童已经发展出了较好的表情识别和情绪观点采择能力，在面对冲突引起的负性情绪时，他们会使用多种调节策略。

表 1 所有儿童在情绪理解、情绪调节及同伴接纳上的得分情况

| | 情绪理解 | | 情绪调节 | | | | | 同伴接纳 |
	表情识别	情绪观点采择	攻击	寻求帮助	发泄	建构性	不应对	
M	14.40	13.30	2.36	4.15	3.60	3.31	1.91	0.12
SD	1.25	1.69	1.15	0.88	0.96	0.74	0.78	0.31
得分可能范围	1~16	1~16	1~7	1~7	1~7	1~7	1~7	−1.0~1.0
得分实际范围	11~16	9~16	1~5	2~6	2~6	1~5	1~4	−0.67~0.67

资料来源：潘苗苗、苏彦捷，《幼儿情绪理解、情绪调节与其同伴接纳的关系》，载《心理发展与教育》，2007(2)。

在材料 12-4 中，研究者使用问卷调查了儿童情绪理解、情绪调节与同伴接纳状况，情绪理解和情绪调节有不同的维度，研究者分维度报告了得分的集中趋势（均分）和离散趋势（标准差）以及得分的范围。

(二)使用 SPSS 计算集中量数和差异量数的途径

如果研究者希望看到一组数据的平均数和标准差，使用 SPSS 的步骤如下。

Analyze→Descriptive→将要统计的变量选入→Option→主要选择 Mean 和 S. E. →OK。

如果研究者希望看到一组数据的统计中数和众数等集中量数以及全距、最大值、最小值等差异量数，使用 SPSS 的步骤如下。

Analyze→ Descriptive Statistics→ Frequencies→将要统计的变量选入 Variable 中→Statistics→Central Tendency→其中有 Mean, Mode, Median→ Dispersion→其中有 Std. deviation, Variance, Range, Minimum, Maximum, S. E. mean→OK。

第四节　实验法中的假设检验

前文所介绍的内容主要是对数据进行描述统计，也就是"就事论事"。本部分则要介绍推断统计，需要透过现象看本质，也就是利用样本的数据来推断总体的特征，这就需要进行假设检验。假设检验的基础知识包括如下几方面。

一、假设检验的相关概念

(一)取样分布

自然界、人类社会以及心理和教育中的研究现象所出现的概率是有一定规律的，数学家用数学语言将其描述为正态分布。例如，大数量群体的身高、体重，能力的高低，学生成绩等都属于正态分布。正态分布曲线图如图 12-7 所示。

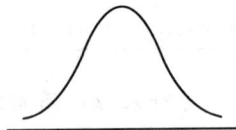

图 12-7　正态分布曲线图

正态分布的特点是，以平均数为对称轴的左右对称图形；中央点最高，然后逐渐向两侧下降；曲线的形式是先向内弯，再向外弯。曲线与横轴所围成的面积为无限接近 1。

一个总体中所有原始分数的分布形成的是总体分布（population distribution），在实际研究中，我们往往无法对总体分布进行直接的考察，而是从这个总体中抽取出一些个体组成样本进行考察，抽取出来的这个样本的分数就形成了样本分布（sample distribution），也就是指一个总体中一部分测量的分数的集合。

从同一总体中可以抽取出很多个样本。总体中可抽取的所有可能的特定容量样本的统计量（包括平均数、两平均数之差、方差、标准差、相关系数、百分比等）所形成的统计分布就是取样分布（sampling distribution），如所有可能的特定容量样本的均值分布。因此，取样分布与总体分布以及样本分布的区别在于，取样分布是参数或统计量的集合，而总体分布和样本分布则是原始分数的集合。

例如，将辽宁省每个幼儿的身高做一个次数分布就是总体分布；在辽宁省幼儿园中随机抽取 400 名中班儿童，将每个儿童的身高做一个次数分布就是样本分布；在辽宁省全部儿童中取样 200 次，每次随机抽取 30 名中班儿童，将 200 次的儿童的平均身高做一个次数分布就是取样分布。

（二）标准误

在上文取样分布的例子中，先抽取 30 名儿童，在分别求出其身高的平均数和标准差后再放回总体中，然后再随机抽出 30 名儿童，求出其身高的平均数和标准差，反复重复这一过程，我们就得到样本容量为 $N=30$ 的所有可能样本的平均数和标准差。这些所有可能样本的平均数的分布就是一个取样分布，被称为平均数的取样分布，所有可能样本标准差的分布，称为标准差的取样分布。同时，还有相关系数的取样分布、比率的取样分布。

描述所有可能样本统计量参差不齐程度的量数称为标准误（standard error）。某种统计量的标准误，就是该种统计量在取样分布上的标准差。例如，样本平均数取样分布的标准差称为平均数的标准误，样本标准差取样分布的标准差称为标准差的标准误，样本相关系数分布的标准差称为相关系数的标准误等。

(三)两种假设

研究是从提出假设开始的，对于任何一种研究设计而言，它的结果只存在两种可能性：一种是符合我们的预期，自变量与因变量之间确实存在因果关系；另一种是对自变量所进行的实验处理效应根本不存在，我们所观测到的差异只是随机误差在起作用。

前者称为备择假设，用 H_1 表示，代表因变量的变化、产生的差异确实是来源于自变量的作用。后者称为虚无假设，用 H_0 表示，代表我们所观测的改变、差异和对实验所进行的处理效果都不存在。

(四)假设的方向性

在实际应用中，对虚无假设和备择假设有不同的关注目标。当我们关注两者是否不同时，这两种假设不存在方向性。例如，A 和 B 之间是否有显著差异。也就是说，只要两者有差异，不管谁比谁大，谁比谁小。当我们关注两者有哪种不同时，这种假设就具有方向性。例如，B 不大于 A 或 A 显著大于 B。

(五)决策标准

假设检验是一个关于假设可信性的决策过程，做决策需要相应的标准。这个标准是人为规定的一个特定的概率，即显著性水平，也被称为 α 水平。

检验过程所遵循的思路是，首先在虚无假设 H_0 成立的情况下，计算所观测到的差异完全是随机误差所致的概率，称为观测概率(p)。其次，将观测概率与事先规定好的决策标准 α 进行比较，从而得出结论：如果 $p \leq \alpha$，则拒绝 H_0；如果 $p > \alpha$，则接受 H_0。

选择决策标准时同样存在检验的方向性问题。如果检验是没有方向性的，概率分布曲线的左右两端都属于临界区域，因此我们将其形象地称为"双尾检验"，如图 12-8 所示。以事先规定显著性水平 $\alpha = 0.05$ 为例，两端的临界区域总和为 0.05，那么两边各为 0.025(2.5%)。如果检验有方向性，临界区域只分布在概率分布曲线的一端(以右端为例)，我们将其称为"单尾检验"，如图 12-9 所示。

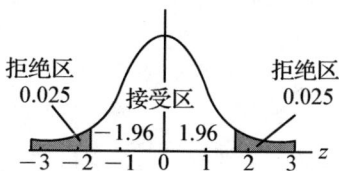

图 12-8　双尾检验　　　　　图 12-9　单尾检验

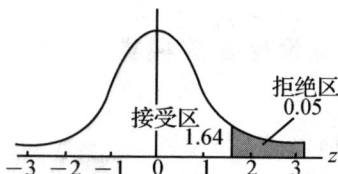

二、假设检验的一般步骤

具体来讲，假设检验的步骤如下。

（一）陈述假设

虚无假设为 H_0：$\mu_1 = \mu_2$，备择假设为 H_1：$\mu_1 \neq \mu_2$。

（二）选择和计算统计量

根据研究问题的目的、性质和所收集资料的特点，在 H_0 假设成立的前提下选择合适的取样分布和统计量，并计算统计量的值。常用的取样分布有标准正态分布（Z 分布），t 分布、F 分布、χ^2 分布等。与各种分布相对应的检验方法分别为 Z 检验、t 检验、F 检验、χ^2 检验等，计算统计量就是求 Z 值、t 值、F 值、χ^2 值等。

（三）确定显著性水平和方向性，查表确定临界值

根据研究问题的性质和需要确定显著性水平 α，再按确定的显著性水平和建立假设时确定的检验方式，查看相应的统计用表，找出该 α 水平下的临界值，确定出 H_0 的接受区间和拒绝区间。例如，当 $\alpha = 0.05$ 时，Z 检验的双尾临界值 $Z_{\alpha/2}$ 为 ± 1.96，单尾临界值 $Z_\alpha = 1.64$。

（四）进行统计决断，判断结果并解释

对假设做出检验的结论。检验结论由计算出的统计量值与查表得到的某显著性水平下的临界值相比较而得出。如果计算的统计量值达到或超过临界值，则拒绝 H_0 假设，接受 H_1 假设。

三、假设检验的种类

(一)独立样本 t 检验

进行两个独立样本 t 检验的前提条件有两个方面：一是样本来自的两个总体应该服从正态分布；二是两个样本相互独立。

符合这两个前提条件的可以使用 t 检验，在计算 t 统计量时，又分为两种情况。

第一种情况是两总体方差未知，方差一致。这时，计算公式为：

$$t = \frac{\overline{X}_1 - \overline{X}_2}{SE_{D\overline{X}}}, \quad \mathrm{d}f = n_1 + n_2 - 2$$

其中，$SE_{D\overline{X}} = \sqrt{\dfrac{(n_1-1)S_{n_1}^2 + (n_2-1)S_{n_2}^2}{n_1 + n_2 - 2} \cdot \dfrac{n_1 + n_2}{n_1 n_2}}$。

第二种情况是两总体方差未知，方差不一致。这时，可使用近似 t 分布，用 t' 表示，即

$$t' = \frac{\overline{X}_1 - \overline{X}_2}{SE_{D\overline{X}}}$$

其中，$SE_{D\overline{X}} = \sqrt{\dfrac{S_{n_1-1}^2}{n_1} + \dfrac{S_{n_2-1}^2}{n_2}} = \sqrt{\dfrac{S_{n_1}^2}{n_1 - 1} + \dfrac{S_{n_2}^2}{n_2 - 1}}$。

临界值的求法不同，应为：$t'(\alpha) = \dfrac{SE_{D\overline{X}_1}^2 \cdot t_1(\alpha) + SE_{D\overline{X}_2}^2 \cdot t_2(\alpha)}{SE_{D\overline{X}_1}^2 + SE_{D\overline{X}_2}^2}$。

若计算出的 $t' > t'(\alpha)$，则认为两个均数在 α 水平上差异显著。

(二)配对样本 t 检验

也称为非独立样本 t 检验，用来比较两个相关样本均数所代表的未知总体均数是否有差异。在具体应用时主要出现下列三种情况。

第一种情况是一组被试中的每位被试，接受两种不同的实验处理，对两种处理结果进行比较。

第二种情况是一组被试中的每位被试，接受一种实验处理，将实验前和实验后两次结果进行比较。

第三种情况是将两个同质的被试根据某些特征先进行配对，然后两个同质被试分别接受两种处理，对两种处理结果进行比较。

(三)F 检验

无论是独立样本 t 检验还是配对 t 检验,都是比较两组变量之间的差异,如果研究三种或三种以上变量之间的差异,应该使用什么方法呢?

有人可能认为应该使用 t 检验进行若干个两组变量的检验。这种做法是不可取的,其原因有两个方面:第一,两两配对检验需要检验的次数太多。例如,有 3 种不同的实验条件需要进行 3 次比较,5 种条件需要比较 $C_5^2=10$ 次。第二,得出错误结论的可能性增大。因为每做一次 t 检验,犯 I 类错误的概率为 $\alpha=0.05$,正确的概率为 $1-\alpha=0.95$,当比较 3 次时,正确的概率为 $(1-\alpha)^3=0.95^3=0.857$,随着比较次数的增多,犯 I 类错误的概率大大增加。

因此,当进行两个及两个以上样本均数差异的显著性检验时,应该使用方差分析(analysis of variance,ANOVA)。它是由英国统计学家费希尔(R. A. Fisher)首先提出的,以 F 命名其统计量,故方差分析又称为 F 检验。

1. 方差分析的逻辑

以三组实验处理的研究为例,将 6 名儿童随机分成三组,对三组儿童每天分别进行三种不同时长的网络教学,一个月后,测得儿童的成绩如表 12-10 所示。问不同时长的网络教学是否差异显著?

表 12-10　三组网络教学的儿童测试成绩

在表 12-10 的数据中,三个组最终的成绩不一样,数据总的变异包含以下成分:三个组施加了不同实验处理而导致的差异(9,19,11 围绕 13 而产生的变化);每个实验组内 2 位被试之间的差异(10,8 围绕 9;18,20 围绕 19;10,12 围绕 11 而产生的变化);其他一些随机误差。在 F 检验中,将被试内的差异与随机误差之和称为组内变异;将实验处理效应与组内变异之和称为组间变异,将所有的组间变异与组内变异之和称为总变异。变异的可加性是方差分析的基本理论依据。

$$F = \frac{组间变异}{组内变异}$$

2. 方差分析的基本假设

方差分析涉及多个样本均值的比较，上例中的虚无假设为三个样本所对应的总体均值相等，用公式符号表示为 H_0：$\mu_1 = \mu_2 = \mu_3$。

备择假设有多种可能性，一种为三个水平之间都有显著差异，另一种为两两组合中的一个或两个之间有差异，用公式表示为 H_1：$\mu_1 \neq \mu_2 \neq \mu_3$；$\mu_1 \neq \mu_2 = \mu_3$；$\mu_1 = \mu_2 \neq \mu_3$；$\mu_2 \neq \mu_1 = \mu_3$。当比较的均数超过三组时，常使用文字表述：至少有一组均数差异显著。

3. 方差分析的前提

①总体为正态分布。

②变异的可加性。组间变异、组内变异的来源在意义上必须明确，且彼此相互独立。

③方差齐性。各个组间的方差相等（或同质）。

(四)χ^2检验

t 检验和 F 检验的前提条件都要求总体分布的类型是正态分布。如果涉及两个总体，还要求两总体的方差同质，这在统计中属于参数检验的方法。

但是在实际研究中，我们常常会遇到一些问题不符合参数检验的前提，倘若仍使用参数检验，会导致错误的结论。这时要使用非参数检验。

参数和非参数检验的区别还在于数据的类型，参数检验通常情况下都是用于等比和等距型数据。非参数检验可以适用于顺序型变量（如排名）以及类别型变量。

非参数检验的方法有多种，最常使用的是 χ^2 检验。

四、假设检验的运用

(一)独立样本 t 检验的运用

1. 运用实例

【材料 12-5】

3.1.1 不同阅读方式对幼儿观看整幅图画书页面的影响。

以整张图画页面为兴趣区对两种阅读方式下的幼儿进行各因变量的差异检验。结果如表 1 所示，自主阅读组和有声伴读组在总阅读时间、平均注视时间和平均眼跳幅度上差异显著，而在注视次数上差异不显著。

表 1　两种阅读方式组幼儿在观看整张图画页面的各项指标的比较

	总阅读时间	注视次数	平均注视时间	平均眼跳幅度	图文转换次数
自主阅读	9976(4879)	39.19(14.81)	295(58)	8.59(5.4)	1.10(0.48)
有声伴读	7218(1812)	30.69(8.61)	239(59)	5.58(1.1)	0.79(0.29)
t	2.05*	0.79	2.58*	2.08*	0.68

注：* 表示 $p < 0.05$；总阅读时间、平均注视时间和目标注视前时间的单位为毫秒，平均眼跳幅度的单位为度，注视次数的单位为个。括号内为标准差。

资料来源：韩映虹等，《自主阅读和伴读方式下 3～4 岁幼儿图画书阅读的眼动研究》，载《心理发展与教育》，2011(4)。

在材料 12-5 的研究中，自变量为两种不同的阅读方式（自主阅读和有声伴读），属于类别型变量；因变量为眼动的指标，这些指标包括总阅读时间、注视次数、平均注视时间、平均眼跳幅度、图文转换次数。阅读时间、平均注视时间、平均眼跳幅度属于等比变量，注视次数是指被试注视整篇材料的注视点个数，它和图文转换次数就其一次测量来说，属于离散型变量，经过若干次累加再平均后，转化成连续型变量。因此，可以使用独立样本 t 检验将其中的一个指标作为因变量，考查在自变量两个水平上是否存在差异。

2. 独立样本 t 检验的计算

下面以具体数据为例，说明独立样本 t 检验的计算过程。

【例 12-11】

有研究者认为使用实物教具与图片教具会产生不同的教学效果，于是随机选取 24 名学前大班儿童，随机分成相等人数的两组，一组呈现图片（picture of spider，蜘蛛图片），另一组呈现实物（real spider，实物蜘蛛），对这一教学成绩的测定结果为：

图片组：30，35，45，40，50，35，55，25，30，45，40，50；

实物组：40，35，50，55，65，55，50，35，30，50，60，39。

能否根据这一次抽样测量的结果得出结论：使用实物教具与图片教具有

显著差异。

解：从本研究可知，总体是正态分布，总体方差未知。这时，要用 t 检验来检验差异。由于两个总体方差未知，都需要用样本方差估计，因而进行 t 检验需要考虑的条件有：首先，应该区分两个样本是独立的还是相关的；其次，需要考虑两个未知的总体方差是否相等，以及两个样本容量是否相同等。

由已知条件判断，两个样本之间是独立的。两个总体方差是否一致（相等），需要进行检验（请查阅相关统计内容）。本研究的两个总体方差一致。

(1)陈述假设

虚无假设为 H_0：$\mu_1 = \mu_2$，备择假设为 H_1：$\mu_1 \neq \mu_2$。

(2)确定计算公式

$$SE_{\overline{DX}} = \sqrt{\frac{(n_1-1)S_{n_1}^2 + (n_2-1)S_{n_2}^2}{n_1+n_2-2} \times \frac{n_1+n_2}{n_1 n_2}}$$

$$= \sqrt{\frac{11 \times 9.3^2 + 11 \times 11^2}{12+12-2} \times \frac{12+12}{12 \times 12}} = 4.16$$

$$t' = \frac{\overline{X_1} - \overline{X_2}}{SE_{D\overline{X}}} = \frac{40-47}{4.16} = -1.68, \ df = n_1 + n_2 - 2 = 22$$

(3)确定显著性水平和临界值

取 $\alpha = 0.05$，$t(0.05, 22) = -2.07$

(4)统计决断

由于计算 $t = -1.68 > -2.07$，$p > 0.05$

因此，两组的教学效果差异不显著。

3. 使用 SPSS 实现独立样本 t 检验的途径

在例 12-11 中，使用 SPSS，数据按如下方式排列，如表 12-11 所示。

表 12-11　两组教学成绩的测定结果

成绩(kinds of spider)	组别(group)
30	1 (picture of spider)
35	1
45	1

续表

成绩（kinds of spider）	组别（group）
40	1
50	1
35	1
55	1
25	1
30	1
45	1
40	1
50	1
40	2（real spider）
35	2
50	2
55	2
65	2
55	2
50	2
35	2
30	2
50	2
60	2
39	2

将数据竖着排列，在相应的后面标明数据是属于第一组还是第二组。

Analyze→Compare Means→independent→将"picture of spider"选入 depend variable，下面显示的 ID(??)中选"group"→group1 填"1"，group2 填"2"→option(默认值)→OK。

4. SPSS 的结果解析

SPSS 统计结果如表 12-12、表 12-13 所示。其中表 12-12 是两组被试教学效果的描述统计结果，包括每组的人数、平均数、标准差、均值标准误。

表 12-12 组统计量（Group Statistics）

	组类别	N	均值	标准差	均值标准误
图片组（picture of spider）	1	12	40.00	9.293	2.683
实物组（real spider）	2	12	47.00	11.029	3.184

表 12-13 独立样本检验（Independent Samples Tests）

		方差方程的 Levene 检验		均值方程的 t 检验						
		F	$Sig.$	t	df	$Sig.$（双侧）	均值差值	标准误差值	差值的 95% 置信区间 下限	上限
图片组与实物组	假设方差相等	0.782	0.386	−1.681	22	0.107	−7.000	4.163	−15.634	1.634
	假设方差不相等			−1.681	21.385	0.107	−7.000	4.163	−15.649	1.649

研究者使用 SPSS 先对做独立样本 t 检验的两组变量进行 Levene 方差相等检验，如表 12-13 所示。检验的虚无假设为两组方差相等，备择假设是两组方差不等。这个实验经过 Levene 检验后，$F = 0.782$，$p > 0.05$，所以接受虚无假设，即两组变量的方差无差异。接着应该查看上面一行的 t 检验的结果，即 $t = -1.681$，$p = 0.107 > 0.05$，说明两种教具呈现效果一样。如果 Levene 检验的差异显著，则应该查看下面一行的 t 值及相应的结果。

（二）配对样本 t 检验的运用

1. 运用实例

【材料 12-6】

2.3　结果与分析

2.3.1　儿童在不同数字范围情况下对两端数字估计的实际长度的比较。

为考查儿童对低端数字的估计是否存在心理长度，我们分别计算出被试在 0～100 和 0～1000 两种数字范围条件下的相同长度数字线中对低端数字（1～10）估计的实际长度，即从 0 到数字被估计位置的距离，对同一低端数字在不同数字范围下对应的实际线段长度进行配对 t 检验，结果见表 1。

表 1　不同数字范围下低端数字估计的实际长度比较

估计数字	实际线段长度 （cm）（0～100）	实际线段长度 （cm）（0～1000）	t（d$f=25$）	p
1-1	0.37±0.28	0.38±0.27	−0.56	0.58
2-2	0.80±0.55	0.77±0.43	0.54	0.59
3-3	1.08±0.96	1.12±0.68	−0.30	0.77
4-4	1.35±1.36	1.25±0.60	0.48	0.63
5-5	1.79±1.85	2.08±1.66	−0.72	0.48
6-6	1.93±1.51	1.91±1.34	0.13	0.90
7-7	2.07±1.60	2.30±1.27	−0.70	0.49
8-8	2.59±1.44	2.50±1.22	0.52	0.61
9-9	2.31±1.18	2.83±2.64	−1.12	0.27
10-10	3.88±3.04	2.49±1.61	2.53	0.02

表 1 结果显示，当数字范围从 0～100 变化至 0～1000 时，对 1～9 估计的实际长度并未相应发生变化，由此可见，儿童的确将低端数字与固定的线段长度对应了起来，即使数字范围增大了 10 倍，儿童这种将数字与线段长度一一对应的关系仍然没什么变化。我们将儿童这种把低端数字与固定的线段长度一一对应的关系称为低端数字的"心理长度"。

资料来源：莫雷等，《儿童数字估计中的心理长度》，载《心理学报》，2010(5)。

(1)研究背景

研究者认为，儿童会对数字进行估计，低年级儿童在对数字进行估计时，会很本能地用手一段一段量，像数数一样，这是数与形结合的早期表现。例如，他们会认为"1"大概有 0.5 cm 那么长，估计 10 在 0～100 数学线中的位置，只需从最左端 0 处向右数 10 个 0.5 cm 就是 10 所在的位置。研究者把儿童将低端数字与固定的线段长度对应起来的这种特点称为"心理长度"。如果确实存在"心理长度"，那么儿童在进行低端数字的估计时，在一定程度上无论是变化数字范围还是变化数字线长度，都不应该引起他们估计的实际线段长度的变化。也就是说，第一，当数字线长度相同，而表示的数字范围发生变化时，儿童对同一低端数字估计的实际线段长度应基本不变。例如，用 15 cm 的线段分别表示 0～100 的数值和 0～1000 的数值，儿童在两种情况下估计 10 以下同一数字的实际长度应基本不变。第二，在同一数字范围下，当数字线的长度在一定程度上发生变化时，儿童对同一低端数字估计的实际线段长度也是基本不变。例如，用 10 cm 的线段或用 20 cm 的线段来表示 0～1000 的数值，儿童在两种线段上估计 10 以下同一数字的实际线段长度应基本不变。

(2)研究目的

研究目的旨在考察在相同数字线长度、不同数字范围下儿童的数字估计是否存在心理长度。数字范围选取 0～100 与 0～1000 两个水平。

(3)研究材料

研究材料是由 31 页纸装订在一起的小册子。每页中间印有一条长 15 cm 的线段，线段两端分别标有 0、100(或 1000)，中间无任何标记，在线段中间上方 2 cm 处印有一个圆圈，圆圈中印有一个让被试估计的数字，如"9"。

(4)被试任务

每名被试都做两种数字范围的估计：0～100 与 0～1000 两种水平。对被试的估计结果由一名主试以直尺测量，精确到 mm，然后再转化成估计值。计算这两种水平之间是否差异显著，应该使用相关配对样本 t 检验。

2. 配对样本 t 检验的计算

下面以具体数据为例，说明配对样本 t 检验的计算过程。

【例 12-12】

有研究者认为使用实物教具与图片教具会产生不同的教学效果，于是随机选取 12 名学前大班儿童，给他们先后呈现图片（picture of spider，蜘蛛图片）和实物（real spider，实物蜘蛛），对这一教学成绩的测定结果为：

图片组：30，35，45，40，50，35，55，25，30，45，40，50；

实物组：40，35，50，55，65，55，50，35，30，50，60，39。

能否根据这一次抽样测量的结果得出结论：使用实物教具与图片教具有显著差异。

（1）使用 SPSS 实现配对样本 t 检验的途径

使用 SPSS，数据按如下方式排列，如表 12-14 所示。

表 12-14　两组教学成绩的测定结果

图片组（picture of spider）	实物组（real spider）
30	40
35	35
45	50
40	55
50	65
35	55
55	50
25	35
30	30
45	50
40	60
50	39

Analyze→Compare Means→paired sample t-test→将两组变量分别选入→OK。

（2）配对样本 t 检验的 SPSS 结果

SPSS 结果如表 12-15、表 12-16、表 12-17 所示。

表 12-15　配对样本统计量（Paired Samples Statistics）

		均值	N	标准差	均值标准误
配对 1	图片组	40.00	12	9.293	2.683
	实物组	47.00	12	11.029	3.184

表 12-16　配对样本相关系数（Paired Samples Correlations）

		N	相关系数	Sig.
配对 1	图片组与实物组	12	0.545	0.067

表 12-17　配对样本检验（Paired Samples Tests）

	配对差异							
	均值	标准差	均值标准误	差值的 95% 置信区间 下限	上限	t	df	Sig.（双侧）
配对 1 图片组与实物组	−7.000	9.807	2.831	−13.231	−0.769	−2.473	11	0.031

可以看出，同样是与上面例 12-11 相同的数据，但由于实验设计的不同，所用的被试数量减少了，相对于独立样本 t 检验也更加敏感。结论是使用实物教具比图片效果更好。

（三）方差分析（F 检验）的运用

前面的例子都是比较两组平均数的差异，如果需要比较两组或两组以上的平均数是否存在差异，就要使用方差分析，也称为 F 检验。

1. 运用实例

【材料 12-7】

4　实验结果

采用 SPSS 11.0 对实验结果进行分析。

对两个实验班和一个对照班进行口算测验，笔算测验，计算概念、公式、定律，以及简算策略四个测验。结果表明，口算成绩（$F_{(2,168)} = 1.29$，$p = 0.28$），笔算成绩（$F_{(2,168)} = 1.74$，$p = 0.18$），计算概念、公式、定律的测查成绩（$F_{(2,166)} = 1.83$，$p = 0.16$）在实验前，组间无显著差异，进一步对以上各项进行"优生""中等生"和"差生"的分层次检验，不同班同一层次学生差异也不显著（$p > 0.05$）；简算策略的运用在实验前，组间也无显著差异（$\chi^2 = 2.96$，$p = 0.23$）。这表明在实验之前，不同班的计算水平和简算策略的运用都在同一水平上。

表 1　实验班和对照班后测成绩与完成时间比较

测验类型	班级	N	M	SD	F
笔算简算	实验 1 班	60	69.21	19.22	28.29***
	实验 2 班	58	65.30	18.14	
	对照班	49	42.94	20.55	
口算简算	实验 1 班	59	68.18	18.00	8.22***
	实验 2 班	59	70.25	15.94	
	对照班	52	57.55	16.71	
口算简算	实验 1 班	59	0.38	0.09	9.21***
速度（分）	实验 2 班	59	0.35	0.06	
	对照班	52	0.43	0.15	

注：＊＊＊表示 $p < 0.001$

表 1 表明，①后测各项成绩，实验 1 班和 2 班均远远高于对照班。对于数目较大的笔算成绩、数目较小的口算成绩和口算速度的不同班比较，对照班口算平均分数低于实验班 11～12 分，笔算低于实验班 23～27 分，口算速度每题也慢于实验班 5～8s。且各班之间差异显著。进一步的 LSD 多重比较表明，口算、笔算和口算速度实验班之间差异不显著（$p > 0.05$），而对照班与实验 1 班和实验 2 班差异非常显著（$p_{口算} < 0.001$、$p_{笔算} < 0.001$、$p_{口算速度} < 0.01$）……

上述结果表明，①测题难度无论是大还是小的笔算或口算，经过简算策略训练的实验班成绩均优于对照班，其计算速度也快于对照班。②采用讲授式的实验 1 班与采用探究式的实验 2 班，同时进行策略教学实验，学生成绩差异不显著。③根据前测成绩呈现的明显阶段性差异，并结合教师评价划分"优、中、差"三个层次。对"优、中、差"不同层次学生的比较，除"差生"口算外，其余各项的实验班之间同一层次学生差异不显著，而实验班与对照班之间同一层次差异显著。上述结果表明策略训练在不同实验班级、实验班的各层次学生中都产生了实验效果。

资料来源：刘电芝、黄希庭，《简算策略教学提高小学四年级儿童的计算水平及延迟效应》，载《心理学报》，2008(1)。

材料 12-7 的研究目的是验证某一教学策略是否有效。

研究方法是使用前测、后测实验设计。在实验前，研究者对 2 个实验班、1 个对照班在所要研究的 4 个测验中进行比较，差异不显著，说明实验班和对照班的学生水平是一样的。由于本研究的主试使用了 2 个实验班和 1 个对照班，一共 3 个水平，因此应该使用 F 检验。

在实验班使用策略教学后，再进行后测，F 检验的差异显著，同时还需要进一步探究差异发生在 3 个水平中的哪两个之间。所以，使用事后检验，发现实验班和对照班之间差异显著。

2. 方差分析的计算

下面以不同教学方法对学生测验得分的影响为例，结合具体数据对方差分析如何使用 SPSS 计算进行说明。

(1)使用 SPSS 实现方差分析的途径

使用 SPSS，数据按如下方式排列，如表 12-18 所示。

表 12-18　三组被试的测验得分

组别(group)	测验得分(exam mark)
1	50
1	45
1	48
1	47
1	45
1	49
1	50
1	54
1	57
1	55
2	63
2	55
2	54
2	49
2	65
2	46

组别（group）	测验得分（exam mark）
2	53
2	67
2	58
2	50
3	67
3	68
3	62
3	65
3	58
3	63
3	69
3	70
3	61

Analyze→compare means→One Way ANOVA→将"exam mark"选入 dependent list 中，"group"选入 Factor 中，点选 Contrasts→其中的 Polynomial 可以进行均值的多项式比较→Continue。

SPSS 的单因素方差分析过程可以进行多个均值的比较。比较的方式是以多项式的形式，多项式的系数可由 Coefficients 的参数框中自行输入各组均值的系数来设置，比较的形式可通过 Degree 的参数框中来设定，Linear 是一阶线性模型，Quadratic 二次多项式，Cubic，4th ，5th 分别是三阶、四阶、五阶多项式。一般地，在这里不用进行设置。

点选 Post Hoc 进行方差分析的事后检验→常用的有 LSD，Bonfe rroni，Scheffe，可根据研究需要进行选择→Continue。

方差分析只能判断因素的各水平之间有无差异，而无法判断差异到底发生在哪两个水平之间。需要用 Post Hoc 进行事后检验。事后检验的方法有很多，它们的意义如下。

Least-Significant Difference 法（最小显著差数法，LSD）是用 t 检验完成两对均值的比较，对比较的错误率不进行调整。

Bonferroni 法（修正的最小显著差数法，LSDMOD）由邦费罗尼（Bonferroni）提出，是用 t 检验完成两对均值的比较，通过设置每个检验的误差率来控制整个误差率。

Sidak 法是用 t 检验完成两对均值的比较，根据 Sidak 法的不等式来进行校正，比 Bonferroni 法的设置更加严格。

Scheffe 法由谢费（Scheffe）提出。如果 ANOVA 的结果显著，用此法至少能发现一个比较结果是显著的；如果 ANOVA 的结果不显著，用此法也找不到任何两组均数之间存在显著差异。如果比较的次数明显多于均数的个数时，Scheffe 法的检验功效可能高于 Bonferroni 法和 Sidak 法。

R-E-G-W F 法是 Ryan-Einot-Gabriel-Welsch 的 F 检验法，是用 F 检验来进行多重均值比较。

R-E-G-W Q 法是 Ryan-Einot-Gabriel-Welsch 的 Q 检验法，是在 Studentized Range 分布下进行的多重比较。

S-N-K 法是 Student-Newman-Keuls 法，即 N-K 法，也就是 q 检验。它将各组均值从大到小排列，最先比较最极端的差异，逐步进行差异较小的均值比较。

TUKEY 法（最大显著差异检验）是图基（Tukey）提出的专门用于两两比较的检验。

TUKEY's-b 法是图基提出的另一种检验法，介于 S-N-K 和 TUKEY 之间的一种均值比较方法。

Duncan 法是 Duncan's multiple range 检验法，与 S-N-K 的检验顺序一样，只是给所有检验的误差率设定一个临界值。

Hochberg's GT2 法与 TUKEY 法类似，只是使用正态最大系数进行多重比较。

Gabriel 法也是使用最大系数进行比较，优点是当比较的单元数不等时，这种检验更自由。

Waller-Duncan 法是用 t 检验进行多重比较检验，需要输入第一类、第二类误差比率 k 值。

Dunnett 法是用 t 检验进行比较，方法是先指定一组，其他组与它比较。

在实际应用中具体选择哪一种方法，需要研究者根据自己的目的来确定。比较常用的是 LSD，Bonferroni，Sidak，Scheffe 等检验方法。LSD 比较的结果相对宽松，最后两种比较严格，Bonferroni 界于它们之间。

点选 Options→Statistics 中选 Descriptive 和 Homogeneity-of-variance→选 Mean plot→Continue→OK。

在 Options 中，Statistics 中的 Descriptive 主要是对数据进行描述统计，包括样本大小、均值、最小值、最大值、标准差、标准误及 95％置信区间。

Homogeneity-of-variance 是用 Levene 方法进行方差齐性检验。

Means plot 根据各组的均数描绘出因变量的分布图。研究者可以根据这个图对所比较的几个变量之间的变化趋势有大致了解。

（2）SPSS 的结果解析

首先，查看描述统计的结果，对几个变量之间的变化趋势有大致的了解，如表 12-19 所示。

表 12-19　描述统计（Descriptives）

	N	均值	标准差	标准误	均值的 95％置信区间		最小值	最大值
					下限	上限		
惩罚组（punish）	10	50.0000	4.13656	1.30809	47.0409	52.9591	45.00	57.00
忽视组（indifferent）	10	56.0000	7.10243	2.24598	50.9192	61.0808	46.00	67.00
奖励组（reward）	10	65.4000	4.29987	1.35974	62.3241	68.4759	58.00	71.00
总和	30	57.1333	8.26181	1.50839	54.0483	60.2183	45.00	71.00

注：因变量为测验得分。

其次，查看方差齐性检验的结果，这是方差分析的前提，如表 12-20 所示。本研究的结果是使用 Levene 统计检验，虚无假设是几个总体方差的差异不显著，进行检验后，发现显著性为 0.095 大于 0.05 水平，接受虚无假设，即方差齐性。

表 12-20 　方差齐性检验 (Test of Homogeneity of Variances)

Levene 统计	$df1$	$df2$	Sig.
2.569	2	27	0.095

注：因变量为测验得分。

再次，查看方差分析的结果，如表 12-21 所示。ANOVA 的结果显示，组间差异显著 ($F=21.008$, $p=0.000<0.001$)。这说明几种教学法之间有明显差异。

表 12-21 　方差分析 (ANOVA)

			方和	df	均方	F	Sig.
组间	（联合）		1205.067	2	602.533	21.008	0.000
	线性项	比较	1185.800	1	1185.800	41.344	0.000
		误差	19.267	1	19.267	0.672	0.420
组内			774.400	27	28.681		
总和			1979.467	29			

注：因变量为测验得分。

最后，按照研究者所选的事后检验种类输出所需的各组均值差异的事后检验结果，如表 12-22 所示。

表 12-22 　教学方法的多重比较 (Multiple Comparisons)

	(I)教学方法	(J)教学方法	平均差 (I-J)	标准误	Sig.	95%置信区间	
						下限	上限
Scheffe	惩罚组	忽视组	−6.00000	2.39506	0.060	−12.2033	0.2033
		奖励组	−15.40000*	2.39506	0.000	−21.6033	−9.1967
	忽视组	惩罚组	6.00000	2.39506	0.060	−0.2033	12.2033
		奖励组	−9.40000*	2.39506	0.002	−15.6033	−3.1967
	奖励组	惩罚组	15.40000*	2.39506	0.000	9.1967	21.6033
		忽视组	9.40000*	2.39506	0.002	3.1967	15.6033

(I)教学 方法	(J)教学 方法	平均差 (I-J)	标准误	Sig.	95％置信区间	
					下限	上限
Bonferroni 惩罚组	忽视组	−6.00000	2.39506	0.056	−12.1133	0.1133
	奖励组	−15.40000*	2.39506	0.000	−21.5133	−9.2867
忽视组	惩罚组	6.00000	2.39506	0.056	−0.1133	12.1133
	奖励组	−9.40000*	2.39506	0.002	−15.5133	−3.2867
奖励组	惩罚组	15.40000*	2.39506	0.000	9.2867	21.5133
	忽视组	9.40000*	2.39506	0.002	3.2867	15.5133

注：因变量为测验得分。＊表示平均差在 0.05 水平上显著。

(四)多因素方差分析的运用

前文提到的 t 检验和 F 检验都是用来研究一个控制变量的不同水平之间是否存在差异。F 检验虽然比较了多个水平之间的差异是否显著，但是也仅仅研究了单个因素对观测变量的影响，因此被称为单因素方差分析。如果研究两个及两个以上控制变量是否对观测变量产生显著影响，就需要使用多因素方差分析。多因素方差分析不仅能够分析多个因素对观测变量的独立影响，也能够分析多个变量之间的交互作用能否对观测变量产生显著影响。

1. 运用实例

【材料 12-8】

3.2.1　个体水平的社会能力。

以孤独感为因变量，进行 4(受欺负组别)×2(测量时间)的重复测量 univariate 方差分析，并进行 Scheffe($p=0.05$)多重比较。结果表明，受欺负组别与测量时间的交互效应显著[$F_{(3,552)}=3.44$，$p<0.05$]。进一步简单效应分析发现，在第一年内，4 个组之间孤独感差异均不显著；到了第二年，稳定受欺组儿童的孤独感显著高于从不受欺负组的儿童。

资料来源：蔡春凤、周宗奎，《童年中期儿童受欺负地位稳定性与社会能力的关系》，载《心理发展与教育》，2009(2)。

材料 12-8 是研究儿童的受欺负类型和受欺负的稳定性两个因素对社会能力发展(孤独感)的影响。研究者使用了多种量表来测量儿童的社会能力，其一是用阿舍（Asher）等人 1984 年编制的儿童孤独量表所测量的儿童的孤独感作为社会能力的一项指标。研究者对儿童的受欺负组别进行了程度上的划分，按照某一指标区分为四种不同的组别。研究者采用的是纵向研究的方法，因此收集数据的时间有两个时段，也就是受欺负的稳定性（第一年测，第二年测）。研究者可以考查的影响关系有三种：儿童受欺负类型对社会能力发展的影响；儿童受欺负的稳定性（受欺负持续的时间）对社会关系影响；受欺负类型与受欺负稳定性之间的相互作用对社会能力的影响。

2. 多因素方差分析的计算

下面我们通过一个带有数据的例子对这种两因素的方差分析如何使用 SPSS 计算做一详细说明。

【例 12-13】

有人研究不同性别（gender）的人在消耗不同量的酒精饮料（alcohol）时，让他们对一篇故事的引人入胜程度（attractiveness）进行判断，问酒精饮料的消耗量和性别的不同是否会影响判断力？实验中将酒精饮料的消耗量分为三个水平（0 pint，2 pints，4 pints）（pint 译为品脱，1 pint 约为 0.568 L），判断引人入胜的程度如表 12-23 的数据所示。

本例中的性别相当于材料 12-8 中的测量时间，酒精饮料的消耗量相当于受欺负组别，只是酒精饮料消耗量有 3 个水平，受欺负组别有 4 个水平，引人入胜程度相当于儿童的孤独感。因此，本例是一个 2（性别）×3（酒精饮料消耗量）的两因素实验设计。

表 12-23　判断引人入胜程度的数据

性别（gender）	酒精消耗量（alcohol consumption）	引人入胜程度（attractiveness）
0	1	50
0	1	55
0	1	80
0	1	65
0	1	70
0	1	75

续表

性别（gender）	酒精消耗量（alcohol consumption）	引人入胜程度（attractiveness）
0	1	75
0	1	65
1	1	65
1	1	70
1	1	60
1	1	60
1	1	60
1	1	55
1	1	60
1	1	55
0	2	45
0	2	60
0	2	85
0	2	65
0	2	70
0	2	70
0	2	80
0	2	60
1	2	70
1	2	65
1	2	60
1	2	70
1	2	65
1	2	60
1	2	60
1	2	50
0	3	30
0	3	30
0	3	30

续表

性别(gender)	酒精消耗量(alcohol consumption)	引人入胜程度(attractiveness)
0	3	55
0	3	35
0	3	20
0	3	45
0	3	40
1	3	55
1	3	65
1	3	70
1	3	55
1	3	55
1	3	60
1	3	50
1	3	50

（1）使用 SPSS 实现多因素方差分析的途径

使用 SPSS 对例 12-13 中的数据进行如下处理：

Analyze→General Linear Model→Univariate→将因变量"attrictiveness"选入 Dependent variable 中→自变量"gender"和"alcohol consumption"选入 Fixed Factor 中。

点选 Model：默认的 Full factorial。

点选 Contrast：自动将两变量选入→change contrast 选 none。

点选 Plot：从 Factor 显示的自变量中，将其中一个选入 Horizontal Axis 中，将另一个作为 separate lines→点 Add，然后交换位置，这样做出两个简单效应图→continue。

点选 Post Hoc 将需要检验的主效应选入 Post Hoc Tests for 中，选择比较方法，常用的是 LSD，Bonferroni，Tukey。

点选 Options→将 overall 选入 Display means for 中，也可以选其他需要比较的变量→下面的 Display 中选 Descriptive Statistic，Homogeneity tests，Estimates of effect size，Observed power→OK。

（2）SPSS 的结果解析

第一，变量的描述性统计结果。

表 12-24、表 12-25 对变量及被试的数量做了描述性统计结果的呈现。

表 12-24　组间因素（Between-Subjects Factors）

		标记值	N
性别	0	男性	24
	1	女性	24
酒精消耗量	1	无	16
	2	2 品脱	16
	3	4 品脱	16

表 12-25　描述统计量（Descriptive Statistics）

性别	酒精消耗量	均值	标准差	N
男性	无	66.88	10.329	8
	2 品脱	66.87	12.518	8
	4 品脱	35.63	10.836	8
	总和	56.46	18.503	24
女性	无	60.62	4.955	8
	2 品脱	62.50	6.547	8
	4 品脱	57.50	7.071	8
	总和	60.21	6.338	24
总和	无	63.75	8.466	16
	2 品脱	64.69	9.911	16
	4 品脱	46.56	14.343	16
	总和	58.33	13.812	48

注：因变量为引人入胜程度。

第二，方差齐性的检验结果。

表 12-26 呈现了 Levene 结果，F 检验未达到显著水平，说明方差齐性，在此基础上，可进一步查看后续的结果。

表 12-26　Levene 的方差齐性检验(Levene's Test of Equality of Error Variances)

F	df1	df2	Sig.
1.527	5	42	0.202

注：因变量为引人入胜程度。虚无假设检验是因变量的方差在组间是齐性的。

设计：截距＋性别＋酒精消耗量＋性别 * 酒精消耗量。

第三，各因素的主效应及交互作用。

表 12-27 呈现的是各因素主效应及交互作用，性别主效应不显著，酒精消耗量主效应显著，性别与酒精消耗量的交互作用显著。

表 12-27　组间效应检验(Tests of Between-Subjects Effects)

来源	Ⅲ型方和	df	均方	F	Sig.	偏 η^2	非中心参数	观察力[b]
相关模型	5479.167[a]	5	1095.833	13.197	0.000	0.611	65.986	1.000
截距	163333.333	1	163333.333	1967.025	0.000	0.979	1967.025	1.000
性别	168.750	1	168.750	2.032	0.161	0.046	2.032	0.286
酒精	3332.292	2	1666.146	20.065	0.000	0.489	40.131	1.000
性别 * 酒精	1978.125	2	989.062	11.911	0.000	0.362	23.823	0.922
误差	3487.500	42	83.036					
总和	172300.000	48						
校正和	8966.667	47						

注：因变量为引人入胜程度。

a. $R^2 = 0.611$(校正的 $R^2 = 0.565$)。

b. 表中的计算使用 $\alpha = 0.05$。

第四，事后检验。

表 12-28 表明，酒精消耗量的主效应显著。它有三个水平，需要事后检验，确定差异究竟存在于哪几个水平之间。从表 12-28 的事后检验中可以看出，差异存在于酒精消耗量为 0 品脱与 4 品脱之间，以及 2 品脱与 4 品脱之间。

表 12-28　酒精消耗量的多重比较（Multiple Comparisons）

	(I)酒精消耗量	(J)酒精消耗量	平均差(I-J)	标准误	*Sig.*	95%置信区间	
						下限	上限
Scheffe	无	2 品脱	−0.94	3.222	0.959	−9.11	7.24
		4 品脱	17.19*	3.222	0.000	9.01	25.36
	2 品脱	无	0.94	3.222	0.959	−7.24	9.11
		4 品脱	18.13*	3.222	0.000	9.95	26.30
	4 品脱	无	−17.19*	3.222	0.000	−25.36	−9.01
		2 品脱	−18.13*	3.222	0.000	−26.30	−9.95
LSD	无	2 品脱	−0.94	3.222	0.772	−7.44	5.56
		4 品脱	17.19*	3.222	0.000	10.69	23.69
	2 品脱	无	0.94	3.222	0.772	−5.56	7.44
		4 品脱	18.13*	3.222	0.000	11.62	24.63
	4 品脱	无	−17.19*	3.222	0.000	−23.69	−10.69
		2 品脱	−18.13*	3.222	0.000	−24.63	−11.62
Bonferroni	无	2 品脱	−0.94	3.222	1.000	−8.97	7.10
		4 品脱	17.19*	3.222	0.000	9.15	25.22
	2 品脱	无	0.94	3.222	1.000	−7.10	8.97
		4 品脱	18.13*	3.222	0.000	10.09	26.16
	4 品脱	无	−17.19*	3.222	0.000	−25.22	−9.15
		2 品脱	−18.13*	3.222	0.000	−26.16	−10.09

注：因变量为引人入胜程度。基于观测的均值。误差项是指均方（误）＝83.036。*表示平均数的差异在 0.05 水平上显著。

第五，简单效应。

简单效应的检验可以分解为单因素方差分析或者 t 检验的相关知识。在例 12-13 中，简单效应有五种：性别为男时，酒精消耗量三个水平的差异；性别为女时，酒精消耗量三个水平的差异；酒精消耗量为 0 时，性别两个水平的差异；酒精消耗量为 2 品脱时，性别两个水平的差异；酒精消耗量为 4 品脱时，性别两个水平的差异。

①使用 SPSS 实现简单效应检验的途径。

Data→Split file→点 Organize output by groups→选"gender"→OK。

Analyze→compare means→One way ANOVA→将"attractiveness"选入

Dependent List，将"gender"选入 Factor 中。

点 Post Hoc→使用 Bofferoni 和 LSD→OK。

②SPSS 的结果解析。

表 12-29 表明，当性别为男性时，三种酒精消耗量的 ANOVA 结果，差异显著。

F 检验的差异显著后，需要进一步事后检验差异发生在哪两个水平之间。使用 LSD 和 Bonferroni 的结果确定差异存在于 0 品脱与 4 品脱之间，2 品脱和 4 品脱之间，如表 12-30 所示。

表 12-29　男性的方差分析(ANOVA)

	方和	df	均方	F	$Sig.$
组间	5208.333	2	2604.167	20.516	0.000
组内	2665.625	21	126.935		
总和	7873.958	23			

注：因变量为引人入胜程度。

表 12-30　男性的多重比较(Multiple Comparisons)

	(I)酒精消耗量	(J)酒精消耗量	平均差(I-J)	标准误	$Sig.$	95%置信区间 下限	95%置信区间 上限
LSD	无	2 品脱	0.000	5.633	1.000	−11.72	11.72
		4 品脱	31.250*	5.633	0.000	19.53	42.97
	2 品脱	无	0.000	5.633	1.000	−11.72	11.72
		4 品脱	31.250*	5.633	0.000	19.53	42.97
	4 品脱	无	−31.250*	5.633	0.000	−42.97	−19.53
		2 品脱	−31.250*	5.633	0.000	−42.97	−19.53
Bonferroni	无	2 品脱	0.000	5.633	1.000	−14.65	14.65
		4 品脱	31.250*	5.633	0.000	16.60	45.90
	2 品脱	无	0.000	5.633	1.000	−14.65	14.65
		4 品脱	31.250*	5.633	0.000	16.60	45.90
	4 品脱	无	−31.250*	5.633	0.000	−45.90	−16.60
		2 品脱	−31.250*	5.633	0.000	−45.90	−16.60

注：因变量为引人入胜程度。＊表示平均数的差异在 0.05 水平上显著。

女性在酒精消耗的三种水平上的交互作用不显著，但 SPSS 还是给出了简单效应的分解结果，如表 12-31、表 12-32 所示。

　　然后再换作酒精消耗量变量在性别两个水平上的交互作用。由于性别只有两个水平，因此，要做独立样本 t 检验。这是与前一个交互作用一起做的，使用的 F 检验（与 t 检验的结果是一样的），如表 12-33、表 12-34、表 12-35 所示。酒精消耗量在 0 品脱和 2 品脱时，男女性别不存在差异；酒精消耗量在 4 品脱时，男女有差异。

表 12-31　女性的方差分析（ANOVA）

	方和	df	均方	F	$Sig.$
组间	102.083	2	51.042	1.304	0.292
组内	821.875	21	39.137		
总和	923.958	23			

注：因变量为引人入胜程度。

表 12-32　女性的多重比较（Multiple Comparisons）

	(I)酒精消耗量	(J)酒精消耗量	平均差 (I-J)	标准误	$Sig.$	95%置信区间 下限	95%置信区间 上限
LSD	无	2 品脱	−1.875	3.128	0.555	−8.38	4.63
		4 品脱	3.125	3.128	0.329	−3.38	9.63
	2 品脱	无	1.875	3.128	0.555	−4.63	8.38
		4 品脱	5.000	3.128	0.125	−1.50	11.50
	4 品脱	无	−3.125	3.128	0.329	−9.63	3.38
		2 品脱	−5.000	3.128	0.125	−11.50	1.50
Bonferroni	无	2 品脱	−1.875	3.128	1.000	−10.01	6.26
		4 品脱	3.125	3.128	0.987	−5.01	11.26
	2 品脱	无	1.875	3.128	1.000	−6.26	10.01
		4 品脱	5.000	3.128	0.375	−3.14	13.14
	4 品脱	无	−3.125	3.128	0.987	−11.26	5.01
		2 品脱	−5.000	3.128	0.375	−13.14	3.14

注：因变量为引人入胜程度。

表 12-33　无酒精消耗量的方差分析（ANOVA）

	方和	df	均方	F	$Sig.$
组间	156.250	1	156.250	2.381	0.145
组内	918.750	14	65.625		
总和	1075.000	15			

注：因变量为引人入胜程度。

表 12-34　2 品脱酒精消耗量的方差分析（ANOVA）

	方和	df	均方	F	$Sig.$
组间	76.563	1	76.563	0.767	0.396
组内	1396.875	14	99.777		
总和	1473.438	15			

注：因变量为引人入胜程度。

表 12-35　4 品脱酒精消耗量的方差分析（ANOVA）

	方和	df	均方	F	$Sig.$
组间	1914.063	1	1914.063	22.867	0.000
组内	1171.875	14	83.0705		
总和	3085.938	15			

注：因变量为引人入胜程度。

当交互作用显著时，也可以使用编程的方法来分解简单效应。前文使用 SPSS 的过程如下：Data→Split file→点 Organize output by groups→选"gender"→OK。

Analyze→compare means→One way ANOVA→将"attractiveness"选入 Dependent List，将"gender"选入 Factor 中。

这时我们先不点 OK，而是点击 Paste，则程序编辑窗口会自动生成以下语句，如图 12-10 所示。

```
MANOVA
 attractiveness BY gender (0 1) alcohol consumption（1 3）
/DESIGN= gender WITHIN alcohol consumption（1）gender WITHIN alcohol consumption (2)
 gender  WITHIN alcohol consumption (3)
/PRINT
  CELLINFO
SIGNIF(UNIV MULT AUERF HF GG).
```

图 12-10　交互作用分解的编程语句

我们可以试着将这个语句写到 SPSS 中的 File→New→sytax 的窗口中，然后点 run，会得到同样的计算结果。

(五)重复测量方差分析的运用

与前面相关样本 t 检验对应的，如果考察的变量水平多于 2 个，则应使用多因素重复测量方差分析。

【材料 12-9】

摘　要

本研究采用三因素混合实验设计，以健听儿童性别、年龄和音节类型作为自变量，鼻部第一共振峰(NF_1)作为因变量，研究 3～5 岁健听儿童特定语音下的鼻音声学特征；采用多元方差分析的统计方法，比较 3～5 岁健听儿童和患有鼻音障碍的听障儿童特定语音下的 NF_1 的差异，从而研究听障儿童的鼻音声学特征。研究结果表明，①健听儿童的 NF_1 不受年龄和性别的影响，也不受发音部位的影响，只和所发音节中是否包含鼻声母有关，其中不含鼻声母的音节的 NF_1 均值远大于含有鼻声母的音节；②鼻音功能低下的听障儿童在发包含鼻声母的音节时，和同年龄段健听儿童有显著差异，其 NF_1 均值远大于健听儿童；③鼻音功能亢进的听障儿童在发不含鼻声母的音节时，和同年龄段健听儿童有显著差异，其 NF_1 值远小于健听儿童。

……

2.3　实验设计

本研究由两个实验组成。首先，研究健听儿童特定语音下的鼻音声学特征，采用 $3×2×4$ 的三因素混合实验设计。因变量为 NF_1，自变量包含三个因素：因素 1 为年龄，分为 3 岁、4 岁和 5 岁三个水平，为组间设计；因素 2 为性别，分为男和女两个水平，为组间设计；因素 3 为音节类型，分为"双唇鼻音/m/＋韵母/a/""舌尖鼻音/n/＋韵母/a/""双唇塞音(非鼻音)/b/＋韵母/a/""舌尖塞音(非鼻音)/d/＋韵母/a/"四个水平，为组内设计。实验任务是验证含有鼻声母的音节和不含鼻声母的音节的 NF_1 值是否存在显著差异，从而确定 NF_1 值能否用来比较健听儿童和患有鼻音障碍的听障儿童的鼻音特征；同时分析年龄和性别是否对 NF_1 值有影响，从而确定在比较健听儿童和听障儿童的鼻音声学特征时是否需要考虑这两个因素。

　　资料来源：李宁等，《3～5岁听障儿童鼻音障碍特征及康复训练研究》，载《中国特殊教育》，2012(9)。

1. 运用实例

在材料12-9中，研究者采用的是三因素混合实验设计，其中不同被试在音节类型的四个水平上是否存在差异的分析属于重复测量的方差分析。

下面我们以一个简单的例子来详细说明重复测量的方差分析过程。

【例12-14】

有6名被试，在炎热、温暖、凉爽三种不同温度环境下练习打字，最终测验每一位被试在这三种环境下的成绩，如表12-36所示。

表12-36　被试在三种环境下的打字成绩

被试(subject)	炎热(hot)	温暖(warm)	凉爽(cold)
1	16	24	32
2	20	23	29
3	18	26	27
4	17	20	30
5	19	22	33
6	19	21	35

问这三种环境对打字成绩是否有显著影响。

2. 使用 SPSS 实现重复测量的方差分析的途径

数据的排列如例12-14中所示。

Analyze→General Linear Model→Repeated Measure→打开 Repeated Measures Define Factor 对话框后→在 Within-Subject Factor Name(定义被试内因素)中可以直接用默认的 factor1(这里我们重新给因变量起个名字，temper)→number of Levels (输入变量的水平)→3(本例存在3种三种不同的温度)→Add→Define→将对话框左边的变量选到右边的 Within-Subjects Variables 中→没有 Between-Subjects Factors。

点选 Model 默认值则可→continue。

点选 contrast 将要比较的变量选入(在本例中，需要比较三种温度条件的不同效应)→change contrast→选 contrast 的方法→选 simple→点 change→continue。

点 plot 将变量选入 Horizontal Axis→continue。

点 option 将需要显示的平均数的变量选入右边框中→点选 display 中的 Descriptive statistics，Estimates of effect size，Observed power→continue→OK。

3. SPSS 的结果解析

(1)描述性统计及主效应显著性检验

首先，查看因变量及描述统计的结果，核实因素的名称(temper)，三个水平(hot，warm，cold)以及被试的个数 N；其次，查看 Multivariate Tests 的 F 值及其显著性，SPSS 提供了 4 种检验方法，如果 $Sig.$ 值小于 0.05，说明主效应显著，如表 12-37、表 12-38、表 12-39 所示。

表 12-37　组内因素(Within-Subjects Factors)

温度(temper)	因变量
1	炎热(hot)
2	温暖(warm)
3	凉爽(cold)

表 12-38　描述统计量(Descriptive Statistics)

	均值	标准差	N
炎热	18.1667	1.47196	6
温暖	22.6667	2.16025	6
凉爽	31.0000	2.89828	6

表 12-39　主效应检验[a](Multivariate Tests)

主效应		值	F	假设的 df	误差的 df	$Sig.$	偏 η^2
温度	Pillai 的轨迹	0.962	51.220[b]	2.000	4.000	0.001	0.962
	Wilks 的 λ	0.038	51.220[b]	2.000	4.000	0.001	0.962
	Hotelling 的轨迹	25.610	51.220[b]	2.000	4.000	0.001	0.962
	Roy 的最大根	25.610	51.220[b]	2.000	4.000	0.001	0.962

注：a. 设计：截距。组间设计：温度。b. 精确统计。

（2）Mauchly 的球形检验

Mauchly 的球形检验相当于方差齐性检验，结果中 $Sig.$ 的值大于 0.05，说明这三种水平来自同一个总体，总体方差差异不显著，如表 12-40 所示。

表 12-40　Mauchly 的球形检验[a]（Mauchly's Tests of Sphericity）

组间效应	Mauchly 的 W	近似的 χ^2	df	$Sig.$	ε^b		
					Greenhouse-Geisser	Huynh-Feldt	下限
温度	0.622	1.901	2	0.387	0.726	0.945	0.500

注：测量值为 MEASURE _ 1。虚无假设的检验是因变量误差的正交转换的协方差矩阵与特征矩阵成正比。

a. 设计：截距。组内设计：温度。

b. 平均数显著性检验可能使用的是校正的自由度。相关性检验在组间效应检验表中呈现。

（3）主效应

主效应结果如表 12-41、表 12-42 所示。例子中没有被试间变量，所以组间效应不用查看。组内效应的 F 值有 4 个，因为球形检验假设已经满足，所以可以报告球形假设所对应的 F 值 40.237 及 $Sig.$ 值。

表 12-41　组间效应检验（Tests of Between-Subjects Effects）

来源	Ⅲ 型方和	df	均方	F	$Sig.$	偏 η^2
截距	3440.019	1	3440.019	3986.288	0.000	0.999
误差	4.315	5	0.863			

注：测量值为 MEASURE _ 1。转换变量为平均数。

表 12-42　组内效应检验（Tests of Within-Subjects Effects）

来源		Ⅲ 型方和	df	均方	F	$Sig.$	偏 η^2
温度	球形假设	508.778	2	254.389	40.237	0.000	0.889
	Greenhouse-Geisser	508.778	1.451	350.601	40.237	0.000	0.889
	Huynh-Feldt	508.778	1.890	269.209	40.237	0.000	0.889
	下限	508.778	1.000	508.778	40.237	0.001	0.889

续表

来源		Ⅲ型方和	df	均方	F	$Sig.$	偏 η^2
误差	球形假设	63.222	10	6.322			
(温度)	Greenhouse-Geisser	63.222	7.256	8.713			
	Huynh-Feldt	63.222	9.450	6.691			
	下限	63.222	5.000	12.644			

注：测量值为 MEASURE _ 1。

（4）均值的多重检验

均值多重检验的结果如表 12-43 所示。主效应显著说明被试在三种不同温度下打字成绩是不一样的，但是究竟三种水平中哪两种之间存在差异，还需要进一步的检验。从表 12-43 的结果来看，水平 1 和水平 2，水平 1 和水平 3，水平 2 和水平 3 之间均存在差异。

表 12-43　均值的多重检验（Pairwise Comparisons）

(I)温度	(J)温度	平均差 (I-J)	标准误	$Sig.$ ª	差异的 95％置信区间 下限	差异的 95％置信区间 上限
1	2	−4.500*	1.118	0.010	−7.374	−1.626
	3	−12.833*	1.302	0.000	−16.179	−9.487
2	1	4.500*	1.118	0.010	1.626	7.374
	3	−8.333*	1.838	0.006	−13.058	−3.609
3	1	12.833*	1.302	0.000	9.487	16.179
	2	8.333*	1.838	0.006	3.609	13.058

注：测量值为 MEASURE _ 1。基于估计的边际平均数。＊表示均数的差异在 0.05 水平上显著。

a. 对多重比较进行了校正：LSD(等同于无校正)。

（5）三种水平的效应图

除了看到数字结果，我们还希望看到三种水平的效应图，如图 12-11 所示。

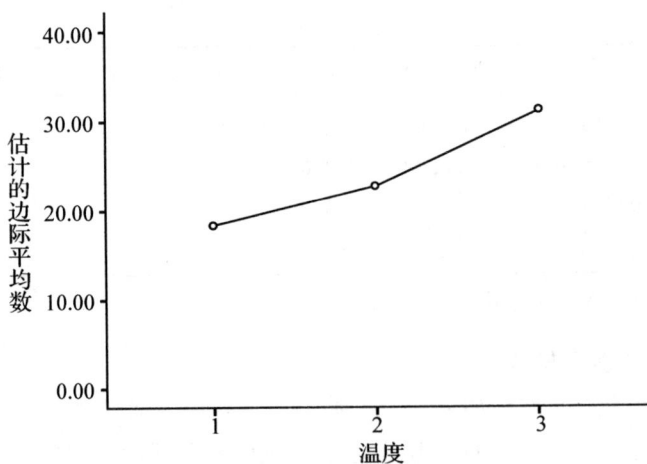

图 12-11　三种水平的效应图

本章·小·结

　　在实验法中，通常需要从总体中抽取能代表总体的样本作为考察对象。为了使样本能够有效地代表总体，需要对样本进行随机取样。取样的方法主要有简单随机取样、等距取样、分层取样和阶段取样。对所选取的样本需要做描述性的介绍。在描述统计中，最基本的任务是将数据进行分类整理，可以使用分布图或分布表描述数据的大概分布。只对数据进行这种层次描述是不够的，因为无法对数据进行比较和计算。因此，我们需要对数据进行量化。描述一组数据的量化指标主要有集中量数、差异量数。

　　实验法的目的是利用样本的数据来推断总体的特征，即需要透过现象看本质，这就需要进行假设检验。检验过程所遵循的思路是，首先，假设所观测到的差异完全是随机误差所导致的概率，被称为观测概率(p)。其次，将观测概率与事先规定好的决策标准 α 进行比较，从而判断假设是否成立。

　　常用的假设检验有独立样本 t 检验、配对样本 t 检验、F 检验和 χ^2 检验。其中 F 检验除了可以研究单因素不同水平之间是否存在差异之外，还可以研究两个及两个以上的控制变量是否对观测变量产生显著影响，即多因素方差分析。

关键术语

总体；样本；集中量数；差异量数；次数分布表；次数分布图；独立样本 t 检验；配对样本 t 检验；方差分析；多因素方差分析；重复测量方差分析

思考题

1. 取样的方法有哪些？
2. 描述数据特征的图和表分为哪几种？
3. 三种集中量数的优缺点是什么？
4. 三种差异量数的优缺点是什么？
5. 假设检验的逻辑是什么？
6. 假设检验的步骤有哪些？
7. 假设检验的种类有哪些？
8. F 检验在什么情况下使用？

建议的活动

1. 查阅学前教育的相关杂志，试找出使用实验法的研究，找出研究者的目的、假设、统计方法。
2. 结合本章所学内容，自己尝试进行一个单因素的实验设计。

拓展阅读

1. 舒华、张亚旭：《心理学研究方法》，北京，人民教育出版社，2008。该书是以实验设计和数据分析为核心内容的心理学研究方法的专著型教材，详细介绍了心理学实验研究的基本知识、各种基本的实验设计，以及如何使用 SPSS 软件进行相应的数据分析。

2. 杜晓新：《心理与教育研究中实验设计与 SPSS 数据处理》，北京，北京大学出版社，2013。该书除了介绍各种实验设计类型之外，还介绍了实验报告的撰写，以及实验研究报告精读。

参考文献

邹晓燕，曲可佳．学前儿童自主性的发展与促进［M］．合肥：安徽教育出版社，2015.

张燕，邢利娅．学前教育科学研究方法［M］．北京：北京师范大学出版社，2007.

［美］丹尼·L．乔金森．参与观察法［M］．龙筱红等译．重庆：重庆大学出版社，2009.

舒华等．实验心理学的理论、方法与技术［M］．北京：人民教育出版社，2006.

［美］罗伯特·K．殷．案例研究：设计与方法［M］．周海涛等译．重庆：重庆大学出版社，2010.

［美］罗伯特·K．殷．案例研究方法的应用［M］．周海涛等译．重庆：重庆大学出版社，2014.

傅敏，田慧生．课堂教学叙事研究：理论与实践［M］．北京：教育科学出版社，2009.

李平，曹仰锋．案例研究方法：理论与范例［M］．北京：北京大学出版社，2012.

甘怡群等．心理与行为科学统计［M］．北京：北京大学出版社，2005.

舒华．心理与教育研究中的多因素实验设计［M］．北京：北京师范大学出版社，1994.

张厚粲，徐建平．现代心理与教育统计学［M］．北京：北京师范大学出版社，2009.

车宏生，王爱平，卞冉．心理与社会研究统计方法［M］．北京：北京师范大学出版社，2006.